Andreas Filler, Anselm Lambert (Hrsg.)

Von Phänomenen zu Begriffen und Strukturen

Konkrete Lernsituationen für den Geometrieunterricht

Vorträge auf der 32. Herbsttagung des Arbeitskreises Geometrie in der Gesellschaft für Didaktik der Mathematik vom 11. bis 13. September 2015 und auf der 33. Herbsttagung vom 09. bis 11. September 2016 in Saarbrücken

1. Auflage August 2017
Veröffentlicht im Verlag Franzbecker
Hildesheim

© 2017 Verlag Franzbecker, Hildesheim

ISBN 978-3-88120-610-5

Andreas Filler, Anselm Lambert (Hrsg.)
Von Phänomenen zu Begriffen und Strukturen
Konkrete Lernsituationen für den Geometrieunterricht

Vorträge auf der 32. Herbsttagung des
Arbeitskreises Geometrie in der
Gesellschaft für Didaktik der Mathematik
vom 11. bis 13. September 2015
und auf der 33. Herbsttagung
vom 09. bis 11. September 2016
in Saarbrücken

Die Abbildung auf der Titelseite entstammt dem Beitrag
Rolf Bänziger
Geometrisches Praktikum: Die Erfolgsgeschichte eines Faches
In diesem Band Seite 118.

www.franzbecker.de

Inhaltsverzeichnis

Editorial 1

Aad Goddijn
Between situations and proof 3

Heiko Etzold
Winkel aus der Sicht von Informationen 35

Günter Graumann
Senkrecht – Vom Phänomen zum Relationsbegriff 45

Swetlana Nordheimer, Tina Obermüller
Prismen, Pyramiden, Pralinenschachteln und die Propädeutik des Eulerschen Polyedersatzes 57

Hans Walser
Ein namenloses Phänomen 87

Rolf Bänziger
Geometrisches Praktikum: Geometrie mit Kopf, Herz und Hand – die Erfolgsgeschichte eines Faches 101

Edmond Jurczek
Potentielle Zukunft/ Entwicklung des Geometrie-Praktikums 133

Manfred Schmelzer
Langfristige Entwicklung geometrischer Vorstellungen im Geometrieunterricht 141

Hans Walser
Reuleaux-Zweiecke 165

Inhaltsverzeichnis

Christoph Hammer
Mehr Geometrie im Geometrieunterricht!
Eine kurze Situationsbeschreibung und ein Vorschlag für die
Sekundarstufe I 177

Susanne Wöller
Konzeptuelles Begriffsverständnis von Kindern
über geometrische Körper 187

Katharina Wilhelm
Förderung mathematischen Problemlösens in der Sek I – Theoretische
Grundlagen und ein Unterrichtsversuch zum Problemlösenlernen im
Mathematikunterricht anhand geometrischer Denkaufgaben 223
Anhang: Kopiervorlagen Arbeitsblätter 256

Autorenverzeichnis 273

Editorial

Andreas Filler, Anselm Lambert

Der vorliegende Doppel-Tagungsband enthält Beiträge der Herbsttagungen 2015 und 2016 des Arbeitskreises Geometrie in der GDM, die unter den übergeordneten Themen *Von Phänomenen zu Begriffen und Strukturen* (2015) sowie *Konkrete Lernsituationen für den Geometrieunterricht* (2016) standen. Den engen Zusammenhang zwischen beiden Tagungsthemen zeigen viele der Beiträge in diesem Tagungsband auf.

Den Hauptvortrag *Between situations and proof* auf der Herbsttagung 2015 hielt *Aad Goddijn*. Sein Beitrag zeigt unterrichtlich erprobte Wege auf, ausgehend von praktischen Anwendungen, „materiellen Konstruktionen" (wie dem Bau eines Papierdrachens) und Phänomenen (wie der Perspektive in Fotos) geometrisch zu argumentieren, Beweise zu motivieren sowie – ausgehend von der „Sprache der Anwendungen" – geometrische Begriffe zu entwickeln.

Der Beitrag von *Heiko Etzold* befasst sich mit Facetten des Winkelbegriffs. Ausgehend von einem Abstraktionsmodell analysiert er einen Zugang zu diesem Begriff unter der Fragestellung, welche Informationen benötigt werden, um eine Winkelsituation zu beschreiben.

Vom Phänomen des rechten Winkels bzw. des Senkrechtstehens in der Umwelt sowie von etymologische Betrachtungen zum Wortfeld „senkrecht" ausgehend entwickelt *Günter Graumann* mathematische Charakterisierungen von „senkrecht zu" und strukturelle Aspekte der Orthogonalität.

Swetlana Nordheimer und *Tina Obermüller* thematisieren im Kontext sonderpädagogischer Förderung die Gewinnung mathematischer Erkenntnisse im Rahmen einer Arbeitsgemeinschaft an einem Förderzentrum. Die Autorinnen beschreiben, wie die beteiligten Schülerinnen und Schüler durch Untersuchung konkreter Pyramiden- und Prismenmodelle und die strukturierte Dokumentation ihrer Ergebnisse Regelmäßigkeiten erkennen, die zumindest ansatzweise zur Aussage des Eulerschen Polyedersatzes führen.

Ein Faltspiel und ein Spiel mit rechten Winkelhaken führen zu einem „namenlosen" symmetrischen Phänomen, dessen sich *Hans Walser* annimmt. Beide „Spiele" führen zu invarianten Teilverhältnissen, wobei Verwandtschaften zu den Strahlensätzen sichtbar werden.

Editorial

Den Hauptvortrag auf der Herbsttagung 2016 hielten *Rolf Bänziger* und *Edmond Jurczek* zu dem Unterrichtsfach „Geometrisches Praktikum", das sie an der Kantonsschule Zug (Schweiz) entwickelt haben und das im 7. Schuljahr unterrichtet wird. In unterschiedlichen Modulen haben die Lernenden Zeit, zu experimentieren, selbst Entdeckungen zu machen und sich vertieft mit Themen auseinanderzusetzen. *Rolf Bänziger* beschreibt Module des Faches (Zeichnen im Punktgitter, Würfelschnitte, Platonische Körper, Schlauchfiguren sowie Fadenkunst und Bézierkurven) und zieht eine Bilanz nach 10 Jahren, in denen das Fach unterrichtet wird. *Edmond Jurczek* entwickelt Überlegungen zur zukünftigen Ausrichtung des Faches.

Manfred Schmelzer regt in seinem Beitrag an, geometrischen Visualisierungen algebraischer Sachverhalte (u. a. Lösungsformel für quadratische Gleichungen, Skalarprodukt, Lösungsverfahren linearer Gleichungssysteme) größere Bedeutung zuzumessen und Zusammenhänge zu geometrischen Sätzen (Satzgruppe des Pythagoras, Kosinussatz) herzustellen.

Analog zum Reuleaux-Dreieck, das sich in verschiedenen Positionen in ein Quadrat einpassen lässt, gibt es Reuleaux-Zweiecke, die sich in ein gleichseitiges Dreieck einpassen lassen. Mit diesen befasst sich *Hans Walser* in seinem Beitrag von 2016. Ein wichtiger Aspekt dabei ist die Beschreibung von Kurven in verschiedenen zueinander bewegten Referenzsystemen.

Christoph Hammer zeigt an Beispielen zum Flächeninhalt auf, wie das Prinzip der Messung Vernetzungen erlaubt, die zum Verständnis grundlegender geometrischer Strukturen beitragen können.

Gegenstand des Beitrags von *Susanne Wöller* ist die kindliche Annäherung an die Begriffe Würfel und Quader. Kinder konstruieren aus vorgegebenem Material unter Einbeziehung sprachlicher Äußerungen Würfel- und Quaderbauwerke. Ein Schwerpunkt liegt darin, Entwicklungstendenzen des geometrischen Begriffsverständnisses 8- bis 11-Jähriger nachzuzeichnen.

Katharina Wilhelm befasst sich mit der Förderung mathematischen Problemlösens in der Sekundarstufe I. Sie beschreibt dazu (nach Darlegung einiger theoretischer Grundlagen) einen Unterrichtsversuch zum Problemlösenlernen im Mathematikunterricht anhand geometrischer Denkaufgaben („Eigenmann-Aufgaben"), wobei sie einen Schwerpunkt auf die Explizierung von Heurismen legte. Den Unterrichtsversuch führte sie in Form von Stationenarbeit durch. Die von ihr dazu entwickelten Arbeitsblätter sind als Kopiervorlagen im Anhang des Beitrags enthalten.

Between situations and proof

Aad Goddijn

Abstract. There is seldom a unique road from a daily life situation or natural phenomenon to one specific mathematical concept, structure or technique. In a situation which was not experienced as educational, a seemingly simple problem (finding the midpoint of a wooden slat) evoked various methods while a traditional school approach was absent. In this contribution to the conference, we start wondering about this diversity, at the same time illustrating fundamental differences between the analytic and synthetic methods in geometry.
In this contribution I report on two areas of geometric activity where students worked from the start in an explorative way on problems which were part of the core of the subjects themselves; the students did not have to wait until an introduction was over, because there was no introduction. They jumped in *in medias res*. There were different educational situations (and hidden goals) in the two cases and I will reflect on the differences in phenomenon-structure relations in both with the aid of the analysis-synthesis distinction.
Examples are taken from past projects of the Freudenthal Institute, in which the author was involved as an educational designer since 1977. This contribution will stick to the designer's view; that means: a lot of examples of students' tasks, their situation in a curriculum, ideas and interpretations, and a personal retrospective.

How to find midpoints when building kites

Every April, all my sisters and brothers, me, their partners for life, their children and grandchildren meet at our annual family day. Last year the activities focused on the kids. The younger ones (0-5) made music together with some parents and grandparents, the rest (6-12), also with adult company, built kites. In the afternoon we were all outdoors flying the kites.

I brought materials and a skeleton of the classical kite; see fig. 1, a. During the work, the midpoint of the cross-slat has to be found, of course. There was some spontaneous variety in methods to do this. Making kites is experiencing math without knowing it, an ideal situation; I observed things rather biased of course, knowing that mathematics was certainly there.

The presence of a few tape measures led to the standard method, as seen in fig. 1, b. Their scarcity provoked other methods. Because we are now studying relations between situations and mathematical structures, it is interesting to see how the various methods worked out in detail.

Between situations and proof

The standard method (see fig. 1, b) to find the midpoint looks simple, but is a multistep process in reality: apply measuring tape to the slat, read off the number at the end of the slat, divide this number by two, find the resulting number on the tape, mark the slat at the found spot.

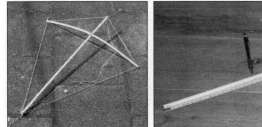

Fig. 1: a. Skeleton of a kite. **b.** finding a midpoint by the standard method.

This is, in a nutshell, the method of analytical geometry. Using lengths, we brought the geometrical situation over to 'number land'. Then some algebra was applied, here restricted to one single division. The result of the algebra was translated back to the geometric situation of the slat itself. Midpoint found, problem solved!

Other methods of finding the midpoint of the slat were used, escaping measuring in a numerical sense; for instance folding a piece of paper or string with the length of the beam. Those means were at hand on the table during the kite making. Let us appreciate that those methods have less mathematical waste than the analytical one, because the midpoint is the only thing we were looking for and not the length of the beam or the half of it!

Anna (7) did not know yet how to apply the analytic, or any other, method to find midpoints. Her grandmother asked me for help, of course driving her brother to show how he would handle the situation. I suggested to Anna: "Put a mark roughly where you think the midpoint should be." She did as in fig. 2, top.

I shifted the slat a bit to the end of the table and marked the proposed midpoint on the table also (center) and said: "Let's check" We gave the slat a half turn (bottom). Ah, it was not right. "Take another guess!" So she did, midway between the two marks. Her kite took to the air perfectly later in the afternoon. It is pure pleasure for kids to see their self-made kites perform this wonder even if this little gem of midpoint geometry will soon be forgotten, and maybe be rediscovered later.

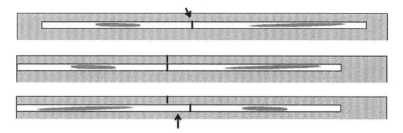

Fig. 2: Finding a midpoint by repeated approximation.

As Anna's last mark is also still a guess, she applied an approximation method. But don't forget: it's often the only tool we have in applications of mathematics when exact algebraic methods (or we ourselves) fail.

The classical midpoint method was absent at the party

A once famous method, which survived centuries of geometry education, was not used during the party with the kites: the construction with ruler and compass only.

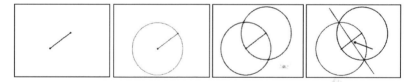

Fig. 3: Creating the midpoint of segment by ruler and compass only.

While the previously mentioned approach (with measuring tape) rests on the firm belief that the midpoint exists and we only have to locate it, the ruler and compass method goes for *constructing a new point*, for which we still have to show by clever argumentation that it is indeed the sought-after midpoint.

The geometric world of Euclid's *The Elements* stands on its own feet. Its constructions start with something given, in this case two points. New points can enter the stage only when constructed by strict rules, where nothing else is allowed than earlier constructed points to determine new circles and lines. What not is constructed, simply does not exist.

This style of geometry has a strong philosophical flavor; it is a way to rebuild the world from scratch by the mind only, starting off from a minimal base of axioms, which were supposed to be self-evident truths. *The Elements* works only with those accepted truths and the defined properties of circle and line. Ruler and compass, the tools of the earth measurer and the smith, are not mentioned at all in the original text. They are the materialization of the concepts of line and length, but the 'real' mathematical objects are in an ideal world of their own, accessible only by the mind. Of course ruler and compass were probably allowed as a practical tool to realize the geometrical drawings on the sand table or papyrus. This geometry is often seen as the summit of pureness in mathematics and as the ideal model of deductive science. In remote corners of our modern schools, the old belief in the formative values of this geometry can still – sometimes – be heard.

From the viewpoint of a kite-maker, the second step of the Euclidean construction in fig. 3 is quite weird, to say the least. Do we really need this strange large circle in the first step? And how did somebody find out that this step is going in the right direction? This hits the weak spot of the method in school geometry: it can be extremely difficult to find a synthetic solution for a given problem – that is: a bottom up construction – out of nothing. We all know what students often say, when forced to *find* a construction or proof: I don't know how to start.

Comparing the analytical and synthetic methods; Descartes

The analytic method in geometry is supposed to circumvent this problem. The basic difference between the analytic and the synthetic method is, that the analytic method supposes that the solution of a problem exists and that we just have to find it, while the synthetic method does not presuppose existence, but *creates* the solution itself. The analytic method tries to find a way down towards known terrain by looking back from the supposed end result; when this is successful, it is clear that working in the other direction leads to the wanted solution of the problem.

In his *La Géométrie*, part of *Discours de la Méthode* (1637), Descartes refers to 'Les Anciens' (the old Greeks) and mentions Pappos explicitly, who described this method to find proofs and constructions as *analysis* in contrast to *synthesis*. Descartes starts with the remark: take the problem for solved and make a drawing. Then he adds the tools of algebra to Pappos' analysis. He does this by giving names (*a, b, c* and *x, y, z*) to *lengths* of known and unknown segments in the drawing and by building equations whose eventually solution 'is' the solution of the problem. This last sentence expresses the way we see things today, but it should be said that Descartes still required a geometric construction of the algebraically found answer, when this answer is expressed completely in the known lengths *a, b,* etc. In case a final equation in *x* and *y* is found, this equation must be interpreted as the set of possible solution points, a geometrical object.

Revisiting folding methods

As we have seen, the midpoint of the slat was also found by folding a piece of paper or string. This is a clearly a method which *constructs* (*or creates*) a point in a geometric way. It is therefore nearer to the synthetic than to the analytic approach, even if it does not refer finally to mathematical axioms. In one of our main examples we will see this same situation.

New Math and the IOWO

Before we take a look at some student activities in the fields of Vision Geometry and Distance Geometry, I would like to tell a story from the New Math period, because it illustrates (in an extreme way) what we at the IOWO (the Institute for Development of Mathematical Education, 1969-1980) saw happening around us in schools and what we opposed with our own views on mathematics and designs for mathematics education. (The IOWO is commonly seen as the cradle of the so called Realistic Mathematics Education movement.)

Fig. 4 was found in a New Math textbook, around 1977. At the time, I observed two boys (both 14 years old). They seemed not to understand the question in their textbook; they didn't even see lines, let alone parallel ones.

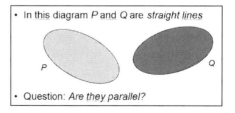

- In this diagram *P* and *Q* are *straight lines*
- Question: *Are they parallel?*

Fig. 4: From a New Math textbook, in use around 1972.

At the ceiling of the classroom were pairs of fluorescent tubes, fitted just there for us to demonstrate the concept of parallel lines. This saved us.

New Math was in fact a highly idealistic movement; it considered mathematics to be one grand unified structure, based on sets as the primitive idea and it cherished the utopian belief that by this overall vision every piece of mathematics could successfully be made teachable. But in the shown example we see how it (sometimes, often?) worked out in practice. The authors buried poor Old Math under a load of sets forgetting sense and mathematical meaning. The set-diagrammatic representation of P and Q completely obscured the geometry of the lines themselves. Furthermore: there was no phenomenon at all to find a way to structure and concepts. This experience with the invisible parallel lines changed my live. A few months later I described it in a letter to the IOWO, applying for a job.

For many in the early days of the movement – certainly for me, Realistic Mathematics Education (RME) meant starting mathematics as closely as possible to 'reality'. More important for RME is the idea that mathematics is a human activity of a special kind, and that it should be learned as an activity and not as a body of readymade existing knowledge. This will become clearer when we dive into our first main example, *Vision Geometry*.

Vision geometry

Our first major geometric example is tried out in lower vocational schools in the late seventies and eighties of the last century. For the moment *vision geometry* as an activity can be described as exploring the way objects and relations between objects are seen from various viewpoints. (A more literal translation of the Dutch *Kijkmeetkunde* is *look-geometry*.)

All examples are taken from booklets produced by the Wiskivon team of the IOWO (1975-1980) and the W12-16 project of the Vakgroep OW&OC (1987-1992): *Zie je Wel (As you see,* 1980*), Klein en Groot (Small and Large,* 1979), *Shadow and Depth (Schaduw en Diepte*,1981*), The Drongs (The Drongs,* 1991).

We will focus on the phenomenon-concept-structure connections of the examples and not on their original order and place in a curriculum. But it will certainly give the reader a live impression of vision geometry in class. It should be noted that the mentioned projects aimed at restructuring and reinventing the whole mathematical curriculum for Junior High School and that vision geometry was only a part of that curriculum, even only a part of the geometry strand of it. Other parts of the curriculum focused on exploring shapes, on regularity and symmetry and on geometrical computations.

Introductory example: The singer task

Fig. 5: The singer task.

The pictures in fig. 5 (The singer task) have worked on their own. Students (about 13 years old) started spontaneously connecting cameras with images in the direction room; they went immediately for the core business of vision geometry as explained above.

In this example there is no need for an explanatory construction; everything is well understandable and within the range of daily available experiences and intuitions. We all know which camera will see the bow at the back of the singer, which camera has the slightly less decent look at the armpit. But take a closer look at the two other images in the room. They differ, but not much. Around this choice more explicit vision geometry starts. From which camera do you look just a bit more directly into the singer's face?

Second example: the tower and bridge task

The two pictures in fig. 6 are made in the flat grasslands north of Amsterdam. The question is: "Bridge or tower; which one is higher? Explain with a drawing how these photographs can be made".

Fig. 6: Tower and bridge. Which one is higher?

Initially it is not clear what might be included in a satisfying explanation. Some students just repeat the pictures when asked for a sketch (see fig. 7). Even when they realize that distances matter, this idea is not actively used.

Fig. 7: Repeating the picture.

A big mental step is necessary here, the step aside to see tower, bridge *and photographer* in one view. In a side-view like the one below (fig. 8, which came out after some hints in a classroom discussion with a few students at the blackboard) the photographer is included as part of the situation; now a choice can be made for where the photographer is standing and it is this choice that makes it possible to understand *why* the photographs can differ so much. This mental step aside in explanations is crucial. It is a change of roles; from being a participant in the situation confronted with *what* is seen/photographed, to the outsider who tries to understand *how* the whole system tower-bridge-viewpoints operates.

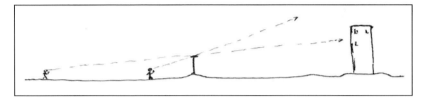

Fig. 8: Side view with two viewing positions for tower and bridge.

The use of straight lines from the eye (or photo camera) is easily accepted by students as soon as the idea of the side-view is there. The lines in this explanatory type of sketch are traditionally called *vision lines*, or lines of sight. In a way their straightness can be seen as a kind of axiom for constructions and explanations in this field of geometry, which does not differ from the way Euclid handles them in his *Optics*, where also no physical basis for them is given.

Exploring wild rocks near Shetland: The Drongs

The next example is a construction task around *The Drongs*, an intriguing rock formation in St. Magnus Bay, Shetland. Again two pictures are given, taken from different viewpoints, see fig. 9.

A map in the booklet (fig.10) shows the position of the rock group and the two viewpoints. The task is to make a detailed map for *The Drongs*. A strong hint (fig.10, right) helps to start the construction. This is done by taking over the other photographs and by constructing vision lines and appropriate intersections.

Fig. 9: The Drongs as seen from Cooperston and Watch Hill.

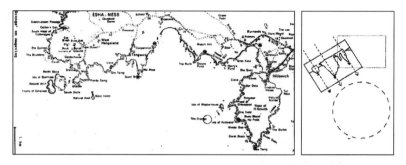

Fig. 10: Map of St. Magnus Bay. *The Drongs* are in the small circle. Watch Hill is North of them, Cooperston North-West.

It is not really difficult, when we suppose that equal heights indicate the same rocks on the photographs, but it is exciting that it is possible to find the relative positions of the rocks from the views alone without a top-view. One group of students did more. They drew extra lines at the sides of the prominent rocks and marked the sea shores of those rocks on the map!

The boys in fig. 11 turned their booklets upside down, bringing their own direction of vision in line with the viewing direction in the book. It is clearly *their* experienced reality, even when the rocks themselves are far away.

Fig. 11: Making a map for *The Drongs*.

It is difficult to mark sharp borders in this task between situation, activity and the mathematics which evolves on the school desks. In the whole task raw nature stays present, even in the map making process.

There is also a task in the booklet where a building of equally sized cubes, all face to face, is seen from two sides; a nice task here is to find cube buildings with the given side-views with maximum or minimum number of cubes. In this well-known task mathematics is pre-present in the fabric of orthogonal directions and the grid of squares. It is canned vegetables when compared with the fresh crispy salad in *The Drongs*. But of course both problems evoke their own mathematics. The rocks task involves the general idea of constructing new information by combining given views, the cubes problem presupposes this insight in a specific situation and poses – also quite naturally – more combinatorial problems.

Needless to say that the core of the method is often applied today in real life, think for instance of making a CAT- scan, which is basically a series of X-ray photographs taken from many sides brought together with an algorithm to build a picture of the inside of for instance your brain. The cube block buildings have a modest place in school mathematics tests like PISA, the more realistic rocks are mainly seen by tourists only.

Vision geometry part two, exploring shadows

Shadows provide ample opportunity for geometry. This is closely related to vision geometry; some initial activities are seen in fig. 12.

Finding out how to make a shadow animal was homework for the boy in the picture on the left. When standing in the light of the slide projector in front of the class nobody could see his animal shadow on the wall, because he obstructed the view himself. He had prepared things at home in the other direction! He looked surprised for a few seconds, but quickly turned around. Mid picture: make your shadow as narrow as possible!

The question in the last picture is more mathematical: "*A cube can have shadows with four and with six angles. Can a shadow of a cube have five angles?*"

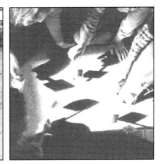

Fig. 12: Hand shadows, shadow of your profile, shadows of a cube.

Some students found out that when you move the cube, two angles of the shadow always appear or disappear together. They concluded that five angles were impossible. A nice argument, but it is important to observe that many more surprising ideas about shadows were also aired in class.

Question: *"If you watch football on tv, you see sometimes that every player has four shadows. Why is that?"* Answer: *"Because they run very fast."*

When discussing what shadows really are, some students made it clear with gestures that the sun throws them over your head and drops them down. A bit of basic research about shadows and light was necessary!

On a sunny day we taped a little piece of paper to the window. '(In fig. 13 it is held in hand). It produced a shadow on the floor. Now one of the students was invited to catch the shadow on his hand very near to the piece of paper and lay down the shadow gently on the floor.

Fig. 13: Laying down a shadow on the floor.

The slow movement of the hand was observed by the rest of the class. The idea of a line was mentioned in class; a slanted line, but not a straight one; it came out that they used straight for 'horizontal' or 'vertical'. One student gave an interesting suggestion: stretch a piece of string between the paper and the shadow. Then follow the string with your hand!

In all these exploration activities the shadows were given the opportunity to manifest themselves, also in space; the teacher (and the designer of the booklet) should have patience and inventiveness in finding activities and stimulating questions for the students. Even such a natural and everyday phenomenon as shadows should be explored before it makes sense to introduce more pure mathematical activities around it.

The realization that *straight* lines of light are the central element for understanding shadows gives access to a lot of construction activities where differences in shadow formation between nearby lamps and the far away sun can be explored. One of many possible examples is illustrated in fig. 14.

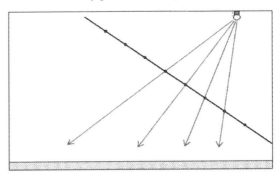

Fig. 14: Lamp and rope with equidistant knots. The shadows of the knots are not equidistant when the rope is not parallel to the floor.

Vision lines or light rays?

The task of laying down the shadows made the straightness of the light ray tangible. It is more difficult (but thinkable) to do such an experiment with the vision lines. The main step from phenomenon to explanation in the vision lines situations was a different one. There the eye of the observer in the situation was part of the situation, and for making sketches with some explanatory power a step *outside* the situation is needed to be able to use the vision lines from the eye of the observer (for instance the photographer in the tower and bridge problem). In the light and shadow problems the location of the eye of the observer who works on the problem is not important at all; he has the outsider role from the start on, and only lines (light-rays) starting from the light source are used.

But there is a connection between the two types of situation. The task for the student in fig. 15 was to count how many sides of a polyhedron can be illuminated with a lamp or the sun at one moment and how many sides you can see at that moment, while not moving your polyhedron, lamp and head.

Fig. 15: Counting visible sides.

He simply said: "They are the same. The lamp is like the eye," underpinning his statement with movements from eye to object and back. It is clear that he realized in his own way that working with vision lines or light rays both follow the same geometry. Or have the same mathematical model, should we want to express it in another way. It is not necessary to know that the vision line corresponds to the special light ray that originates from an object as a reflection from a light source and reaches the pupil of the eye. The mathematical line model which is brought out in both situations is the same. The goal we reached with the task is a basic introduction into daily life geometrical optics, not into the physics of light.

It is interesting that the first author to describe the art of perspective, Leon Battista Alberti, takes a similar same viewpoint in his *Della Pittura* of 1435. He states that among 'the ancients' there was discussion whether the vision rays emanate from the object seen or from the eye, but that for his purpose this question may be put aside. He imagines the vision rays as very fine threads, which means in fact: direction is not important now.

Vision geometry, final example: exploring the phases of the moon

As a last example in this field, we will look at a series of activities around understanding the phases of the moon. During a little project about the temperature during a day, it came out that students had quite unrealistic ideas about sun and moon. The sun heats up everything during the day and things cool down at night, because at night there is only the moon, which is cold. One student (13 years old) told that, while cycling to school in the morning, she saw a big ball far away low above the fields. She didn't know what this thing was, but she was certain it was not the sun. Now she learned: it was the full moon. A surprise, for in the fairy-tale world where we humans have our early experiences with the supposed structure of the world, the moon is only present at night. Three weeks later during an early morning lesson we looked for the moon with the students. After searching the sky for a few moments they saw the last quarter of the moon by day.

A scale model

To understand the role of sun, earth and moon in the changing phases of the moon, some rough idea about the sizes and distances is necessary.

The booklet *Klein en Groot* (Small and Large) was about scale, proportion, size. Proportional models are a good way to get some grip on the very small and the very large. *Klein en Groot* worked in both directions, to the small for instance with a macro photo of a spider and scales like 5 : 1 for tiny flowers. At the largest scale moon and sun came in. On a photograph of the earth, taken from space, we looked for the Netherlands and on a photograph of Tycho (a large crater on the moon) we drew a line equal to the distance Amsterdam-Utrecht, about 40 km.

With a list of distances and sizes and working with a paper strip of about 30 cm, which represented half a million kilometer, we started to set out a scale model for earth, moon and sun. Students decided that the model could be made with a bike-wheel for the sun, a *kwartje* (pre-euro Dutch coin sized 19 mm) for the earth and a pea for the moon. The circular orbit of the moon around earth is a bit smaller than the sun; it was drawn on a large sheet of paper. The model was realized outdoors, because the distance between earth and sun was about 75 meters, more than the total length of the school. We split up in two groups (fig. 16). Students of the earth-moon group measured the model sun between thumb and index finger with stretched arm. The sun at arm length is like the nail of your little finger. A student of the earth group mentioned enthusiastically that she had also measured the author (when making this photograph) between her fingers: "You were only this!" showing a poor two centimeters left over at this distance.

Fig. 16: The sun and one half of the class. The other half (in the distance) has earth and moon.

It is often said that we small humans can't really imagine the enormous and fearful distances in space between earth and sun and far and farther beyond.

It may be so sometimes, but for those students was the activity of trying to get some hold on them obviously a positive one. The restrictions of the imagination are not fixed and given. Imagination can be expanded by appropriate activities and a bit of knowledge. This does not explain away the feelings of awe and the sense of mystery; it enriches them without encouraging fear.

The phases of the moon

The activities around understanding the phases of the moon can be found in the booklet *Shadow and Depth*.

The main activity is done in the classroom, just by playing sun, moon and earth with appropriate materials. To explore light on a sphere a strong lamp (a slide projector was used for the 'sun') and a ball were placed in front of the class, far from each other. Students drew the ball as they saw it from their place in the classroom. Some students showed their drawings on the blackboard, see fig. 17.

Fig. 17: Different views from different places in the classroom.

Question: *Which drawing belongs to which place in the room?* Some confusion arose because on paper you fill in the shadow with a black pencil and if you fill in the same area on the blackboard with chalk you create a negative image.

Then we performed the monthly journey of the moon around the earth. One student played the earth and rotated the ball (which represents the moon now) around herself, all lit by the lamp/sun in the distance, fig. 18.

For her (Gaby) it was easy to tell how light and dark were seen by her, but the real understanding was provoked by a question to a student in the back of the classroom: "*Mary, what does Gaby see now?*"

Fig. 18: The right question.

Gaby was part of the situation, Mary is not, she had to imagine what Gaby saw. While Gaby stayed part of the situation, Mary had the role of studying things from outside. This is again the basic mental move in vision geometry which we discussed earlier, now divided over two persons.

The final step was gluing together a paper model, see fig. 19. Direction of the light of the sun, the earth and orbit of the moon are on one sheet, the phases of the moon are cut out and glued in place. No problems occurred.

Fig. 19: Paper model for the moon phases.

Retrospective remarks on vision geometry, anno 2015

In these activities with vision lines and shadows, the observation of phenomena is obviously important. In some activities the phenomena and objects are really present, in others they are only represented by pictures on paper. But the goal of the designers was to go beyond observation. The real goal is making the students active explainers of the phenomena by helping them to transform their initial and sharpened intuitions about vision lines and light rays into drawings and words to predict visibility phenomena or moon phases. The resulting approach of the phenomena is not only inductive, but also deductive, because we learned to argue on the basis of an earlier accepted building stone, the straight line. Seen like this, vision geometry is mathematics, again close to synthetic geometry. It is constructing explanations, building them with mathematical tools. But it is still not isolated mathematics in the formalized mode, because the concepts of lines and the drawn figures are not yet being studied on their own, but are only used in relation to the activities near the phenomena. The use of phenomena is not just another starting point to get a taste for geometry. In this learning process the phenomena are also interesting by themselves as a part of finding a way in the world.

Other subjects in vision geometry

Vision geometry can go further than is shown in the given examples. In the booklet *The Drongs*, which is designed for higher grades of junior high and vocational schools, vision *angles* are used; they are explored by first measuring your own field of vision, measuring angles in the field with your hand span, and drawing panoramic pictures. Here are strong possibilities for enriching the concept of angle.

In *Shadow and Depth* a technique for perspective drawing is introduced, where vision lines between an eye point and an object are intersected by a screen; the total bundle of vision lines creates a drawing on the screen. Side view and top view of the situation *object-screen-eye* makes it possible to construct the drawing on the screen; it is an early 15th century technique.

Lessons in Projective Geometry (*Lessen in projectieve meetkunde*, Martin Kindt, 2011) takes perspective drawing as a point of departure for a course in projective geometry which is used in teacher education courses in the Netherlands.

But, to be realistic, nowadays in Dutch secondary education schoolbooks we rarely see (after thirty years) traces of the approach to vision geometry just shown. Tasks like constructing visibility lines in traffic situations and use of side and top views still occur as exercises, or as small side dishes before the 'real mathematics' starts, a geometry curriculum ordered by mathematical subject with many exercises and very few problems. One main reason for this absence of vision geometry is often stated in discussions: it is not testable because the mathematical goals cannot be very easily ordered in a list in a syllabus. It is a field where experiences and activities are more important than testable skills.

Sources, inspirations and backgrounds for vision geometry

Hans Freudenthal lists in *Mathematics as an Educational Task* (1972) a series of questions about daily phenomena, which call for geometry answers. Many of these items were already in the *Übungensammlung zu einer geometrischen Propädeuse*, by Tatjana Ehrenfest-Afanasjeva, 1931. This problem collection was meant as a propaedutic course to precede traditional axiom-based geometry. The Wiskivon group, which was responsible for the examples in this article, was also inspired by the well-known *De natuurkunde van 't vrije veld,* (Marcel Minaaert, 1937-1942; part one has been translated as *The Nature of Light and Colour in the Open Air*, Dover 1954). Teachers and teacher educators were informed about vision geometry by descriptions of content and background in *Backgrounds for the new curriculum, in two parts* (1991), and *Met het oog op ruimte* (*Considering space,* Gravemeijer and Kraemer, 1984). More information about early geometry education in general, (especially in Dutch education) can be found in *Van vormleer naar realistische meetkunde.* (De Moor, E.W.A., 1999).

Distance geometry in senior high school

We will look now at another field of geometry, distance geometry. And again we start *in medias res*.

The first sentences and pictures of a new geometry course for Senior High school, *Distance, Edges and Regions* (Profi-team, Freudenthal Institute 1998) does not introduce any mathematics, but states a problem:

> Below (fig. 20) you see part of a map of a desert. There are five wells in this area. Imagine you and your herd of sheep are standing at J. You are very thirsty and you only have this map with you. To which well would you go?
> Sketch a division of the desert in five parts; each part belongs to one well. It is the domain around that particular well. Anywhere in this domain, that special well must be the nearest one.

Between situations and proof

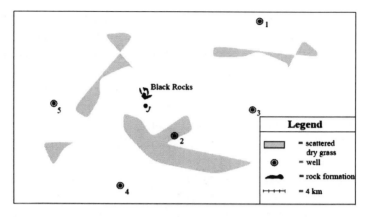

Fig. 20: Introductory problem of *Distances, edges and domains*.

The reader should now take a bit of time to make the asked for sketch.

The course was designed for the science and technology strand in senior High School, in a new curriculum, where Senior High school was divided in four strands, and each strand should get its own mathematics curriculum.

Academic criticism of the sciences in the early nineties of the last century stated that students coming into the university, had no idea what a proof or even argumentation was. After long debates with various stakeholders, the decision was finally taken to teach argumentation and proof using plane geometry, enriched with analytic methods and some three-dimensional geometry around functions of two variables. The whole curriculum (including also calculus, statistics, probability and dynamical systems) was to be redesigned. This task was assigned to several members of the Freudenthal Institute along with some experienced teachers. Everything was tested in two rounds in about ten schools, but subsequent changes taking place in the same period in the overall school structure and curriculum forced reduction of the content; the analytical and 3D parts were put on ice, or 'in the fridge', as the Dutch call this process.

Anyway, we proposed to take a modern application of geometry as a starting point; the way of dividing space by the nearest neighbor principle. This can be seen in the initial task above. The type of division is called a *Voronoi diagram*. It is a very natural and old idea; we refer to the *Bible*, Deut. 21 for the oldest known reference to this mathematical principle. Voronoi diagrams are used in a range of scientific disciplines: geology, forestry, marketing, astronomy, robotics, linguistics, crystallography, meteorology, to name but a few.

A first sketch of the division may look like fig. 21 a. After making the first sketch, the situation of two centers (as the 'wells' are called more generally) is studied; it has two centers, two regions, one edge, as in fig. 21 b.

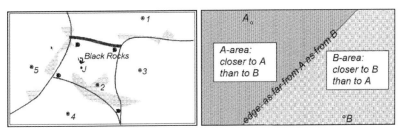

Fig. 21: a. First sketch. b. A Voronoi edge for two centers.

We can find the Voronoi edge in this case by folding center to center or with a protractor. When five centers are given, this means ten folds, but some exclusion argumentation is necessary to find the Voronoi-diagram in the mass of Voronoi edges, see fig. 22. The reader can easily check how to do this.

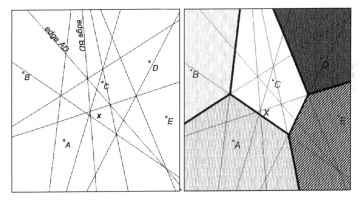

Fig. 22: Five centers; many edges to select parts from or to disregard totally.

Mathematical argumentation in the language of the application

Because equality of distances is the basic idea, circles will be important to study those diagrams. In fig. 23 three situations are given, one with center D

outside the circle through A, B and C, one with D on this circle and the third with D inside this circle.

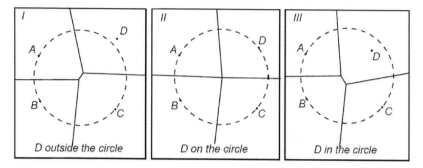

Fig. 23: Looking for the largest empty circle.

In the first configuration the three Voronoi edges between A, B and C meet in one point; this must be the midpoint of that circle. If A, B, C and D are on a circle, four regions will meet in one point; a rare situation which was dubbed a four-country point. Deciding between those three situations is necessary to construct diagrams from given center data; in a later chapter an angle criterion to do so is studied. The criterion is: $\angle CBA + \angle ADC$ is less than, equal to, or greater than 180° in the three cases of fig. 23.

A simple program, computing Voronoi diagrams from given centers was used in the course; it could compute diagrams with a few hundred centers (from file), but it also had drawing tools on board for experimenting with lines and circles.

One of the tasks was to create two nearby four-country points with the program. More precise: find out how to change center **x** in fig. 24 to get two four-country points. The program did not support dragging, so construction with the given construction tools was implied naturally.

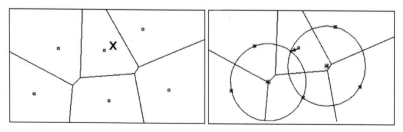

Fig. 24: Making two four-country points by moving center x.

The solution was found with ease. The four-country point must be on the circle through three centers and this happens twice, see fig. 24. At this stage students still reason within the context of the Voronoi diagrams, but their solutions have a known structure. Georg Polya calls this method the pattern of two loci (*Mathematical Discovery*, 1962).

Let us now try to create *three* four-country points with as few centers as possible! The solution in fig. 25(left), with seven centers, was quickly found in class with one extra empty circle; the situation is an adaptation of the one in fig. 24. One of the students wondered whether less than seven centers were possible. Later that afternoon another student mailed around a screen-print of a clever solution with six centers, see fig. 25, right.

Those problems are of course closer to pure mathematical play than to realistic use of Voronoi diagrams. But it was also clear that the language of the Voronoi diagrams was a help to state and tackle the problems.

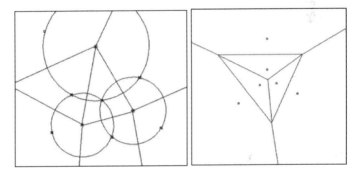

Fig. 25: Three four-country points with seven and with six centers.

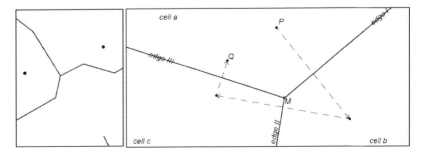

Fig. 26: Finding centers when edges are given, using symmetry.

25

In another problem at the end of the chapter more mathematics creeps in. In fig. 26 diagrams call for completion. Some edges are given, but not the centers to which they belong. Finding the centers from given edges occurs in a (real life) archeology application in the booklet. A map of a part of the Netherlands was shown, indicating where some groups of Stone Age tombs and a lot of pottery fragments were found. With the help of a Voronoi diagram the researchers tried to link pottery to possible workshops in settlements. In this situation the concept of symmetry was useful.

In fig. 26 (right) only the edges are given and the indicated point P is only a first suggestion for a center. By mirroring P in edge I we find a point that is a possible center in the next cell. Going on with mirroring in edge II and III it becomes clear that P cannot be the center of cell a; the final point Q differs from P. The midpoint of PQ seems to be a good possibility. This can be tested by accurate drawing, but when you only do this, you are still not absolutely sure about it, and moreover you are not sure at all that this method will work with another diagram.

Because the course was meant to help the students to get an idea of the necessity of proofs, this must be discussed in class. Students are used to apply methods and computations when a problem is posed and expect that the result of those actions is the real solution. In most of their mathematical school activities they are right, because, indeed, curricula tend to offer methods that work. It is the analytical method, with its strong tendency to produce results without proof. But when we are exploring new roads, when solutions for general situations must be found and certainly when a mathematical theory has to be built from scratch, it is not enough.

The reader will try to supply a proof. The students were helped by the hint to mirror Q also in edge I, II, III. Of course, if P is a possible center of cell a, all points of the ray from the three-country point through P are possible centers. (This was a minor point in the debate with the students.)

Basic proofs in depth

Chapter 2 starts with a useless theoretical question: Why do three Voronoi edges always meet like in fig 27 a, and never like in fig 27 b? A useless question, because all students and other users of Voronoi diagrams know that only the left situation occurs? In mathematics there is more than usefulness, there are also questions which start with *Why*.

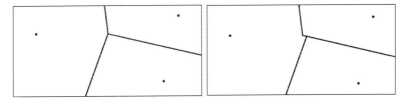

Fig. 27: Always a, never b.

Why-questions abounded already in the vision lines part of this contribution. But let us note the difference with the case here. The questions with vision geometry concerned the vision problems themselves, but the question around the meeting of three Voronoi-edges arose when looking at the mathematical construction itself.

Good answers to such mathematical questions must guarantee that they work in the general as well as in extreme cases, for instance if the centers are very far from each other. In this chapter of the course such arguments for proof are still necessary for the students.

To start the proof, it is now worth the trouble, and important, to state the defining property of the Voronoi edge more explicitly, for this is the only thing we know for sure about the Voronoi edge; in a way it is the only information about the situation we have.

The definition is stated with the aid of distance notation, $d(..,..)$:

> The **Voronoi edge** between points A and B is the set of points P for which hold:
> $d(P, A) = d(P, B)$.

The main part of the proof for the existence of the three-country points (that is for fig. 27 b is not difficult; we use fig. 27, where no meeting point of lines is indicated; it becomes clear that we are working in the synthetic way.

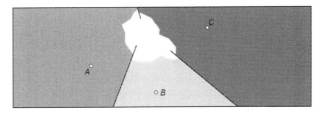

Fig. 28: Meeting of three Voronoi edges.

Let the meeting point of the two Voronoi edges between A and B and between B and C be named M.
We know about M that $d(M, A) = d(M, B)$ and that $d(M, B) = d(M, C)$.
Conclusion: we now also know that $d(M, A) = d(M, C)$, so M is also on the Voronoi edge between A and C. Conclusion: the *three* Voronoi edges meet each other in M.

It is an easy argument for students in the Science and Technology strand in Senior High School. So the argument should be tested in debate in this type of class. Is there not something which we supposed to be true which we used, which should be scrutinized? Yes, there is and it came out in the discussion. We used the fact that there *exists* an intersection of the first two Voronoi edges, and sometimes that is not so. Students detected the gap in the argument; they knew already that when A, B and C are in line (in this order), that cells of A and C do not meet. It is an exceptional situation of course, with a Voronoi diagram that looks like a pair of parallel lines, but even before now this question must be answered: are we sure that they meet in *all* other cases?

But only '*A, B and C not collinear*' is not enough. Why should it not be possible that *almost* not collinear A, B and C generate diagrams with slightly curved long strips? For this we still have to show that the Voronoi edge of two centers A and B is indeed a *straight* line. And then we have only parallel or intersecting lines.

We now set out to prove with the students that the Voronoi edge *coincides* with the line which intersects AB in the midpoint at a right angle: the perpendicular bisector. This shows that the Voronoi edge of points A and B indeed *is* a straight line.

The proof is difficult, because we all have very strong intuitions that it is true. But now the Voronoi approach is a good help to keep the proof on track, because we have separate descriptions of the two things. On the one hand the Voronoi edge:

> The **Voronoi edge** between points A and B is the **set** of points P
> for which hold: $d(P, A) = d(P, B)$.

On the other hand the perpendicular bisector:

> The **perpendicular bisector** of AB is the **line**
> which passes through the midpoint of AB and is perpendicular to AB.

We have to show that both are the same set of points. The first part of this proof shows that each point of the perpendicular bisector is on the Voronoi edge, it uses the idea of congruence. The second part is clarified in fig. 32, right, this is the difficult part.

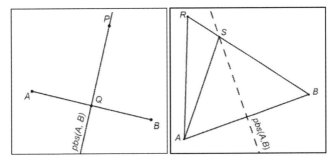

Fig. 29: If R is (not) on the perpendicular bisector of AB, R is (also not) on the Voronoi edge of A and B.

If R is not on the perpendicular bisector of AB, but at the side of A, then RB intersects the perpendicular bisector in, say S.

We know already that $d(A, S) = d(B, S)$ from the first part of the proof; and so we are done when we are sure that $d(A, R) < d(A, S) + d(R,S)$. The famous *triangle inequality* says that this is true for all A, R and S not on a line.

For students it should be clear that there is a bottom to this process of going in depth to more basic elements, and that it is a chosen bottom. In a course which takes distance geometry as an initial point, it is natural to take the triangle inequality as one of the basic truths, as a statement you are always allowed to use. But some protest was raised in class against this choice by students who defended the Pythagorean theorem as being a more sure and basic thing. They were kindly requested to derive the triangle inequality from the Pythagorean theorem; and so they did.

Analysis and synthesis, again

The main things of chapter 2 are summarized in a section called *From exploration to logical structure*. From a question about three meeting Voronoi edges we came to explore the character of the Voronoi edge. Here we found something still more basic: the triangle inequality. This is the exploration path, as shown fig. 30.

Between situations and proof

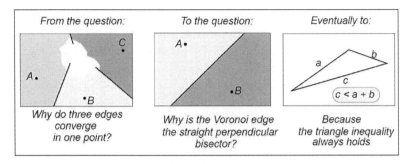

Fig. 30: The exploration path: analytic method.

It is again the *analysis* method of *Les Anciens*: start with the situation you want to construct or understand. Look what kind of steps are needed and go down to the basic things were everything is built on.

To the students we say that mathematics is often shown as working in the opposite direction. It starts then with the known things at the bottom (or at the beginning of a chapter) and with logical arguments it builds upon truths; you hope to arrive at your goal step by step. This is the road of the logical structure, illustrated in fig. 31, of course a picture of the *synthetic* method.

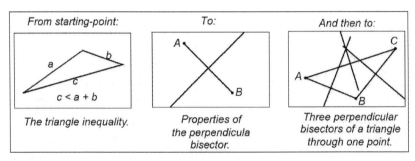

Fig. 31: The logical structure: synthetic method.

Learning to prove by debate

The last example is not in the text of the book, but was started spontaneously by a student. In a later chapter about cyclic quadrilaterals students were asked to show why (to prove that) the interior angles of any quadrangle add up to 360°. Many of their sketches looked like drawing *a* in fig 32.

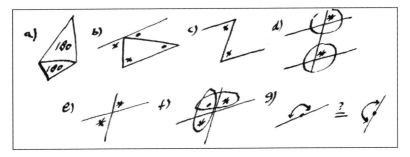

Fig. 32: You have to take something for granted!

The student in question asked *why* the three angles of a triangle always add up to 180°. A first try was to help her with picture *b*, but she was not totally convinced: 'Why are those crossed angles equal?' A sketch of the well-known Z-angels in drawing *c* scored the next 'Why is that so?' I explained by completing things a bit in sketch *d*; inside the two ovals you have the same corresponding angles. Seen from a mathematical point of view this step is bluff, as it presupposes Euclid's fifth postulate, and I didn't say so. But I was also blundering in another way as the student showed: "It is a different situation!'. She was right and I drew sketch *e*, because that could maybe close the gap in the chain. But I also changed roles in the discussion by asking: "Do you also think this (*e*) is true? And why should that be so?" The clever reply is in *f*. The two ovals have the same angles and the angle with the point is in both ovals. So the angles with the crosses are equal. My next question was about picture *g*: "So, you are really sure that those two angles are equal?" Which provoked the end of the discussion: *"You have to take something for granted!"*

I copied the sketches in fig. 32 to an overhead sheet and shared the discussion with the class in the next lesson, praising the *why-why-why* attitude. But I also turned the sheet upside down, to show that the direction of the logic goes the other way, while the discussion itself was in the direction of exploration. They understood also well that I did not try to start teaching geometry to them bottom up starting with sketch *g*, because they should not pay much attention to something so silly and simplistic.

The students understood also why I did not try to *start* teaching geometry with basic truths believed from the start on, because they should not pay much attention to such things silly and simplistic.

31

I believe still very much in the role of the classroom discussion to promote a real mathematical attitude in the students; this is not easy for the teacher, but it can give much satisfaction for everybody. Some old (Dutch) school books (pre-New Math!) used more formal disciplining tricks on paper to get at proving by the students, like asking for filling in details of a proof in a prebaked scheme. In our course there is only one scheme for a type of proof (in fact it *is* the Polya scheme of *The pattern of two loci*) and some more general heuristic guides to find a proof. The method of analysis is one of them, of course. We refer to the original book for the rest.

Rest of the course

The first part of the distance based geometry course contains a lot more activities around distances, like the famous fishery zones around Iceland, which are lines of constant distance to a country. Voronoi diagrams for two regions instead of two points are named conflict sets (or conflict lines) and are introduced in the last part of the course. Starting example is the division of the oil reserves in the North Sea, which like *The Drongs* can be seen as a 'wild' example; it is the starting point for the more civilized mathematics of the conics as defined by distances rules. In this part analytic geometry (that means geometry with coordinates and algebra) also has a place, and several applications of conics are discussed. The middle part of the course is devoted to pure plane geometry; here are classical subjects of constant angles on arcs and their use in some beautiful theorems. The earlier mentioned general heuristics and tasks for finding proofs and opportunities for exploration with Dynamic Geometry Software are also in this part.

The main parts of the original Dutch geometry course, including analytical geometry, have recently been republished in English as *Geometry between Application and proof* (Goddijn, A.J., Kindt, M. and Reuter, W.; Sense Publishers, 2014).

From 1998 to 2018 and beyond

The two main subjects of this contribution, Vision geometry in Junior High School and Distance Geometry in Senior High School, have different phenomenon-concept relations. In Vision geometry the phenomena were studied for their own sake, and the connection with mathematics was not dominated by external examination goals. This was a possible reason why the subject could not win a serious place in standard curricula, as said earlier. Distance Geometry is designed to use phenomena (or contexts as the Dutch tend to say), as a supporting part of the course which has a predefined mathematical goal: geometrical argumentation and proof in general. Both subjects (as presented above) share the problem driven approach, with the implicit choice for guided reinvention, one of the hallmarks of the Freudenthal Institute which makes working with students not easier, but very rewarding.

How did Distance Geometry survive in the Dutch educational system? In the years after the official curriculum project (PROFI: New Mathematics for the profiles in Secondary High School) ended, many of its elements ended up in commercial textbooks and central examinations. But far-reaching changes in educational structure, including drastic reduction of the number of hours of direct student-teacher contact, soon made the overall curriculum overloaded in most of the school disciplines. Distance geometry disappeared, the more theoretical argumentation-and- proof part stood on its own without much overall structure. It was difficult to digest for many students in the reduced time, while at the same time many young teachers had insufficient training in the subject itself, which they had not studied at school or university. Not enough was invested in in-service training. In the same period the old request of the academic institutions for more argumentation and proof in school mathematics was exchanged for a call for more basic skills in arithmetic and algebra, to be taught preferentially by example and imitation.

The latest development (starting 2015) for Senior High School in the Technology and Science strand is a modest reintroduction of analytical geometry. It will not be a course in elimination techniques and tangents to conics; hopefully it will be a sound integration of geometry with algebraic elements and meaningful use of vector methods, and maybe with real applications as a start, with analysis and a bit of synthesis both.

Literature

Descartes, R. (1637) *La Géométrie*. Bilingual edition, Dover Publications, 1954.

Ehrenfest-Afanassjewa, T. (1931). *Übungensammlung zu einer geometrischen Propädeuse*. Martinus Nijhoff.

Freudenthal, H. (1973). *Mathematics as an educational task*. Dordrecht: Reidel.

Goddijn, A.J., Kindt, M., & Reuter, W. (2014). *Geometry with Applications and Proofs*. Rotterdam: Sense Publishers.

Gravemeijer, K.P.E., & Kraemer, J.M. (1984). *Met het oog op ruimte: een meetkundige wereldoriëntatie*. Tilburg: Zwijsen.

Kindt, M. (1993) *Lessen in projectieve meetkunde*. Utrecht: Epsilon uitgaven.

Minnaert, M. (1954). *The Nature of Light and Color in the Open Air*, Dover. (Translation from the Dutch of part one of the original three of Natuurkunde van 't vrije veld, 1937-1942, Zutphen: Thieme)

Moor, E. W. A. de. (1999). *Van vormleer naar realistische meetkunde*. Utrecht: Centrum voor Didactiek van Wiskunde en Natuurwetenschappen.

Pólya, G. (1962). *Mathematical Discovery: On Understanding, Learning, and Teaching Problem Solving, 2 vols. in One*. New York: John Wiley and Sons.

Team W12-16. (1992). *Achtergronden van het nieuwe leerplan Wiskunde 12-16, deel II*. Utrecht: Freudenthal Instituut, RUU.

Team W12-16/Goddijn, A.J. (1991). *The Drongs*. (Translation from the Dutch The Drongs by Geert Spyker) Utrecht: Vakgroep OW&OC. Pdf. Available on request from the author or in the future at http://www.uu.nl/onderzoek/freudenthal-instituut/onderwijs/leermiddelen

Wiskivon Team/Goddijn, A.J. (1980). *Klein en Groot* (Small and Large). Utrecht: IOWO-Instituut Ontwikkeling Wiskunde onderwijs. Pdf. Available on request from the author or in the future at http://www.uu.nl/onderzoek/freudenthal-instituut/onderwijs/leermiddelen

Wiskivon Team/Goddijn, A.J. (1979) *Lijngrafieken* (Line Graphs). Utrecht: IOWO. Pdf. Available on request from the author or in the future at http://www.uu.nl/onderzoek/freudenthal-instituut/onderwijs/leermiddelen

Wiskivon Team/Goddijn, A.J. (1980). *Shadow and Depth*. (Translation from the Dutch Schaduw and Diepte: Ruth Rainero).Utrecht: Vakgroep OW&OC. Pdf. Available on request from the author or in the future at http://www.uu.nl/onderzoek/freudenthal-instituut/onderwijs/leermiddelen

Wiskivon Team/ Schoemaker, G. (1980). *Zie je wel*. (As You See). Utrecht: IOWO-Instituut Ontwikkeling Wiskunde onderwijs. Pdf. Available on request from the author or in the future at http://www.uu.nl/onderzoek/freudenthal-instituut/onderwijs/leermiddelen

Winkel aus der Sicht von Informationen

Heiko Etzold

Zusammenfassung. Der Artikel soll einen Beitrag leisten, vielfältige Vorstellungen und Definitionsmöglichkeiten zu Winkeln, die in der didaktischen Literatur diskutiert werden, unter einer übergeordneten Sichtweise zusammenzubringen. Dabei wird ein von Mitchelmore und White entwickeltes Abstraktionsmodell als Anlass genutzt, Winkel unter folgender Fragestellung zu betrachten: Welche Informationen benötige ich, um eine Winkelsituation zu beschreiben?

Diversität des Winkelbegriffs

Wie kaum ein anderer geometrischer Begriff zeugt der Winkelbegriff von einer enormen Vielfältigkeit hinsichtlich der mathematischen Beschreibungsmöglichkeiten und seiner Anwendungskontexte. So lässt sich der Umlauf des Zeigers einer Wasseruhr genauso mit einem Winkel beschreiben wie das Sichtfeld eines Lebewesens – haben doch beide Situationen scheinbar nichts miteinander zu tun. Auch aus mathematischer Perspektive sind die Unterschiede offensichtlich: so ist das Sichtfeld eine statische Punktmenge, während die Umläufe einer Wasseruhr eher einen dynamisch-algebraischen Charakter haben.

Dieser Aspektreichtum des Winkelbegriffs spiegelt sich auch in Schulbüchern wieder, wobei es nicht selten zu einer Vermengung von Winkelsituationen und davon abweichender mathematischer Beschreibungsmöglichkeiten kommt (Dohrmann und Kuzle 2015). Aus der deutschsprachigen didaktischen Literatur möchte ich drei Beispiele anbringen, in denen die Diversität des Winkelbegriffs diskutiert wurde:

Freudenthal (1973) formuliert zunächst vier Winkelbegriffe, die sich ergeben, je nachdem, ob ein geordnetes oder ungeordnetes Geraden- oder Halbgeradenpaar betrachtet wird. Diese ergänzt er noch durch einen fünften Winkelbegriff, der als Umlaufzähler dient. Drei dieser nun insgesamt fünf Begriffe sind ihm zufolge für den Mathematikunterricht von besonderer Bedeutung: die beiden, die sich mit dem Halbgeradenpaar ergeben (»elementargeometrischer« und »goniometrischer« Winkelbegriff), sowie den als »analytischen« (Umlaufzähler) bezeichneten. Dabei verdeutlicht er die mathematischen Unterschiede der drei Winkelbegriffe und fordert, diese gleichwertig und gleichzeitig im Unterricht einzuführen.

Strehl (1983) formuliert drei anschauliche Grundvorstellungen zu Winkeln, die er aufeinander aufbauend als Strahlenpaar, als Strahlenpaar mit Winkelfeld und als geordnetes Strahlenpaar mit Winkelfeld beschreibt.

Krainer (1989) kritisiert Strehls Vorgehen mit den Worten, dass eine Erweiterung der mathematischen Definitionen nicht zu einem tieferen Begriffsverständnis führen würde. Dagegen spricht er von vier Winkelvorstellungen: Winkel als geknickte Gerade, als von zwei Schenkeln (mit einem gemeinsamen Anfangspunkt) begrenzten Ebenenteil, als Ebenenteil, dessen Entstehung durch die Drehung eines Schenkels beschrieben werden kann, sowie als Umlaufwinkel.

Gemein ist diesen Überlegungen, dass verschiedene Winkelsituationen bestmöglich mathematisch beschrieben werden sollen, was stets zu Schwierigkeiten führt – entweder, weil innermathematisch Komplikationen auftreten[1], oder weil eine mathematische Beschreibung eines Winkel nicht auf eine andere Winkelsituation anwendbar ist[2]. Eine mathematische Gemeinsamkeit aller Winkelsituationen scheint also zu existieren, jedoch nicht ausreichend zu sein, um damit jede Winkelsituation vollumfänglich zu beschreiben.

Demnach fordern die genannten Autoren, die Vielfältigkeit des Winkelbegriffs im Mathematikunterricht zu verdeutlichen. Daraus ließe sich schließen, den Winkelbegriff aus zwei Perspektiven zu betrachten: Einerseits ist eine *ganzheitliche Sichtweise* notwendig: Verschiedene Winkelsituationen müssen als solche erfasst und unter dem Begriff des Winkels vereinigt werden können. Damit könnte der Winkelbegriff als *Vorstellungsbegriff* aufgefasst werden. Andererseits benötigt es eine *übereinstimmende Sichtweise*: Die Gemeinsamkeiten all jener Situationen müssen erkannt werden, denn nur so ist auch ein Vergleich verschiedener Situationen möglich. Die Gemeinsamkeiten können dabei eine einzelne Situation nicht vollständig beschreiben, sondern stellen vielmehr die Schnittmenge aller Winkelsituationen dar. Hier könnte der Winkelbegriff als *Stoffelement*[3] aufgefasst werden.

---

[1] So stellt z. B. Freudenthal (1973) dar, wie schwierig es bei einem geordneten Strahlenpaar in der orientierten Ebene ist, die Spiegelung eines Winkels mathematisch korrekt zu fassen.

[2] So ist beispielsweise eine Punktmenge des Winkelfeldes ungeeignet, um Umläufe zu beschreiben.

[3] Diese Bezeichnung schlug Axel Brückner in einem mündlichen Gespräch vor.

Für ein vollständiges Winkelverständnis benötigt es sowohl die ganzheitliche als auch die übereinstimmende Sichtweise; auch von einer gegenseitigen Beeinflussung ist auszugehen: Nur wenn man verschiedene Winkelsituationen miteinander vergleichen kann, ist man auch in der Lage, all diese als Winkel aufzufassen. Eine Unterstützung in diesem Weg sehe ich im Abstraktionsmodell von Mitchelmore und White, das die Entwicklung des Winkelverständnisses bei Lernenden beschreibt.

Abstraktionsprozess nach Mitchelmore/White

Mitchelmore und White (1998) gehen davon aus, dass sich der Winkelbegriff in drei Stufen entwickelt.

1. situative Winkelbegriffe
2. kontextuelle Winkelbegriffe
3. abstrakte Winkelbegriffe

Situative Winkelbegriffe

Situative Winkelbegriffe, die im Vorschulalter ausgeprägt werden, beschreiben mentale Modelle, die es Kindern ermöglichen, gleichartige Situationen als solche zu erfassen. So können beispielsweise ein echter Kran und ein Spielzeugkran als identische Winkelsituationen aufgefasst werden (wobei hier natürlich der Bezeichner *Winkel* nicht benötigt wird). Dagegen ist ein Ventilator eine komplett andere Situation und kann nicht mit dem Kran in Verbindung gebracht werden.

Kontextuelle Winkelbegriffe

Die kontextuellen Winkelbegriffe bilden sich im Grundschulalter aus. Nun sind die Schüler in der Lage, geometrische Gemeinsamkeiten verschiedener Situationen zu erkennen und diese zu einem Kontext zusammenzufassen. So ist die Bewegung eines Kranarmes vergleichbar mit der eines Ventilators und beide Situationen könnten unter dem Kontext der Umdrehung aufgefasst werden. Die Autoren unterscheiden insgesamt sieben Kontexte (wobei jeder davon noch jeweils zwei Abstufungen erhält):

- Biegung (Knick eines Objektes oder Pfades)

- zwei klar erkennbare lineare Stücke (gemeinsamer Beginn oder echter Schnitt)
- Steigung gegenüber der Horizontalen oder Vertikalen (linear oder flächig)
- Abweichung einer Linie zu einer (unsichtbaren) Linie (Objekt und Pfad)
- Öffnung/Feld, begrenzt von zwei Strahlen (starre und fluide Objekte)
- starre Ecke (Flächen oder Kanten)
- Umdrehungen (unbeschränkt und beschränkt)

Ebenfalls möglich sind auf dieser Abstraktionsstufe theoretische Überlegungen zu Grenzfällen. So kann z. B. hypothetisch über eine minimale und maximale Straßenneigung gegenüber der Horizontalen nachgedacht werden, wobei diese in realen Situationen entweder nicht relevant (bei der minimalen hat man ja keine »Neigung« mehr) oder nicht realisierbar sind (die maximale Straßenneigung schafft z. B. kein handelsübliches Auto).

Abstrakte Winkelbegriffe

Abstrakte Winkelbegriffe sind dann ausgebildet, wenn verschiedene Kontexte miteinander verglichen und begründet voneinander abgegrenzt werden können. Die Schüler können nun die Gemeinsamkeiten und Unterschiede verschiedener Kontexte mithilfe mathematischer Objekte und Relationen beschreiben. Auch hier legen sich die Autoren nicht auf *einen* abstrakten Winkelbegriff fest. Es ist demnach durchaus möglich, dass nur einige wenige Kontexte miteinander verglichen werden können – dies führt dennoch zu einem abstrakten Winkelbegriff. Werden beispielsweise starre Ecken und Öffnungen/Felder jeweils als Punktmenge zwischen zwei Strahlen beschrieben, so ist damit ein abstrakter Winkelbegriff gefunden, der jedoch nicht den Kontext der Umdrehungen beschreiben kann. Eine Biegung, die Steigung gegenüber der Horizontalen oder die Abweichung zweier Linien zueinander ließe sich durch ein Strahlenpaar mit gemeinsamem Anfangspunkt beschreiben, damit jedoch wäre wiederum der Kontext des Feldes nicht eindeutig abbildbar. Die Autoren betonen weiterhin, dass ein Vergleich verschiedener Kontexte Schülern insbesondere dann schwer fällt, wenn die Anzahl der sichtbaren Schenkel nicht übereinstimmt (so sieht man bei einem Knick zwei Schenkel, bei der Drehung eines Zeigers ggf. nur einen). Mitchelmore und White (1998, S. 5) formulieren jedoch einen wünschenswerten üblichen allgemeinen Winkelbegriff[4]: »two lines meeting at a point with an angular relation between them«.

In allen drei Stufen sprechen die Autoren auch noch von situativen/kontextuellen/abstrakten Winkelmodellen sowie situativem/kontextuellem/abstraktem Winkelwissen, was ich hier aber nicht weiter ausführen möchte. Das Abstraktionsmodell entstand aus theoretischen Überlegungen sowie mehreren empirischen Studien der Autoren.

Schlussfolgerungen

Aus den Untersuchungen ziehen die Autoren Schlussfolgerungen für die Behandlung von Winkeln im Unterricht:

- Unterschied zwischen kontextuellen und abstrakten Winkelmodellen verdeutlichen
- Erkennen von Gemeinsamkeiten unterschiedlicher Kontexte unterstützen:
  - Schwierigkeiten bestehen v. a. dann, wenn die Anzahl der sichtbaren Schenkel variiert (auch beim Messen relevant).
  - Gemeinsamkeiten müssen mittels mathematischer Objekte/Relationen/Operationen beschrieben werden.
  - Ziel: Entwicklung eines Beziehungsgefüges zwischen den Kontexten.
  - Ausformulierte Winkeldefinition ist erst hilfreich, wenn Gemeinsamkeiten erkannt werden können.

Hier sehe ich einen Bezug zu den oben erläuterten Überlegungen der ganzheitlichen und übereinstimmenden Sichtweise der Winkelbehandlung. So stellt sich einerseits die Frage, wie der Aufbau eines Beziehungsgefüges zwischen den Kontexten unterstützt werden kann, um damit die ganzheitliche Sichtweise zu ermöglichen.[5] Andererseits frage ich mich aber insbesondere auch, wie ein abstrakter Winkelbegriff aussehen kann, der die übereinstimmende Sichtweise und damit das Erkennen der Gemeinsamkeiten aller Winkelkontexte ermöglicht.

---

[4] Im Originaltext wird er als »standard general angle concept« bezeichnet.
[5] Dies werde ich hier nicht weiter erörtern.

Winkel aus der Sicht von Informationen – ein Gedankenansatz

Die von den Autoren vorgeschlagene Formulierung »two lines meeting at a point with an angular relation between them« halte ich dann für ausreichend, wenn vollständig verstanden wurde, was ein Winkel ist (also im Abstraktionsmodell die dritte Stufe erreicht wurde). Sind die Abstraktionsstufen zuvor durchschritten, so ist klar, wie mit den in der Formulierung enthaltenen Begriffen und ihren Beziehungen zueinander umzugehen ist.

Dennoch ist die Formulierung, die fast den Charakter einer Tautologie hat, nicht für eine mathematische Definition geeignet. Eine mathematische Definition sollte doch aber möglich sein, wenn man von der Schnittmenge der verschiedenen Winkelkontexte und damit vom Winkel als Stoffelement spricht. Eine Forderung an eine solche Definition wäre, dass sie einen Vergleich verschiedener Winkelkontexte ermöglicht und damit die mathematische Schnittmenge all dieser Situationen beschreibt. Was haben nun alle Situationen gemeinsam? Von einem gewissen Scheitelpunkt ausgehend gibt es eine erste Richtung sowie davon eine Abweichung, wodurch eine zweite Richtung bestimmt wird (ob Erst- und Zweitrichtung gleichwertig sind, ist wiederum kontextabhängig). Könnte man die Abweichung mathematisch beschreiben, so würde sich aus der ersten die zweite Richtung ergeben, also muss letztere nicht Bestandteil der Definition sein. Die Abweichung selbst ist aber nichts anderes als ein signiertes Winkelmaß[6] (ob in Grad, Bogenmaß oder als Anteil voller Winkel bzw. voller Umdrehungen gemessen). Auf die mögliche Kritik, dass das Maß Bestandteil der Winkeldefinition ist, gehe ich im nächsten Abschnitt noch ein. Zunächst möchte ich an dieser Stelle aber einen Vorschlag liefern:

Ein Winkel lässt sich anhand eines Strahls und eines Größenmaßes beschreiben.

Der Strahl beschreibt den Scheitelpunkt mit der ersten Richtung (also den ersten Schenkel des Winkels) und das Größenmaß die Abweichung davon. Damit ist zwar eine konkrete Winkelsituation noch nicht vollständig beschrieben – je nach Kontext werden weitere Details benötigt – allerdings ist

---

[6] Dieses Maß ist signiert, also z. B. mit einem Vorzeichen behaftet, da es auch eine Orientierung beschreiben kann. Im Folgenden spreche ich allgemein von Maßen, lasse dabei aber stets die Möglichkeit zu, dass diese signiert sind.

damit ein mathematischer Kern gefunden. Diesen aus Informationen bestehenden Winkelbegriff möchte ich zur sprachlichen Vereinfachung nun *informatorischen Winkelbegriff* nennen.

Das informatorische Vorgehen ist vergleichbar (aber natürlich nicht in Analogie zu setzen) mit dem algebraischen Vektorbegriff nach Malle (2008). Dabei wird ein Vektor beschrieben durch ein Zahlentupel. Anschließend folgt daraus eine geometrische Deutung als Punkt oder Pfeil, was auch zu unterschiedlichen geometrischen Deutungen von Rechenoperationen mit algebraischen Vektoren führt.

Genauso kann anhand eines Strahls und eines Größenmaßes nun – je nach gewünschter Winkelsituation – ein Winkel geometrisch interpretiert bzw. eine »Zeichenvorschrift« aufgestellt werden. Hierbei können sich auch einige zunächst nicht zu erwartende Besonderheiten ergeben. Bei einem geknickten Straßenverlauf, wie ihn Abbildung 1 zeigt, würde beispielsweise der erste Strahl in Richtung des ersten zurückgelegten Weges verlaufen, der Scheitelpunkt läge direkt an der »Kreuzung«. Damit unterscheidet sich das scheinbare aus den beiden Straßenzügen bestehende (und optisch an einen Winkel erinnernde) Objekt vom tatsächlichen Winkel, bei dem nur der zweite Strahl mit einem der beiden Straßenzüge übereinstimmen würde.

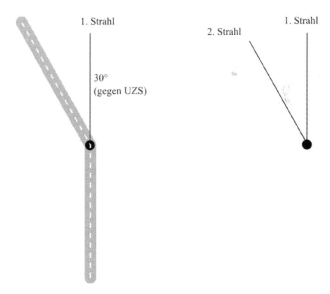

Abb. 1: Beschreibung eines Straßenknickes mithilfe eines informatorischen Winkels

Anhand dieses Beispiels wird nochmals deutlich, dass der Winkel der Beschreibung einer Situation dient und nicht die geometrische Situation selbst abbilden muss. Auch ist es inhaltlich sinnvoll, dieser Situation ein Maß von 30° statt von 150° zuzuordnen, da dies eher der Ablenkung eines auf der Straße fahrenden Autos entspricht.

Weiterhin kann man sich auf die Konvention festzulegen, dass ein positives Größenmaß eine Drehung gegen den Uhrzeigersinn bewirkt (so wie beim algebraischen Vektorbegriff eine positive x-Koordinate eine Bewegung nach rechts beschreibt, wenn ein Koordinatensystem in »üblicher« Lage vorliegt).

Winkelmaß als Bestandteil der Definition?

Bereits erwähnt und nicht zu vernachlässigen ist die Frage, ob das Winkelmaß Bestandteil der Definition eines Winkels sein darf. Üblicherweise wird der Winkel als Objektbegriff aufgefasst, dem dann ein Maß zugeordnet werden kann (siehe z. B. Filler 2011, S. 32). Beachtet man, dass auch negative Winkelmaße bzw. solche über 360° möglich sind[7], so muss also die Zuordnung eindeutig von der Menge der Winkel auf die Menge der reellen Zahlen (bzw. Gradzahlen) abbilden können. Dies heißt im Umkehrschluss jedoch auch, dass ein Winkel, dem das Maß 30° zugeordnet wird, als Objekt von einem Winkel, dem das Maß 390° zugeordnet wird, unterscheidbar sein muss. Es reicht damit also keinesfalls aus, ausschließlich die Lage der Schenkel und des Scheitelpunktes in der Ebene anzugeben – sondern es ist notwendig, hier noch eine *weitere Information* im Winkel-Objekt enthalten zu haben, die Auskunft darüber gibt, wie viele Umdrehungen im Winkel enthalten sind.

Neben der vorgeschlagenen mit Vorzeichen behafteten Zahl wären auch alternative, jedoch aus mathematischer Sicht äquivalente Formulierungen möglich. So könnte auch eine Richtung (gegen/im Uhrzeigersinn) sowie eine nichtnegative Zahl verwendet werden. Oder man spricht von einer bestimmten Anzahl voller Umdrehungen (mit Richtungsangabe oder Vorzeichen) sowie einem zusätzlichen Winkelmaß, das mindestens 0° aber kleiner als 360° sein muss (oder im Intervall $[0, 2\pi)$ bzw. $[0, 1)$ liegt, wenn man im

---

[7] Und solche Winkelmaße *muss* es geben, da sonst die Betrachtung trigonometrischer Funktionen nicht sinnvoll ist.

Bogenmaß bzw. mit Anteilen voller Umdrehungen arbeiten möchte). Auch könnte ein weiteres geometrisches Objekt, wie eine Spirale, Bestandteil des Winkels sein, die dann die Zuordnung eines eindeutigen Maßes ermöglicht.

Operationen mit Winkeln

Der informatorische Winkelbegriff erhält die Möglichkeit, übliche Operationen, die mit Winkeln durchgeführt werden sollen, zu beschreiben. Die Tabelle bietet eine Auswahl.

Operation	Strahl-Manipulation	Größenmaß-Manipulation
verschieben	verschieben	beibehalten
drehen	drehen	beibehalten
spiegeln	spiegeln	negative Zahl
messen	egal	Zahl angeben
abtragen	neuen Strahl nehmen	beibehalten
vergleichen	egal	Zahlen vergleichen
addieren	1. Strahl beibehalten	Zahlen addieren

Tabelle 1: Operationen mit Winkeln

Sicherlich gibt es dabei noch einige Details zu beachten, insbesondere beim Addieren von Winkeln oder der Frage, in welchen Situationen nur der Betrag des Größenmaßes interessant ist und wann das Vorzeichen eine entscheidende Rolle spielt. Dennoch ist mit dem informatorischen Winkelbegriff eine Variante gefunden, die aus formaler Sicht durchführbar ist[8] und sich gleichzeitig an den mit den Operationen zusammenhängenden Vorstellungen orientiert. Fasst man beispielsweise aus Tabelle 1 alle Operationen zusammen, bei denen das Größenmaß (zumindest vom Betrag her) beibehalten wird, so sind dies gerade die Kongruenzabbildungen. Operationen, bei denen die konkrete Lage des Strahls keine Rolle spielt, sind dann eher die an der Maßzahl orientierten.

---

[8] Die formale Durchführbarkeit führt auch zur Möglichkeit der Implementierung in digitale Umgebungen, beispielsweise dynamische Geometriesoftware. Dabei können all die erwähnten Operationen durch Rechnungen mit komplexen Zahlen realisiert werden.

Zusammenfassung

Zusammenfassend halte ich den Abstraktionsweg von Mitchelmore und White (1998) als einen geeigneten Weg, Winkel im Mathematikunterricht zu betrachten. So dienen Winkelsituationen als Grundlage, um sie mit mathematischen Objekten und Relationen zu beschreiben und daraus Unterschiede und Gemeinsamkeiten verschiedener Situationen (und Kontexte) herauszuarbeiten und ein übergreifendes Winkelverständnis schrittweise zu entwickeln.

Der Vergleich verschiedener Kontexte, der sinnvollerweise aus mathematischer Sicht geschehen muss, sollte durch geeignete Lernumgebungen unterstützt werden.[9] Dabei kann mehr und mehr der mathematische Kern mehrerer oder dann auch aller Kontexte herausgearbeitet werden (was zum informatorischen Winkelbegriff führen kann), so dass zu dem übergreifenden auch ein übereinstimmendes Winkelverständnis entwickelt wird.

Literatur

Dohrmann, C. und A. Kuzle (2015): Winkel in der Sekundarstufe I – Schülervorstellungen erforschen. In: Geometrie zwischen Grundbegriffen und Grundvorstellungen, S. 29 – 42.

Filler, A. (2011). Zusammenfassende Notizen zu der Vorlesung Didaktik der Elementargeometrie, URL: didaktik.mathematik.hu-berlin.de/files/did_elemgeoskript.pdf, zuletzt heruntergeladen am 30.09.2015, 10:32 Uhr

Freudenthal, H. (1973): Mathematik als pädagogische Aufgabe 2.

Krainer, K. (1989): Lebendige Geometrie. Überlegungen zu einem integrativen Verständnis von Geometrieunterricht anhand des Winkelbegriffs. Diss. Alpen-Adria-Universität Klagenfurt.

Malle, G. (2008): Ein didaktisch orientiertes Vektorkonzept. In: Schriftenreihe zur Didaktik der Mathematik der Österreichischen Mathematischen Gesellschaft 40, S. 80–90.

Mitchelmore, M. und P. White (1998): Development of Angle Concepts: A Framework for Research. In: Mathematics Education Research Journal 10.3, S. 4–27.

Strehl, R. (1983): Anschauliche Vorstellung und mathematische Theorie beim Winkelbegriff. In: mathematica didactica 6.

---

[9] Das wird Bestandteil meiner weiteren Beschäftigung mit dieser Thematik sein, nicht jedoch in diesem Tagungsbeitrag.

Senkrecht – Vom Phänomen zum Relationsbegriff

Günter Graumann

Zusammenfassung. Rechte Winkel tauchen in unserer heutigen Umwelt überall auf und schon im Kindergarten sollen rechte Winkel etwa an Bauklötzern bewusst gemacht werden. In der Grundschule taucht dann der Begriff „senkrecht" auf. Hierbei handelt es sich nicht mehr um einen Eigenschaftsbegriff, sondern um den Relationsbegriff „senkrecht zu". Kindern fällt es erfahrungsgemäß schwerer einen Relationsbegriff als einen Eigenschaftsbegriff zu erfassen, und oft ist dieser Sachverhalt auch Lehrerinnen und Lehrern nicht klar. Ohne dass man mit Grundschulkindern die Besonderheiten eines Relationsbegriffs bewusst reflektiert, sollte aber eine Grundlage dafür schon gelegt werden, etwa indem auf der sprachlichen Ebene darauf geachtet wird, dass Ausdrücke wie „die Gerade ist senkrecht" korrigiert werden zu „die Gerade ist senkrecht zu ...".

Im Folgenden sollen Hintergrundkenntnisse für Lehrerinnen und Lehrer dargestellt werden, und zwar: Das Phänomen „lotrecht – senkrecht" in der Umwelt, etymologische Erläuterungen zum Begriff „senkrecht", verschiedene mathematische Charakterisierungen von „senkrecht zu" und strukturelle Aspekte der Orthogonalität.

Einleitung

Der Ausdruck „senkrecht" taucht im Geometrieunterricht von der Grundschule bis zur Sekundarstufe II immer wieder auf. Allerdings ist dabei nicht immer klar, dass es sich um einen Relationsbegriff handelt. So kann z. B. eine Linie nicht senkrecht sein, sondern nur „senkrecht zu" etwas. Dass ein solcher Relationsbegriff in der Sache komplexer als ein Eigenschaftsbegriff ist und welche Phänomene hinter der teilweise falschen Verwendung des Begriffs „senkrecht" stecken, sollte allen Lehrerinnen und Lehrern bewusst sein. Einige wichtige Informationen dazu sowie zu den verwendeten Wörtern und zu mathematisch strukturellen Gesichtspunkten seien im Folgenden dargestellt.

Das Phänomen „rechter Winkel – senkrecht" in der Umwelt

In der *vom Menschen geschaffenen heutigen Umwelt* finden wir überall Phänomene, die mit rechten Winkeln oder anders ausgedrückt mit zueinander senkrechten Linien bzw. Kanten oder zueinander senkrechten Flächen zu tun haben. Fensterkanten, Bilderrahmen oder Kanten von Papieren und Büchern sind in der Regel zueinander senkrecht, quaderförmige Verpackungen oder Bücherregale haben zueinander senkrechte Seitenflächen und

Kanten, eine Dose steht senkrecht zur Regalfläche, etc. Ein Grund für diese weite Verbreitung von rechten Winkeln hat vermutlich statische und technologische Hintergründe. Ein schiefes Haus in klassischer Bauweise etwa ist nicht so stabil wie eines mit lotrechten Stützbalken und waagerechten Querbalken und beim Schneiden von Papieren mit rechten Winkeln gibt es weniger Abfall (wegen der Parkettierungsmöglichkeit einer Ebene mit Rechtecken) und einfache Schnitttechniken.

In der *natürlichen Umwelt* kommen rechte Winkel dagegen nur sehr selten vor; etwa bei Kristallen, manchmal bei Felskanten oder bei Baumstämmen gegenüber dem Boden. Das für den Menschen wichtigste Phänomen ist diesbezüglich der aufrechte Gang, d.h. eine zur „idealisierten" Erdoberfläche senkrechte Linie oder genauer eine gerade Linie, die auf den Mittelpunkt (d.h. Schwerpunkt) der Erde ausgerichtet ist. Der Bau eines stabilen Turms (im Bauwesen oder von Kindern mit Bauklötzen errichtet) muss sich auch an einer solchen Richtung im Raum orientieren. Hier bilden physikalische Gesetze der Natur eine Rolle. Deshalb haben die Wörter, die in verschiedenen Sprachen mit dem Phänomen „senkrecht" verbunden werden, meist ihren Ursprung in der Eigenschaft der physikalischen Orientierung auf den Erdmittelpunkt.

Etymologische Betrachtungen zum Wortfeld „senkrecht"

Das Wort *„senkrecht"* setzt sich aus den Wortteilen „senk" (bezogen auf das "Senkblei", das ja auf den Mittelpunkt der Erde zeigt) und „recht" (gemeint „richtig" oder „gerichtet") zusammen. Den gleichen Ursprung hat das Wort *„lotrecht"*, wobei das Lot ein anderer Name für das Senkblei ist und vornehmlich von Maurern und beim Angeln benutzt wird.

Im Deutschen seltener, aber in vielen anderen Sprachen (z. B. im Englischen, Französischen, Italienischen, Spanischen, Russischen, Schwedischen) wird der Ausdruck *„perpendicular"* verwendet. Dieser Ausdruck ist mit dem „Perpendikel" einer Uhr verwandt und geht auf das lateinische Wort „perpendere" zurück, das dort „genau abwägen" bedeutet und als Substantiv „perpendiculum" auch im Sinne von „Senkblei" verwendet wurde. Der Perpendikel einer Standuhr zeigt im Ruhezustand ja auch auf den Erdmittelpunkt und pendelt im bewegten Zustand gleichmäßig um diese Ruhelage.

Mit Blick auf den Winkel und dessen Spitze (eng./lat. „vertex") wird – zwar selten im Deutschen aber häufiger in anderen Sprachen – das Wort *„vertikal"* an Stelle von „senkrecht" verwendet. Oft wird es auch in übertragenem Sinne verwendet, wie etwa in einer Hierarchisierung als „vertikaler Aufbau".

Das in der Fachsprache oft verwendete Wort *„orthogonal"* ist dem Griechischen entlehnt mit den Wortteilen „orthos" (= richtig, recht-) und „gonia" (= Winkel). Es handelt sich also um ein Fremdwort für *„rechtwinklig"*. Ein rechter Winkel ist also ein „richtiger" Winkel im Sinne von „herausgehobener Winkel". Man könnte auch sagen ein „gerechter Winkel", da er zu seinem Nebenwinkel gleichgroß ist.

Auf die Bedeutung „vom rechten Maß" (lat. „norma" = Maß) geht die Verwendung des Wortes *„normal"* (vgl. auch „Normale") zurück, das in der synthetischen Geometrie und der Vektorgeometrie üblich ist.

Für die Schule aber auch die Fachmathematik ist es angebracht, sich um eine eindeutige Wortwahl zu bemühen bezüglich der physikalischen Eigenschaft der Richtung auf den Erdmittelpunkt einerseits und der geometrischen Relation zwischen Linien und Flächen (insbesondere Geraden und Ebenen) andererseits. In den letzten Jahrzehnten hat sich in vielen (leider nicht allen) Schulbüchern und Lehrwerken zur Geometrie auch schon eine geeignete Festlegung herausgebildet. Diese sollte deshalb in Zukunft flächendeckend vorherrschend und für alle Lehrenden eine Norm sein. Zur Verdeutlichung zeige ich sie hier auf:

- Für die **geometrische Relation** zwischen zwei Geraden bzw. einer Geraden und einer Ebene bzw. zweier Ebenen verwenden wir die Wörter *„senkrecht zu"* oder *„orthogonal zu"* oder wir sprechen von einem *„rechten Winkel"*.
- Die **physikalische Eigenschaft** in Richtung auf den Erdmittelpunkt (und senkrecht zur idealisierten Erdoberfläche) bezeichnen wir als *„lotrecht"*.

Man sollte dann in der Geometrie auch *nicht* mehr, wie früher meist üblich vom „Lot fällen" bzw. „Lot errichten" sprechen, sondern die Ausdrücke *„Senkrechte konstruieren"* (bzw. „Orthogonale konstruieren") oder auch *„Senkrechte fällen"* (bzw. „Orthogonale fällen") und *„Senkrechte errichten"* (bzw. „Orthogonale errichten") verwenden.

Senkrecht – Vom Phänomen zum Relationsbegriff

Didaktische Bemerkungen

Kinder lernen oft den Begriff „senkrecht zu" im Zusammenhang mit dem Geodreieck. Dabei wird dann meist die Orthogonalität zweier gerader Linien überprüft und es werden zu gegebenen geraden Linien zu diesen senkrechte gerade Linien konstruiert. Man sollte aber auch die vielfältigen Anregungen, die man in Schulbüchern der Grundschule und der Jahrgänge 5 und 6 findet, nutzen, um Kindern den Begriff „senkrecht zu" im Umgang mit konkreten Körpern nahezubringen. Ergänzend dazu sollten auch Faltübungen herangezogen werden, wobei z.B. die Orthogonalität von Faltlinien hergestellt werden kann, indem man ein ebenes[1] Papier zuerst einmal irgendwie faltet (um eine gerade Linie zu erhalten) und dann das gefaltete Blatt so faltet, dass die erste Faltlinie auf sich fällt. Wenn man das Blatt dann wieder vollständig auffaltet, hat man zwei zueinander senkrechte Faltlinien[2]. Dabei kann man die Eigenschaft erkennen, dass eine zur ersten geraden Linie senkrechte Linie beim Falten bzw. Spiegeln an der ersten geraden Linie auf sich fällt. Im zusammengefalteten Zustand kann man außerdem erkennen, dass alle vier von den beiden zueinander senkrechten Faltlinien gebildeten Winkelfelder deckungsgleich, d. h. gleich groß, sind. Man kann also zwei wichtige Charakterisierungen von „senkrecht" (vgl. unten) im konkreten Tun und Reflektieren über die Ergebnisse der Handlungen erfahren.

Wichtig ist es auch, dass Kinder Erfahrungen mit rechten Winkeln in ganz verschiedenen Lagen im anschaulichen Raum machen und dass an der Tafel senkrechte Geradenpaare nicht nur parallel zu den Tafelkanten vorkommen. Wegen des historischen und entwicklungspsychologischen Hintergrundes

---

[1] Das Blatt muss eben sein, sonst erhält man keine gerade Linie. Der mathematische Hintergrund dafür ist die Gerade als Schnitt zweier Ebenen.
[2] Es sei nebenbei erwähnt, dass man zwei zueinander parallele gerade Faltlinien erhält, wenn man zur ersten Faltlinie eine weitere senkrechte Faltlinie erzeugt. Dahinter steht die Charakterisierung, dass zwei Geraden einer Ebene, die eine gemeinsame senkrechte Gerade haben, zueinander parallel sind. Das ist eine Charakterisierung, die im Rahmen der Messgenauigkeit sehr gut mit einem Geodreieck festgestellt werden kann. Die oft verwendete Definition „zwei Geraden einer Ebene ohne Schnittpunkt" kann man schlecht feststellen und außerdem ist sie so nicht ganz richtig, denn zwei identische Geraden sind ja auch parallel.

von lotrechter und waagerechter Linie als Prototypen für zueinander senkrechte Linien werden rechte Winkel an Figuren oft nur in dieser ausgezeichneten physikalischen Lage erkannt. Sie lassen sich auch in dieser Lage ohne Hilfsmittel (mit freier Hand) am einfachsten an der Tafel zeichnen. In der Geometrie ist ein Begriff wie „senkrecht zu" aber nicht von der Lage abhängig. Das muss im Unterricht bewusst reflektiert werden.

Übungen zur Vertiefung der Vorstellungen wären dann etwa die folgenden (in der Schule teilweise auch bekannten) Übungen:

- Finde an einem Quader, einer quadratischen Pyramide, etc. (z. B. Bauklotz, Legostein in verschiedenen Lagen) Paare zueinander senkrechter Kanten. Wie viele solcher Paare kannst du finden?
- Finde an einem Quader, einer Dreieckssäule, etc. zueinander senkrechte Seitenflächen (Ebenen).
- Finde an einem Quader, einer Dreieckssäule, etc. eine Kante und eine Seitenfläche, die zueinander senkrecht sind.

Es ist hier nicht der Ort, auf weitere methodische Einzelheiten bezüglich des Themenfeldes „senkrecht zu" einzugehen. Es sei lediglich noch erwähnt, dass man in der Grundschule, vor allem aber auch in der Sekundarstufe I, die räumliche Geometrie miteinbeziehen sollte.

Geometrische Charakterisierungen von Orthogonalität

Die folgenden *geometrischen Charakterisierungen* sollte jede Lehrkraft im Hinterkopf haben, d. h. sie müssen bei der Einführung des Begriffs „senkrecht zu" nicht explizit genannt werden, sollten im Laufe der Zeit den Schülerinnen und Schülern aber geläufig werden.

In der *ebenen Geometrie* sind zwei verschiedene, sich schneidende Geraden g, h *senkrecht zueinander*, wenn sie eine der folgenden Eigenschaften erfüllen:

1. Alle vier von g und h gebildeten Winkelfelder sind gleichgroß, d. h. kongruent zueinander.
2. Bei der Spiegelung von h an g geht h in sich über und bei der Spiegelung von g an h geht g in sich über.
3. Für jeden Punkt P von g ist die kürzeste Verbindung mit h die Verbindungsstrecke von P mit dem Schnittpunkt von g und h und für je-

den Punkt Q von h ist die kürzeste Verbindung mit g die Verbindungsstrecke von Q mit dem Schnittpunkt von g und h.

Die *erste Charakterisierung* durch gleichgroße Winkel kann man im Rahmen der Messgenauigkeit in der Schule beispielsweise mit einer Blattkante oder dem Geodreieck prüfen oder man kann (wenn die Figur auf einem Blatt Papier auftritt) die Winkel ausschneiden und zur Deckung bringen bzw. falten und übereinanderlegen. Eine Folgerung dieser Charakterisierung ist, dass das Maß eines rechten Winkels 90° (¼ · 360°) bzw. 100^g (¼ · 400^g) bzw. $\pi/2$ (¼ · 2π) ist.

Die *zweite Charakterisierung* kann – wie schon erwähnt – durch das Falten einer Faltlinie auf sich verdeutlicht werden. Die Konstruktion eines Spiegelpunktes basiert auch auf dieser Charakterisierung. Da die Spiegelung an g und die Spiegelung an h sowohl g als auch h auf sich abbildet, ergibt sich als Folgerung, dass die vier Winkelfelder mittels der Spiegelungen an g und an h aufeinander abgebildet werden können, also zueinander kongruent sind. Damit ist die erste Charakterisierung dann eine Folgerung aus der zweiten.

Bei der *dritten Charakterisierung* kann man aufgrund des Satzes von Pythagoras sich klar machen, dass eine nicht-senkrechte Verbindung von P mit g immer größer ist als die senkrechte Verbindung. Eine Folgerung dieser Charakterisierung ist auch, dass der Abstand zwischen einem Punkt und einer Geraden immer der „senkrechte" Abstand ist, d. h. im Begriff „Abstand von einer Geraden" ist der Begriff „senkrecht" implizit enthalten.

Es ist relativ leicht zu zeigen, dass die drei genannten Charakterisierungen gleichwertig sind, d. h. jede von ihnen kann als Definition genommen werden und die anderen beiden sind dann Sätze. Diese Sichtweise ist nur aus mathematischer Sicht wichtig, für Schülerinnen und Schüler ist es wichtiger, dass sie wissen, dass man in einer gegebenen Situation eine (möglichst passende) Charakterisierung aussuchen und verwenden kann.

Für die mathematisch Interessierten geben wir im Folgenden einen *Beweis der Äquivalenz der drei Charakterisierungen* in der Form 1 ⇔ 2 ⇔ 3. Seien dazu zwei Geraden g und h mit $g \cap h = S$ gegeben.

1 ⇒ 2: Der Ausgang ist also, dass die vier von g und h gebildeten Winkelfelder gleichgroß sind. Es sei nun Q ein Punkt von h. Der Bildpunkt Q^* bei der Spiegelung an g liegt per Definition auf der Senk-

rechten zu g durch Q. Da zwei benachbarte Winkelfelder zusammen 180° ergeben, liegt Q* also auf h. Da das für alle Punkte Q von h gilt, wird h auf sich abgebildet. Entsprechend folgt, dass g bei Spiegelung an h auf sich abgebildet wird.

2 ⇒ 1: Der Beweis folgt entsprechend der oben erwähnten Überlegungen zum Falten.

2 ⇒ 3: Wir setzen jetzt voraus, dass h bei Spiegelung an g auf sich abgebildet wird und damit senkrecht zu g ist. Sei nun Q ein Punkt von h ungleich S.

Annahme: Es gibt einen Punkt T von g mit $|QT| < |QS|$. Dann bildet QST ein rechtwinkliges Dreieck mit rechtem Winkel bei S. Nach dem Satz von Pythagoras folgt dann

$$|QS|^2 = |QT|^2 - |TS|^2 < |QT|$$

im Widerspruch zur Annahme. Also ist S derjenige Punkt von g mit der kürzesten Verbindung zu Q. Da nach Voraussetzung g bei Spiegelung an h in sich übergeht, folgt in analoger Weise, dass für jeden Punkt P von g der kürzeste Abstand zu h $|PS|$ ist.

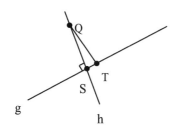
Abb. 1 (für 2 ⇒ 3)

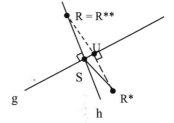
Abb. 2 (für 3 ⇒ 2)

3 ⇒ 2: Vorausgesetzt sei jetzt, dass die kürzeste Verbindung die Senkrechte bestimmt. Sei $R \in h$ und $R \notin g$ sowie $S \in g$ mit $|RS|$ ist die kürzeste Verbindung von R mit g, d.h. nach Voraussetzung (3) ist RS ⊥ g. Außerdem sei R* der Bildpunkt von R bei Spiegelung an g.

Angenommen R* liegt nicht auf RS, d. h. R*S ist nicht senkrecht zu g, dann gibt es einen Punkt $U \in g$ mit $R^*U \perp g$, d. h. nach Voraussetzung (3) gilt $|R^*U| < |R^*S|$. Bei erneuter Spiegelung an g geht R* in $R^{**} = R$ über und S, U bleiben fest. Aufgrund der Eigenschaften von Spiegelungen gilt $|RS| = |R^*S|$ und $|RU| = |R^*U|$. Eingesetzt in die obige Ungleichung folgt $|RU| < |RS|$ im Widerspruch zu Bestimmung von S. Also muss R^* auf RS liegen. Da das für alle Punkte von h gilt ist die zu g senkrechte Gerade h also eine Fixgerade der Spiegelung an g. Entsprechend folgt, dass g bei der Spiegelung an h in sich übergeht[3].

In der **räumlichen Geometrie** sind zwei, sich schneidende Ebenen E, F *senkrecht zueinander*, wenn sie eine der folgenden Eigenschaften erfüllen:

- Alle vier von E und F gebildeten Winkelkeile sind kongruent zueinander.
- Bei Spiegelung von F an E geht F in sich über und bei Spiegelung von E an F geht E in sich über.
- Es gibt eine dritte Ebene, so dass die aus den drei Ebenen gebildeten Schnittgeraden paarweise zueinander senkrecht sind.

In der **räumlichen Geometrie** ist eine Gerade g *zu* einer sie schneidenden Ebene E *senkrecht*, wenn eine der folgenden Eigenschaften erfüllt ist:

- Bei Spiegelung von g an E geht g in sich über und bei Spiegelung von E an g geht E in sich über.
- Für jeden Punkt P von g ist die kürzeste Verbindung mit E die Verbindungsstrecke von P mit dem Schnittpunkt von g und E und für jeden Punkt P von E ist die kürzeste Verbindung mit g die Verbindungsstrecke von P mit dem Schnittpunkt von g und E.
- Die Gerade g ist senkrecht zu jeder Geraden h, die in der Ebene E liegt und durch den Schnittpunkt von g und E geht.

Die Äquivalenz der jeweils genannten Charakterisierungen in der räumlichen Geometrie lässt sich ähnlich zeigen wie bei den Beweisen oben.

Um eine vertiefte Vorstellung von der Relation der Orthogonalität zu erhalten, sollten alle diese Charakterisierungen bzw. die damit zusammenhängenden umweltlichen Phänomene im Unterricht der Sekundarstufe ir-

---

[3] Der letzte Teil des Beweises folgt auch daraus, dass für jeden Punkt P von g mit $P \neq S$ die Dreiecke RPR^* und RP^*R^* gleichschenklig sind und $|PS| = |P^*S|$ gilt (wegen der Längeninvarianz der Spiegelung). Aufgrund der Eigenschaft der Mittelsenkrechten muss P^* dann auf g liegen.

gendwann einmal thematisiert werden. Ob man sich dabei für jeweils eine Charakterisierung (etwa die in allen drei Fällen auftretende über die Spiegelung) als Definition ausgibt und die anderen als gleichwertige Charakterisierungen behandelt, sei dabei der einzelnen Lehrperson bzw. dem vorliegenden Lehrbuch überlassen. Wie schon erwähnt sollten aber alle Charakterisierungen Schülerinnen und Schülern der Sekundarstufe I bekannt sein. Für das Lernen in Zusammenhängen ist die Erörterung der Analogien zwischen zwei senkrechten Geraden in der Ebene und zwei senkrechten Ebenen im Raum wichtig[4].

Strukturelle Eigenschaften der Orthogonalität

Aus der Elementargeometrie kennen wir einige grundlegende Eigenschaften der Orthogonalität, die in abstrakten synthetischen Geometrien in Form von Axiomen, oft auch als definierende Eigenschaften der Orthogonalität, verwendet werden. Sie sollten natürlich in der Schulgeometrie als Eigenschaften der Relation „senkrecht zu" auch einen geeigneten Platz finden. Derartige Eigenschaften seien hier abschließend genannt.

Schnittpunkt bzw. Schnittgerade betreffend:

- Zwei zueinander senkrechte Geraden haben genau einen gemeinsamen Punkt (und haben deshalb auch genau eine gemeinsame Ebene).
- Zwei zueinander senkrechte Ebenen haben genau eine Gerade gemeinsam.
- Eine zu einer Ebene senkrechte Gerade hat mit dieser Ebene genau einen gemeinsamen Punkt.

Eindeutige Konstruktion einer Senkrechten betreffend:

- Zu einer Geraden und einem nicht auf ihr liegendem Punkt gibt es genau eine Gerade, die durch diesen Punkt geht und zu der gegebenen Geraden senkrecht ist.

---

[4] Gleiches gilt natürlich auch für die Analogien der oben angesprochenen Parallelität in der Ebene mit der Parallelität von Ebenen im Raum. Zu weiteren solchen Analogien vgl. etwa (Graumann 2015).

- Zu einer Geraden und einem auf ihr liegenden Punkt sowie eine die Gerade enthaltene Ebene gibt es genau eine Gerade, die durch den Punkt geht und in der gegebenen Ebene liegt und zur gegebenen Geraden senkrecht ist.
- Zu einer Ebene und einem beliebigen Punkt gibt es genau eine Gerade, die durch den Punkt geht und zu der vorgegebenen Ebene senkrecht ist.
- Zu einer Geraden und einem beliebigen Punkt gibt es genau eine Ebene, die durch den Punkt geht und zu der vorgegebenen Geraden senkrecht ist.
- Zu einer Ebene und einem beliebigen Punkt gibt es unendlich viele Ebenen, die durch den Punkt gehen und zu der gegebenen Ebene senkrecht sind. Alle diese Ebenen haben eine Gerade gemeinsam, die zu der gegebenen Ebene senkrecht ist.

Relationseigenschaften betreffend:

- Die Orthogonalität in der Geradenmenge bzw. in der Ebenenmenge ist eine irreflexive und symmetrische Relation.

Vernetzung mit anderen Begriffen:

Die Relation „senkrecht zu" tritt bekanntermaßen in der elementaren Geometrie an sehr vielen verschiedenen Stellen auf. Einige anfängliche Vernetzungen seien im Folgenden kurz genannt:

Geradenpaar betreffend:

- In der ebenen Geometrie kann – wie erwähnt – die Parallelität durch eine gemeinsame Senkrechte charakterisiert werden.
- In der räumlichen Geometrie gibt es zu zwei Geraden immer eine gemeinsame Senkrechte (bei Parallelität unendlich viele, sonst genau eine).

Spiegelung/Symmetrie betreffend:

- Die Verbindungsgerade von Punkt und Spiegelpunkt bzw. Symmetriepunkt ist senkrecht zur Achse bzw. Ebene.

Mittelsenkrechte betreffend:

- Zu zwei verschiedenen Punkten A, B gibt es genau eine Mittelsenkrechte, d. h. eine Gerade, die senkrecht zur Verbindungsstrecke $\overline{AB}$ ist und diese in deren Mittelpunkt trifft. Jeder Punkt P der Mittelsenkrechten hat den gleichen Abstand zu A wie zu B. Ist P nicht der Mittelpunkt von $\overline{AB}$, so bilden A, P und B ein gleichschenkliges Dreieck.

Winkelhalbierende betreffend:

- Zu zwei sich schneidenden Geraden g, h gibt es genau zwei Winkelhalbierende, d. h. Geraden, deren Punkte von g und h den gleichen Abstand haben. Die beiden Winkelhalbierenden sind zueinander senkrecht.

Figuren betreffend:

- Die grundlegende Charakterisierung eines rechtwinkligen Dreiecks, eines Rechtecks, eines Quaders, etc. erfolgt mit Hilfe der Relation „senkrecht zu".

Erweiterungen des Begriffs „senkrecht":

- Die Erweiterung der ***Orthogonalität auf Kurven etc.*** (mittels Tangenten) ist ein Aspekt, der frühestens beim Themenfeld „Kreis" auftritt und systematisch erst bei der Behandlung von Kurven und Flächen in der Sekundarstufe II behandelt werden kann.

- In der Analytischen Geometrie wird die Orthogonalität dann mittels eines ***Skalarproduktes*** (Bilinearform) beschrieben.

Literatur

Bauer, Ludwig (2005). Fördern und fordern – Anregungen zum Verstehen der senkrecht-Beziehung. In: Math. Lehren, No. 131, S. 9-13.

Graumann, G. (2015), Analogie zwischen ebener und räumlicher Geometrie – Aspekte zur Förderung der Raumvorstellung. In: Filler, A. & Lambert, A. (Hrsg.). Geometrie zwischen Grundbegriffen und Grundvorstellungen – Raumgeometrie. AK Geometrie 2014. Franzbecker: Hildesheim, S. 57 – 69.

Steup, R. (1986). 'Senkrecht zu'. Ein Unterrichtsentwurf für das 3. Schuljahr. In: Sachunterr. Math. Primarst. 14(10), S. 377-384.

Maier, H. (1986). Einführung in den Begriff 'senkrecht'. In: Ehrenwirth Hauptschulmag. 11(6), S. 31-34.

Kuhlmay, Egbert (1995). Aufeinander senkrecht. In: Schulmag. 5-10, 10, No. 3, S. 25-28.

Heitzer, Johanna; Walser, Hans (2014). Der rechte Winkel. In: Math. Lehren 31, No. 185, S. 2-9.

Lambert, Anselm (2014); Im Raum nach dem Rechten sehen (lernen). In: Math. Lehren 31, No. 185, S. 19-24.

Heitzer, Johanna (2014); Senkrecht im n-Dimensionalen. In: Math. Lehren 31, No. 185, S. 38-42.

Prismen, Pyramiden, Pralinenschachteln und die Propädeutik des Eulerschen Polyedersatzes

Swetlana Nordheimer, Tina Obermüller

Zusammenfassung. Im Kontext sonderpädagogischer Förderung erscheint die Suche nach geeigneten Inhalten als eine besondere didaktische Herausforderung. Der vorliegende Artikel beschreibt einen Versuch, sich dieser im Rahmen einer Arbeitsgemeinschaft an einem Förderzentrum anzunehmen. Hierzu soll im Folgenden eine Sitzung der Arbeitsgemeinschaft als ein sehr kleiner Ausschnitt der Fördermaßnahmen im mathematischen Kontext dargestellt werden. Diese Darstellung ist durch den Rahmen einer einzigen Arbeitsgemeinschaftssitzung sowie im Hinblick auf die besonderen sprachlichen Möglichkeiten der Lernenden begrenzt zu verstehen. Es soll lediglich ein Eindruck darüber vermittelt werden, wie eine angehende Lehrkraft sich als Ziel setzt, an der Festigung der Begriffe „Prisma", „Pyramide", „Kante", „Ecke" und „Fläche" zu arbeiten, dieses an die individuellen Möglichkeiten der Lernenden anpasst und in einen für die Lernenden neuen Zusammenhang stellt. Dieser neue Zusammenhang ist die Teilaussage des Eulerschen Polyedersatzes, welche sich auf die ausgewählten Pyramiden- und Prismenmodelle bezieht. Diese werden in Form von Pralinenschachteln präsentiert und sollen – je nach Fähigkeiten der Lernenden – benannt und auf die Anzahl ihrer Kanten, Ecken und Flächen untersucht werden. Es geht darum, die Ergebnisse strukturiert zu dokumentieren und anschließend numerische Auffälligkeiten zu beobachten, die zumindest ansatzweise zu den Aussagen des Eulerschen Polyedersatzes führen. Im ersten Teil des Artikels handelt es sich um den mathematischen Kontext des Eulerschen Polyedersatzes, welcher im Wesentlichen der Arbeit von Stephan Berendonk (2013) entspringt. Im zweiten Teil wird der schulische Kontext des durchgeführten Unterrichtsversuchs vorgestellt. Im Anschluss daran werden im dritten Teil die Schüler beschrieben, die an dem Unterrichtsversuch teilgenommen haben. Daraufhin wird im vierten Teil der entsprechende Stundenverlauf skizzenhaft vorgestellt und begründet. Die Auswertung der Stunde folgt im fünften Teil. Schließlich werden im sechsten und letzten Teil einige Möglichkeiten von weiterführenden Beschäftigungen mit dem Eulerschen Polyedersatz in der Schule präsentiert.

1 Das mathematische Phänomen

Der Eulersche Polyedersatz besagt, dass die Anzahl der Ecken plus die Anzahl der Flächen minus die Anzahl der Kanten bei allen konvexen Polyedern immer zwei ergibt. Oder kurz: $F + E - K = 2$, wobei F für die Anzahl der Flächen, E für die Anzahl der Ecken und K für die Anzahl der Kanten in einem konvexen Polyeder steht. In seiner Dissertation untersucht Berendonk den mathematikdidaktischen Wert dieses Satzes und betrachtet dafür die Arbeiten von Euler, Pólya, Lakatos sowie weiteren bedeutenden Mathematikern und knüpft an die Arbeit des Mathematikhistorikers Kvasz

Propädeutik des Eulerschen Polyedersatzes

(2008) an, der Veränderungen mathematischer Sprache, Kontextänderungen und Entwicklungen von Begriffen untersucht. Berendonk vergleicht verschiedene Beweise, ihre Kontexte und schlägt kontextübergreifende elementare Möglichkeiten zum Thematisieren des Polyedersatzes mit Schülern vor. Da Berendonks Ausführungen an Gymnasiasten gerichtet sind, bedürfen die Vorschläge einer weiteren Elementarisierung für Grundschüler mit einem oder mehreren Förderschwerpunkten. Eine hinsichtlich des Themas der Tagung wichtige Entdeckung, die Berendonk macht, ist die folgende:

> *Zum einen findet man eine Reihe neuer Beweise, die den Polyedersatz jeweils in andere Teilgebiete der Mathematik einordnen. Zum anderen beobachtet man eine stetige Weiterentwicklung des Polyederbegriffs. Daraus ergeben sich immer wieder Möglichkeiten, den Polyedersatz in verschiedene Richtungen zu verallgemeinern.* (Berendonk 2013, S. 44)

Doch welche Möglichkeiten gibt es, sich der Aussage des Satzes zu nähern? Pólya beschreibt, wie die Vermutung induktiv durch aufmerksames Betrachten möglichst vieler konkreter Fälle „erraten" werden kann. Als konkrete Fälle wählt Pólya einen Würfel, verschiedene Prismen und Pyramiden, ein Oktaeder, einen „Turm" und einen „gestuften" Würfel. Für alle diese Körper gilt der Eulersche Polyedersatz. Die Beobachtungen werden zunächst tabellarisch festgehalten (siehe Abb. 1).

	Polyeder	F	E	K
I	Würfel................	6	8	12
II	dreieckiges Prisma....	5	6	9
III	fünfeckiges Prisma....	7	10	15
IV	quadratische Pyramide.	5	5	8
V	dreieckige Pyramide...	4	4	6
VI	fünfeckige Pyramide...	6	6	10
VII	Oktaeder..............	8	6	12
VIII	«Turm»................	9	9	16
IX	«gestutzter Würfel»..	7	10	15

Abb. 1: Polyederuntersuchung (nicht geordnet)

Im zweiten Schritt werden die Daten nach der Anzahl der Flächen geordnet (siehe Abb. 2). Auf diese Weise könnte einem aufmerksamen Betrachter laut Pólya auffallen, dass die Anzahl der Kanten mit der Anzahl der Flächen und Ecken wächst. In einem weiteren Schritt könnten die Schüler[1] mit Unterstützung zu der Aussage des Eulerschen Polyedersatzes kommen. Hier geht es zunächst darum, die **Satzaussage** aus dem Beispielmaterial durch Ordnen leichter auffindbar zu machen. Die Satzaussage gilt aber hier nur für ausgewählte, vorgegebene Polyeder. Daraus kann noch nicht auf den Gültigkeitsbereich aller Polyeder erweitert werden. Es könnte die Vermutung entstehen, dass die Anzahl der Flächen zusammen genommen mit der Anzahl der Ecken sich nur um 2 von der Anzahl der Kanten unterscheidet.

Polyeder	*F*	*E*	*K*
dreieckige Pyramide.............	4	4	6
quadratische Pyramide...........	5	5	8
dreieckiges Prisma...............	5	6	9
fünfeckige Pyramide.............	6	6	10
Würfel..................................	6	8	12
Oktaeder..........................	8	6	12
fünfeckiges Prisma...............	7	10	15
«gestutzter Würfel»..............	7	10	15
«Turm»........................	9	9	16

Abb. 2: Polyederuntersuchung (geordnet)

Dieses Vorgehen setzt voraus, dass die Begriffe „Flächen", „Ecken" und „Kanten" geklärt sind, was nach Berendonk aus geschichtlicher Perspektive nicht selbstverständlich war, und auch aus didaktischer Sicht nicht unproblematisch ist.[2] Vor allem auf den Begriff der Kante, den erst Euler in das Blickfeld der Mathematik rückte und als „Grate" bezeichnete, musste lange verzichtet werden (vgl. Berendonk 2013, S. 14). Euler stieß auf seinen Satz, ohne nach ihm zu suchen. Sein ursprüngliches Ziel war es, die sogenannten Vielflächner zu klassifizieren. Das zentrale Problem der Arbeit war…

---

[1] Aus Gründen der besseren Lesbarkeit wird auf die gleichzeitige Verwendung verschieden geschlechtlicher Sprachformen verzichtet. Sämtliche Personenbezeichnungen gelten gleichwohl für alle Geschlechter.

[2] Das werden wir vor allem in dem 3. und 5. Teil des Artikels anhand von Beispielen aus der Schule sehen.

Propädeutik des Eulerschen Polyedersatzes

... die wichtigeren Arten, welchen alle von ebenen Figuren eingeschlossenen Körper zuzuordnen sind, aufzuzählen und mit passenden Namen zu versehen.
(Euler 1750, S. 22, zitiert in Berendonk 2013, S. 55)

Um die Vierflächner zu klassifizieren, wurden Körper mit der gleichen Anzahl von Ecken bzw. Flächen betrachtet. So wurden z. B. unterschiedliche Sechsflächner untersucht, die aus dem Zusammensetzen oder Abschneiden von Pyramiden (A-D) oder Prismen (E-F) hervorgingen (Abb. 3).

Polyeder	E	K	F
dreiseitige Doppelpyramide	5	9	6
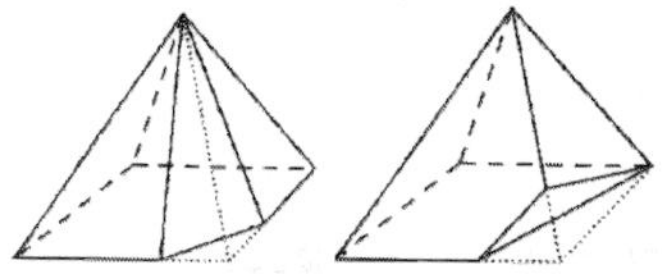 A, B	6	10	6
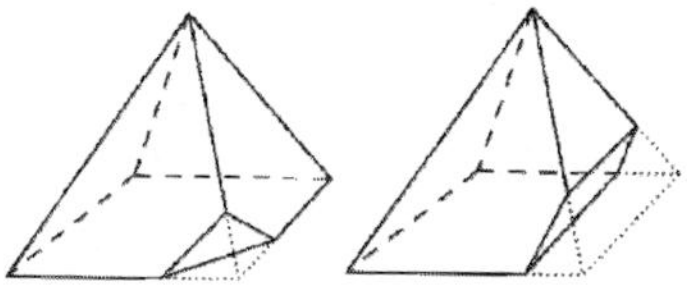 C, D	7	11	6
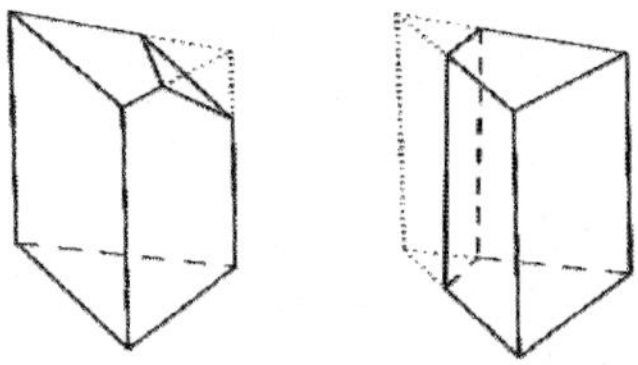 E, F	8	12	6

Abb. 3: Polyederuntersuchung geordnet

Subtrahiert man die Anzahl der Ecken eines Sechsflächners von der Anzahl seiner Kanten, so erhält man stets 4. So hat die dreiseitige Doppelpyramide fünf Ecken und neun Kanten. Die Differenz der Kanten- und Eckenanzahl ist 4. Die analogen Untersuchungen wurden auch mit Vier- und Fünfflächnern durchgeführt. Ein Vierflächner ist z. B. eine Pyramide, die eine dreieckige Grundfläche, eine Ecke an der Spitze und sechs Kanten hat. Die Ergebnisse der Untersuchungen sind in der folgenden Tabelle zusammengefasst (siehe Abb. 4).

Flächen	Kanten - Ecken
4	2
5	3
6	4

Abb. 4: Differenz zwischen Kanten- und Eckenanzahl

Es fällt auf, dass die Anzahl der Flächen immer um zwei größer ist als die Differenz aus Kanten und Ecken. Dies könnte Schüler zu der Aussage des Eulerschen Polyedersatzes führen. Inwiefern der beschriebene Weg im Detail tatsächlich dem Gedankengang von Euler entspricht, bleibt Berendonk (2013, S. 22) zufolge offen.

Im Gegensatz zu Pólyas *induktiver* Vorgehensweise und auch dem Eulerschen „Beobachten" der einzelnen Polyeder präsentiert Lakatos in seinen „Beweisen und Widerlegungen" in Form eines Gedankenexperiments, eines Lehrergesprächs mit mathematisch gebildeten Schülern sowie einer *deduktiven* Vorgehensweise, bei der weder Ecken, noch Flächen, noch Kanten eines konkreten Polyeders „beobachtet" oder abgezählt werden müssen.[3] Da es sehr schade wäre, wenn diese nicht nur deduktive, sondern unterhaltsame Konversation (!) dem Leser entgehen könnte, folgen wir dem Beispiel von Berendonk (2014, S. 23-24) und präsentieren hier einen Ausschnitt aus dem Gedankenexperiment:

„ZETA: Beginn? Warum sollte ich beginnen? Mein Kopf ist doch nicht leer, wenn ich ein Problem entdecke (oder erfinde).

LEHRER: Veräppele Beta nicht. Hier ist das Problem: ‚Gibt es eine Beziehung zwischen den Zahlen der Ecken, Kanten und Flächen eines Polyeders, die der trivialen Beziehung E = K zwischen den Zahlen der Ecken und Kanten eines Polygons analog ist?' Was würdest Du dazu sagen?

ZETA: Zunächst einmal habe ich keinerlei Bewilligungen der Regierung, um eine ausgedehnte Untersuchung von Polyedern durchzuführen, keine Armee von Forschungsassistenten, um die Zahlen ihrer Ecken, Kanten und Flächen zu zählen und große Tabellen aus den Daten zusammenzustellen. Aber selbst wenn ich

---

[3] Dass es sich nicht um eine empirische Untersuchung oder um eine Reflexion der Unterrichtspraxis handelt, ist u. a. daran erkennbar, dass die Schüler (angelehnt an die Thematik der Geometrie) mit den Buchstaben des griechischen Alphabetes (Alpha, Beta, Gamma usw.) bezeichnet oder gar durchnummeriert sind.

das alles hätte, so hätte ich doch keinerlei Geduld – oder Interesse -, eine Formel nach der anderen zu prüfen, ob sie taugt.

BETA: Aber was denn sonst? Willst Du Dich etwa auf Deine Couch legen, Deine Augen schließen und die Daten vergessen?

ZETA: Ganz genau. Ich brauche eine Idee, mit der ich beginne, aber keinerlei Daten.

BETA: Und woher bekommst Du Deine Idee?

ZETA: Sie ist bereits in unseren Köpfen, wenn wir das Problem formulieren – tatsächlich ist sie gerade die Formulierung des Problems.

BETA: Welche Idee?

ZETA: Daß für ein Polygon E = K gilt.

BETA: Na und?

ZETA: Ein Problem fällt niemals von Himmel. Immer hat es einen Bezug zu unserem Hintergrundwissen. Wir wissen, daß für Polygone E = K gilt. Nun ist ein Polygon ein System von Polygonen, das aus einem einzigen Polygon besteht. Ein Polyeder ist ein System von Polygonen, das aus mehr als einem einzigen Polygon besteht. Für Polyeder aber gilt E ≠ K. An welchem Punkt des Übergangs von mono polygonalen Systemen zu poly-polygonalen Systemen bricht die Beziehung E = K zusammen? Anstatt Daten zu sammeln, spüre ich auf, wie das Problem aus unserem Hintergrundwissen herauswuchs; oder welches die Erwartung war, welches das Problem aufwarf.

(Lakatos 1979, S. 63 – 64, zitiert in Berendonk 2013, S. 23-25)

Der Schüler Sigma folgt der Empfehlung und fängt mit dem Fall eines Polygons in der Ebene an, für das die Beziehung $E - K = 0$ gilt. Zu diesem Polygon wird ein zusätzliches Polygon mit n_1 Kanten und n_1 Ecken hinzugefügt. Es werden dem ursprünglichen Polygon entlang einer Kette von n'_1 Kanten $n'_1 + 1$ Kanten angebaut. So wird sich die Anzahl der Ecken des ursprünglichen Polygons um $n_1 - n'_1$ und die Anzahl seiner Ecken um $n_1 - (n'_1 + 1)$ erhöhen. Im neuen 2-polygonalen System gilt $K - E = 1$. Das Hinzufügen einer neuen Fläche erhöht diesen Überschuss an Kanten stets um 1. Also ergibt sich für offene polygonale Systeme oder offene Polyeder $E - K + F = 1$. Die Konstruktion wird auf geschlossene Polyeder dadurch erweitert, dass eine Fläche hinzugefügt wird, ohne die Anzahlen der Ecken und Kanten zu verändern. So gelangen die Lakatosschen Schüler, welche fiktional sind, zur Vermutung $E - K + F = 2$, die für geschlossene Polyeder gilt, ohne dass sie die Anzahlen der Ecken, Kanten und Flächen einzelner konkreter Polyeder „beobachten" (vgl. Berendonk 2014, S. 25).

Im Anschluss daran vergleicht Berendonk verschiedene Beweise und gibt Empfehlungen zu Unterrichtsmaterialien, anhand derer die Beweise oder ihre Elemente im Unterricht thematisiert werden können:

Unterschiedliche Vorstellungen von Polyedern legen also auch unterschiedliche Beweisideen zum Eulerschen Polyedersatz nahe. Betrachtet man Polyeder als Festkörper, so stößt man am ehesten auf den Eulerschen Beweis. Denkt man Polyeder aus einzelnen Polygonen zusammengesetzt, so liegt der Beweis von Cauchy besonders nahe. Schließlich erscheint der von Staudtsche Beweis besonders plausibel, wenn man an Polyeder aus einem Netz entstanden denkt.

(Berendonk 2013, S.42)

Im Einklang damit schlägt Berendonk beispielsweise vor, den Beweis von Cauchy, bei dem Polyeder aus Polygonen konstruiert werden, durch Einsatz von Polydron oder vergleichbaren Materialen im Unterricht vorzubereiten. Die Behandlung des Staudtschen Beweises kann mit dem Erstellen von Netzen von Polyedern begleitet werden (vgl. Berendonk 2013, 37-38).

Doch was passiert mit den Polyedern im weiteren Verlauf des Buches bei Lakatos? Im zweiten Teil seines Buches löst sich Lakatos von der Anschauung. Spätestens an dieser Stelle kommen die Grenzen der schulpraktischen Umsetzbarkeit zum Vorschein. Ein Polyeder wird nun als eine Menge bezeichnet, die aus drei Mengen (Menge der Ecken, Menge der Kanten und Menge der Flächen) und einer Tabelle, die darüber Auskunft gibt, besteht. In Abbildung 5 wird exemplarisch ein Tetraeder dargestellt.

η^0	A	B	C	D		
the empty set	1	1	1	1		

η^1	AD	BD	CD	BC	AC	AB
A	1	0	0	0	1	1
B	0	1	0	1	0	1
C	0	0	1	1	1	0
D	1	1	1	0	0	0

η^2	BCD	ACD	ABD	ABC
AD	0	1	1	0
BD	1	0	1	0
CD	1	1	0	0
BC	1	0	0	1
AC	0	1	0	1
AB	0	0	1	1

η^3	$ABCD$
BCD	1
ACD	1
ABD	1
ABC	1

Abb. 5: Tetraeder als ein kombinatorisches Objekt

In der ersten Tabelle sind die Ecken *A, B, C, D* festgehalten. In der zweiten Tabelle wird gezeigt, wie diese Ecken durch sechs Kanten verbunden werden. Die dritte Tabelle stellt den Zusammenhang zwischen den Kanten und den Flächen dar. Schließlich zeigt die vierte Tabelle die Zugehörigkeit der dreieckigen Flächen zu dem Tetraeder *ABCD*. Nun sind Polyeder nicht mehr geometrische, sondern kombinatorische Objekte, und es wird nach Möglichkeiten gesucht, die Anzahlen der Ecken, Kanten und Flächen im Allgemeinen geschickt zu bestimmen.

Während sich Berendonk an dieser Stelle dem Bruch in der Darstellungsweise bei Lakatos widmet, verlassen wir den Pfad seiner Dissertation und widmen uns den *Schlussfolgerungen, die man sich für den Unterricht mit jüngeren Kindern zu Nutze machen kann*:

- Die numerischen Auffälligkeiten, die die Aussage des Eulerschen Polyedersatzes andeuten, können als Nebenprodukt der Untersuchung und Klassifikation von geometrischen Körpern entstehen.

- Zur Entdeckung der Aussage des Satzes bietet sich die induktive Vorgehensweise nach Pólya an, bei der einzelne Polyeder beobachtet, ihre Ecken, Kanten und Flächen ausgezählt sowie Beobachtungen strukturiert und ausgewertet werden.

- Die Beschäftigung mit dem Eulerschen Polyedersatz kann bei den Schülern zur Präzision der Begriffe (Kanten, Ecken, Flächen, Prismen) führen, vor allem wenn der Gültigkeitsbereich des Satzes durch Beispiele und Gegenbeispiele geprüft wird.

- Als Materialien bieten sich Polyedermodelle, Polyedernetze sowie aus Polygonen konstruierbare Polyeder an.

- Zur Dokumentation der Untersuchungen, Darstellung von Polyedern und dem Hinführen zur Aussage des Satzes scheinen Tabellen als strukturierte Anordnungen von Datensätzen ein leicht handhabbares und übersichtliches Instrument zu sein.

Inwiefern eine deduktive Vorgehensweise bei Schülern, die nicht Alpha, Beta, Gamma oder Ähnliches heißen, zum Finden einer Vermutung des Satzes führen kann, wird in diesem Artikel nicht beantwortet. Dennoch können Überlegungen darüber, was mit der Anzahl der Kanten und Ecken passiert, wenn eine Kante oder eine Fläche zu einem beliebigen Polyeder hinzugefügt wird, auch mit jüngeren Schülern besprochen werden. Dies würde propädeutisch den Beweis des Satzes vorbereiten.

2 Die Schul- und AG-Situation

Bevor wir Konkretisierungen der didaktischen Schlussfolgerungen für den schulischen Kontext vornehmen, stellen wir die Schule vor, in der der Unterrichtsversuch durchgeführt wurde. Bei der Margarethe-von-Witzleben Schule handelt es sich um ein Förderzentrum mit dem Schwerpunkt „Hören". Laut Angaben der Schule besuchten im Schuljahr 2014/15 ca. 240 Schüler die Schule. Zur Schule gehören die Grundschule, Sekundarstufe I sowie Sekundarstufe II, an welcher die Schüler das Abitur ablegen können. Die Klassenstärke in allen Klassen beträgt ca. 10-13 Schüler. Einzelne Schüler erbringen Leistungen und zeigen ein Motivationsverhalten, welches eine besondere mathematische Begabung vermuten lässt. Als Indikatoren dafür gelten beispielsweise erfolgreiche Teilnahmen am Känguru-Wettbewerb, überdurchschnittliche Ergebnisse in VERA-3[4] sowie in der Intelligenzdiagnostik (IDS[5]) im Vergleich zu Gleichaltrigen dieser und anderer Schulen und sehr gute Leistungen im Fach Mathematik nach Einschätzung der Mathematiklehrkräfte. Dies macht eine besondere Förderung notwendig, deren rechtliche Grundlage im Berliner Schulgesetz verankert ist:

*Schülerinnen und Schüler mit **besonderen Begabungen, hohen kognitiven Fähigkeiten oder mit erheblichen Lernschwierigkeiten sind besonders zu fördern**. Drohendem Leistungsversagen und anderen Beeinträchtigungen des Lernens, der sprachlichen, körperlichen, sozialen und emotionalen Entwicklung soll mit Maßnahmen der Prävention, der Früherkennung und der rechtzeitigen Einleitung von zusätzlicher Förderung begegnet werden. Die Förderung von Schülerinnen und Schülern mit sonderpädagogischem Förderbedarf soll vorrangig im **gemeinsamen** Unterricht erfolgen.*

(Berliner Schulgesetz 2004, §4(3))

Die didaktische und pädagogische Komplexität dieses Anspruchs wird dadurch deutlich, dass ein Kind beispielsweise nicht nur wegen seiner besonderen mathematischen Begabung im Unterricht auffällt, sondern aufgrund seiner Hörschädigung besonderer professioneller Unterstützung bedarf. Deshalb entscheiden sich viele Eltern in Berlin und deutschlandweit

---

[4] VERA steht für die Vergleichsarbeiten in Jahrgangsstufe 3 in Deutsch und Mathematik, an denen alle Schüler, die zielgleich unterrichtet werden, teilnehmen.

[5] IDS steht für *Intelligence and Development Scales*. Ein Intelligenztest für Kinder von 5 bis 10 Jahren, der nicht nur dafür entwickelt wurde, die Intelligenz des Kindes zu erfassen, sondern dies im Kontext seiner allgemeinen Entwicklung zu sehen.

noch nicht für den sogenannten inklusiven bzw. gemeinsamen Unterricht an den Regelschulen, sondern für die Beschulung an einem Förderzentrum. Im Fall von Kindern mit einer Hörschädigung handelt es sich um eine sehr kleine Population, deren besondere Bedürfnisse (Räumlichkeiten, Technik, Personal, Kommunikationsmittel) nicht selten an einem Förderzentrum besser berücksichtigt werden können. Diese speziellen Lernbedürfnisse beispielsweise an einem universitären Programm zur Förderung von mathematisch Begabten zu berücksichtigen, stellt alle Beteiligten vor Herausforderungen. So wurde im WS2012/13 der Versuch gestartet, zwei Drittklässler mit einer besonderen mathematischen Begabung und einer Hörschädigung in den Mathe-Treff am Institut für Grundschulpädagogik der Humboldt-Universität zu Berlin zu integrieren. Neben Kindern ohne Hörschädigung wurden diese beiden Schüler zusätzlich von zwei angehenden Sonderpädagoginnen betreut. Während ein Schüler den Kurs bis zum Ende des Semesters besuchte, stieg der andere frühzeitig aus, weil er vor allem die Kommunikation und die Formulierung der Textaufgaben als zu anspruchsvoll empfand. Aufgrund anderer akustischer Bedingungen als am Förderzentrum war der Störschallpegel an der Universität häufig so groß, dass es für die Kinder fast unmöglich war, über die Lautsprache zu kommunizieren. Aus diesem Grund wurde entschieden, ein Jahr später eine Mathe-AG an der Margarethe-von-Witzleben-Schule zu gründen und diese in den Ganztagsbetrieb zu integrieren. Als alle Fünftklässler davon hörten, wollten auch andere Kinder (darunter auch eine Schülerin mit dem Förderschwerpunkt „Lernen") an der Mathe-AG teilnehmen. Mehrere leistungsstärkere Kinder hatten sich zu diesem Zeitpunkt bereits für andere Freizeitangebote entschieden und wollten nun die Mathe-AG nicht mehr besuchen. Hinzu kam die Frage nach geschultem und zeitlich verfügbarem Personal. Das Problem konnte in Zusammenarbeit mit der Humboldt-Universität zeitnah folgendermaßen gelöst werden: Den Studierenden eines Vorbereitungsseminars zum Unterrichtspraktikum im Fach Mathematik wurde angeboten, im Rahmen eines didaktischen Hauptseminars eine Arbeitsgemeinschaft an einem Förderzentrum zu gestalten und aus didaktischem Blickwinkel in Form einer schriftlichen Hausarbeit über die Lehrtätigkeit in der Arbeitsgemeinschaft sowie die Entwicklung der Schüler im Zuge der Zusammenarbeit zu reflektieren. Zwei von ihnen haben später die Leitung der AG übernommen. Beide Studierenden befanden sich zu diesem Zeitpunkt in der Endphase ihrer Ausbildung zum Studienrat (Master of Education). Sie erhielten einen kurzen Einblick in die Arbeit mit Schülern mit sonderpädagogischem Förderschwerpunkt, welchen Hospitationen im Rahmen des Vorbereitungsseminars ermöglichten. Keiner der beiden Studierenden hatte zuvor Erfahrungen in der Arbeit mit hörgeschädigten Schülern. Im Rahmen eines Vorbereitungstreffens wurden ihnen von einer Sonderpädagogin die Schule, die Besonderheiten der Arbeit mit den Schülern mit Hörschädigung und die einzelnen Kinder vorgestellt. Die Studierenden konnten selbständig, unabhängig vom Berliner Rahmenlehrplan für das Fach Mathematik, angemessene und altersgerechte mathematische Inhalte auswählen und aus dem Schatz ihres Fachwissens und dem Pensum an Känguru- oder Knobelaufgaben, die beispielsweise von Käpnick entwickelt wurden, aussuchen. Diese mussten jedoch sprachlich modifiziert werden, um sie für die Schüler mit dem Förderschwerpunkt zugänglich zu machen.

Die Mathe-AG wurde nach den Herbstferien im Oktober des Schuljahres 2014/15 ins Leben gerufen und richtete sich an mathematikinteressierte Schüler der fünften Klasse. Die Teilnahme an der AG war freiwillig. Dennoch hatten die Teilnehmer die Verantwortung, die AG regelmäßig zu besuchen, wenn sie sich dafür angemeldet hatten. Die AG bestand aus zwei Mädchen und fünf Jungen.

3 Die Schüler[6]

Im Folgenden werden die einzelnen Schüler mit ihren Lernvoraussetzungen und besonderen Lernbedürfnissen ausführlicher beschrieben. Es werden nur die Lernenden beschrieben, die an dem Tag der vorgestellten AG-Sitzung anwesend waren.

Mira bemüht sich stets, gestellte Aufgaben zu lösen und arbeitet ruhig und konzentriert. Bei Mira wurde nach dem sonderpädagogischen Gutachten der Förderschwerpunkt „Lernen" anerkannt. Mira hat keine Schwierigkeiten mit dem Hören. Sie beherrscht die Addition und Subtraktion im Zahlenraum bis 100, dennoch unterlaufen ihr dabei gelegentlich Fehler. Diese kann sie jedoch auf Nachfrage selbst korrigieren. Mira fällt es noch schwer, Flächen und Körper zu unterscheiden sowie zum Beispiel die Begriffe Rechteck und

---

[6] Die Namen der Schüler wurden geändert und sind frei erfunden. Sie lassen ausschließlich Rückschlüsse auf das Geschlecht des Kindes zu.

Quader in die korrekte Kategorie (Fläche oder Körper) einzuordnen. Sie freut sich über die zusätzliche Gelegenheit, sich mit Mathematik zu beschäftigen und kommt gern zur Mathe-AG.

Benni ist älter als andere Schüler und kommuniziert eher mit der Lehrperson als mit den Mitschülern. Benni ist schwerhörig. Er arbeitet motiviert und gründlich an schriftlichen Einzelaufgaben. Oft benötigt er Hilfe und eine mehrfache Erläuterung der Aufgabenstellung. Benni kann die Begriffe Ecken und Kanten noch nicht vollständig auseinanderhalten bzw. diese nicht fehlerfrei an einem Objekt zeigen. Er hat zum Teil Probleme, Flächen und Körper zu unterscheiden und es passiert ihm häufiger, dass er Körper mit den Namen ihrer Teilflächen benennt (zum Beispiel den Tetraeder als Dreieck bezeichnet).

Chris interessiert sich sehr für das Fach Mathematik und ist in der Lage, auch kompliziertere mathematische Zusammenhänge zu begreifen. Aufgrund seiner spät diagnostizierten beidseitigen Schwerhörigkeit und Hörgeräte-Versorgung gestaltete sich Chris' sprachliche und emotionale Entwicklung anders als bei Gleichaltrigen. Deshalb fällt es ihm manchmal schwer, Mitschülern seine Ideen und Lösungen verständlich zu erklären. Chris kann sicher mit den Begriffen Körper, Flächen, Ecken und Kanten umgehen und erkennt und benennt die verschiedenen geometrischen Körper fehlerfrei.

Auch *Alex* ist beidseitig schwerhörig. Er ist mit Hörgeräten versorgt und trägt ein CI.[7] Wie Chris liebt auch Alex Mathematik. Er kann schriftliche Aufgaben gründlich bearbeiten und lässt sich dennoch leicht von Störungen seiner Mitschüler ablenken. Aufgrund von ADHS (Aufmerksamkeitsdefizit- und Hyperaktivitätsstörung) wird er mit Medikamenten behandelt. Seine Konzentration hängt sehr stark von seiner Tagesform ab. Alex begreift ma-

---

[7] Das CI (Cochlea-Implantat) ist eine Hörprothese, die von den Betroffenen mit einer Innenohrschwerhörigkeit genutzt werden kann. Die Elektroden des CI werden durch einen mehrstündigen chirurgischen Eingriff in die Hörschnecke eingeführt. Die Implantation sorgt nicht automatisch dafür, dass der Gehörlose hören und sprechen kann, und erfordert gezielte therapeutische Maßnahmen (beispielsweise Hörtraining und Spracherziehung). Das CI wird von vielen gehörlosen Menschen abgelehnt und als Bedrohung für Gebärdensprache und Gehörlosenkultur gesehen. Nicht zuletzt aus diesem Grund geht jeder CI-Implantation eine schwere Entscheidungsphase der Eltern bzw. der Betroffenen selbst voraus.

thematische Zusammenhänge sehr schnell, wenn er sich konzentrieren kann. Er kann Flächen von Körpern unterscheiden, beherrscht die Begriffe Kanten, Ecken und Flächen sehr gut und kann die geometrischen Körper unterscheiden und benennen.

Freya arbeitet sehr eifrig und motiviert und beteiligt sich gut am Unterricht. Bei komplexeren Aufgaben benötigt sie Hilfe, aber arbeitet dennoch stets sehr gewissenhaft und konzentriert. Es fällt ihr noch schwer, die geometrischen Körper zu unterscheiden und korrekt zu benennen. Mit den Begriffen Ecken, Flächen und Kanten kann sie sicher umgehen.

Florian ist erst in diesem Schuljahr an diese Schule gekommen. Seine Integration in die Klassen- und AG-Gemeinschaft stellt die Lehrer aufgrund von Florians Verhaltensauffälligkeit vor neue Herausforderungen. Er ist oft unkonzentriert und lenkt Mitschüler während Stillarbeitsphasen ab. Florian ist durchaus in der Lage, auch anspruchsvollere Aufgaben zu lösen, wenn ihm die Aufgabenstellung klar ist. Wenn die Lehrkraft Florian bei der Einzelarbeit unterstützt und Aufmerksamkeit schenkt, löst er die Aufgaben schnell und meist richtig. Er kann Flächen von Körpern unterscheiden und kennt die Bedeutung der Bezeichnungen Ecken, Flächen und Kanten.

4 Die Stunde „Pralinenschachteln untersuchen und Daten sammeln"

In den vorhergehenden Stunden hatten die Schüler bereits selbst Würfel aus einem Würfelnetz gebastelt und Kantenmodelle verschiedener Körper mit Hilfe von Trinkhalmen und Knete gebaut. Sie haben in den AG-Sitzungen davor geübt, Flächen (Quadrat, Rechteck, Dreieck, Kreis, Halbkreis, Ellipse) von Körpern (Quader, Würfel, Zylinder, Kegel, Kugel, Prisma mit dreieckiger Grundfläche) zu unterscheiden und diese benannt. Das Ziel der vorgestellten AG-Sitzung war, den Zusammenhang zwischen Ecken, Flächen und Kanten anhand einiger ausgewählter geometrischer Körper herauszufinden und die Ergebnisse aus der Arbeit mit den konkreten Körpern strukturiert sowie entsprechend den individuellen Möglichkeiten unter der Verwendung der Fachsprache zu dokumentieren. Diese Ergebnisse sollen dann in das Formulieren des Eulerschen Polyedersatzes einfließen, das von der Lehrkraft stark unterstützt werden soll, weil die Kinder aufgrund ihrer Erfahrungsbasis noch nicht in der Lage sind, den Satz bzw. ihre Vermutung ohne Hilfestellung korrekt zu formulieren. Als Materialien wurden selbst-

Propädeutik des Eulerschen Polyedersatzes

gebastelte Würfel der Schüler, ein mitgebrachtes Kantenmodell eines Quaders und Tetraeders, Pralinenschachteln in Form verschiedener geometrischer Körper und das Arbeitsblatt mit einer Tabelle zum Erfassen der Daten verwendet (siehe Abb. 6 und Abb. 7).

Abb. 6: „Polyederschachteln"

Vor Beginn der AG-Sitzung wurden alle mitgebrachten Körper auf einem Tisch aufgestellt. Es handelte sich um insgesamt elf Körper: 2 Prismen mit dreieckiger Grundfläche, 1 Prisma mit achteckiger Grundfläche, 3 unterschiedlich große Prismen mit 6-eckiger Grundfläche, 1 Tetraeder und 4 Quader (Süßigkeiten-Packungen, Creme-Verpackungen, Geschenkboxen sowie selbstgebastelte Körper aus Pappe und Papier). Die Tatsache, dass all die zur Schau gestellten Körper AG-Gegenstand waren, stellte eine zusätzliche Motivation für die Schüler dar.

Bei der Auswahl der Körper wurde darauf geachtet, dass es sich um geometrische Körper handelt, welche den Schülern bereits aus dem Unterricht sowie vorigen AG-Sitzungen bekannt waren. Zusätzlich sollte der AG-Gegenstand aber auch eine Herausforderung für die Schüler darstellen. Aufgrund dessen wurden nicht nur dreieckige Prismen-Modelle verwendet, sondern Prismen mit ganz unterschiedlichen Grundflächen (Sechseck, Achteck, Dreieck, Quadrat, Rechteck) und Höhen, sodass die Kinder die Möglichkeit hatten, ihre Kenntnisse über Prismen zu erweitern, zu festigen und auf neue Repräsentanten zu übertragen. Auch Gegenrepräsentanten von Prismen, wie zum Beispiel ein Tetraeder, dienten dazu, den Schülern die

Eigenschaften eines Prismas anschaulich zu verdeutlichen und von anderen geometrischen Körpern abzugrenzen. Das gab ihnen die Möglichkeit, bekannte Bezeichnungen von Körpern differenziert anzuwenden.

Der Stundeneinstieg erfolgte in Form eines gelenkten Unterrichtsgesprächs. Die in den vorigen AG-Sitzungen von den Schülern gebastelten Würfel sowie die Kantenmodelle von Würfeln und Quadern (gebastelt aus Trinkhalmen und Knete) dienten als Anschauungsbeispiele, um die Begriffe Ecken, Flächen und Kanten zu Beginn der Sitzung noch einmal für alle Schüler zu klären. Das Aufgreifen und erneute Zeigen der Modelle sollte vor allem schwächeren Schülern den Umgang mit den Begriffen erleichtern. Die „*Wechselbeziehung* der drei Aktivitäten *Handeln, Wahrnehmen* und *Beschreiben* [spielt] im Unterrichtsprozess" (Filler 2014, S. 5) eine bedeutende Rolle. Die drei Materialien Papier, Knete und Trinkhalme stehen für die mathematisch korrekten Begriffe Flächen, Ecken und Kanten (in entsprechender Reihenfolge). Diese Herangehensweise zielte auf den ganzheitlichen Umgang der Lernenden mit verschiedenen geometrischen Körpern ab.

Die Wahrnehmung der vorliegenden geometrischen Objekte ist bei Schülern mit Hörschädigung von besonderer Bedeutung, da die Wahrnehmung von geometrischen Körpern als 3D-Objekte durch Hörschäden beeinträchtigt sein kann. Dies kann und muss demzufolge durch andere Sinne (wie durch Tasten und Sehen) trainiert und auf diese Weise kompensiert werden. Außerdem spielt die Verbalisierung mathematischer Zusammenhänge bei der Erarbeitung der Objektbegriffe in der AG eine besonders große Rolle, weil die sprachliche Entwicklung bei Hörgeschädigten häufig anders als bei den Hörenden verläuft und besonderer Unterstützung bedarf.

Das in der Tabelle auf dem Schülerarbeitsblatt (vgl. Abb. 7) bereits vorab eingetragene Beispiel dient zur Veranschaulichung der Aufgabenstellung 1 und wurde in der Einstiegsphase gemeinsam mit den Schülern anhand der selbst gebastelten Modelle erarbeitet. Der Fokus der AG-Sitzung lag darauf, dass die Lernenden den Zusammenhang zwischen Ecken, Flächen und Kanten selbst durch Zählen, tabellarisches Festhalten und gezielte Rechnungen entdecken und einen geeigneten Merksatz, entsprechend ihrem Niveau, formulieren und verstehen. Bewusst und mit Hinblick auf Differenzierung wurde in der ersten Spalte der Tabelle die Betitelung „Name des Körpers" gewählt. Damit war es den Lernenden freigestellt, die mathematisch korrekte Bezeichnung des jeweiligen Körpers einzutragen oder sich zum Beispiel auch den Namen der Süßigkeit, die sich darin befindet, zu notieren, falls sie nicht wussten, um welchen Körper es sich handelte.

In der Ergebnissicherungsphase hatte jeder Schüler die Möglichkeit, einen seiner untersuchten Körper vorzustellen und den anderen AG-Teilnehmern seine Zählstrategie vorzustellen. Die übrigen Schüler haben in dieser Phase genau aufgepasst, dass keine Einheit doppelt gezählt und keine ausgelassen wurde. Außerdem verglichen die Lernenden ihre Zeile in der Tabelle mit der an der Tafel vervollständigten Tabelle (vgl. Abb. 7-11). Die Tabelle verlangte von den Schülerinnen und Schüler zudem, auf der symbolischen Ebene zu arbeiten und die Symbolik der letzten beiden Spalten zu interpretieren. In der ersten Erarbeitungsphase hatten sie jedoch lediglich die Aufgabe, die ersten vier Spalten auszufüllen, was ausschließlich durch Zählen möglich war.

Die zweite Aufgabe stellt eine Differenzierung für besonders leistungsstarke Lernende dar, so dass diese nicht nur zählen und rechnen, sondern außerdem eine Regelmäßigkeit in ihrer Tabelle erkennen sowie deuten konnten. Die Versprachlichung der Regelmäßigkeit der Zahl „2" in der letzten Tabellenspalte fiel allen Schülern erwartungsgemäß besonders schwer. Aufgrund dessen und weil es sich um Lernende mit dem Förderschwerpunkt „Hören" handelt, war es von besonderer Bedeutung, wichtige Begrifflichkeiten, Aussagen und Erkenntnisse an der Tafel zu verschriftlichen, sodass die Schüler Zeit und Ruhe hatten, den Satz korrekt auf ihr Arbeitsblatt zu übertragen.

Als Ergebnissicherung wurde mit der Lehrkraft gemeinsam der Satz „Die Anzahl der Flächen plus die Anzahl der Ecken minus die Anzahl der Kanten ergibt immer 2." formuliert. Diese Formulierung knüpfte eng an die Strukturierung der Tabelle an, um die Schüler durch größere Variationen nicht zu überfordern. Sie könnten selbstverständlich auch eigene Formulierungen bevorzugen. Die erarbeitete Formulierung sollte die Arbeit krönen und allen Lernenden angeboten werden, die angesichts der knappen Zeit und besonderen sprachlichen Voraussetzungen das Beobachtete noch nicht selbständig sprachlich einbetten konnten. Anschließend erläuterte die Lehrkraft noch einen historischen Bezug zu ihrer neu gewonnenen Erkenntnis. Sie verwies darauf, dass Leonhard Euler, ein wichtiger Mathematiker und Physiker, dieses Phänomen bereits vor über 250 Jahren herausgefunden hat.

Zum Abschluss dieser AG-Sitzung wurde den Schülern noch ein Dodekaeder-Modell gezeigt. Sie sollten die Möglichkeit haben, hieran den Merksatz zu überprüfen, d. h. Ecken, Flächen und Kanten am Modell zu zählen. Für erwartungsgemäß auftretende Schwierigkeiten beim Zählen waren die Lernenden gefragt, sich selbst mögliche Lösungen zu überlegen, um die vielen Flächen, Ecken und Kanten korrekt zählen zu können.

5 Auswertung und beobachtete Lernfortschritte

Basierend auf der Beschreibung der AG-Teilnehmer in Abschnitt 3 sollen nun ihre beobachteten Lernfortschritte dargestellt werden.[8] Wir fangen mit Miras Ergebnissen an (siehe Abb. 7).

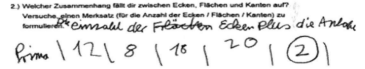

Abb. 7: Miras Beobachtungen

Bevor Mira begann, an der Amicelli-Packung Ecken, Flächen und Kanten zu zählen, murmelte sie leise vor sich hin: „Ist das ein Zylinder?"[9] Im Fol-

---

[8] Florian war an dem Tag nicht anwesend.

[9] Man könnte natürlich auch eine Zylinder-Modellierung zulassen und zwei Modelle der Amicelli-Packung gegenüberstellen. Somit hätte man ein Gegenbeispiel für den Eulerschen Polyedersatz, das später untersucht werden könnte.

Propädeutik des Eulerschen Polyedersatzes

genden betastete sie alle Kanten des Körpers und schlussfolgerte: „Ah nein, okay, ein Prisma." Diese Beobachtung illustriert wie die von Berendonk beschriebene Verfeinerung der Begriffe Ecken, Flächen und Kanten sowie die Unterscheidung verschiedener Körper anhand der Untersuchung von konkreten Modellen geschehen kann. Im letzten AG-Abschnitt zeigte Mira erneut ein tieferes Verständnis des untersuchten Sachverhalts. Nach der gemeinsamen Formulierung des Merksatzes überprüfte sie selbstständig ihre Tabelle und rechnete an denjenigen Stellen nach, an welchen sie keine „2" in der letzten Tabellenspalte stehen hatte.

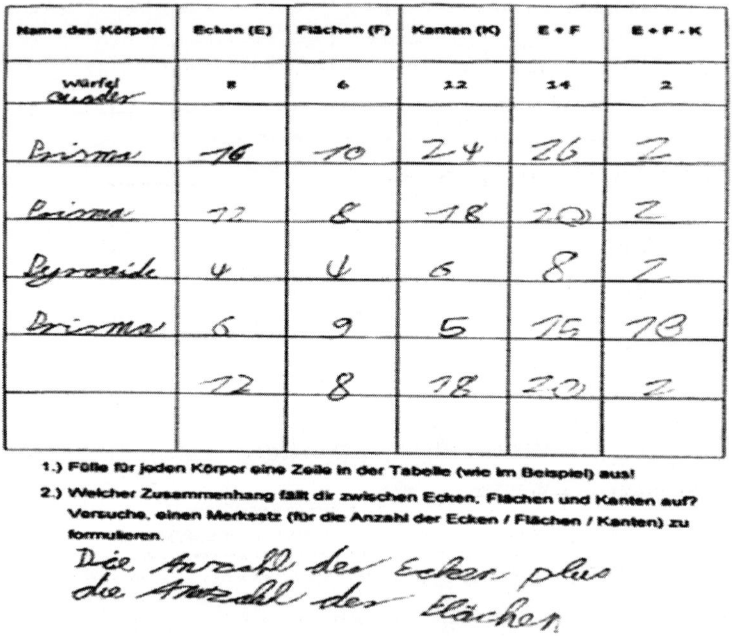

Name des Körpers	Ecken (E)	Flächen (F)	Kanten (K)	E + F	E + F - K
Würfel / Quader	8	6	12	14	2
Prisma	16	10	24	26	2
Prisma	12	8	18	20	2
Pyramide	4	4	6	8	2
Prisma	6	9	5	15	10
	12	8	18	20	2

1.) Fülle für jeden Körper eine Zeile in der Tabelle (wie im Beispiel) aus!
2.) Welcher Zusammenhang fällt dir zwischen Ecken, Flächen und Kanten auf? Versuche, einen Merksatz (für die Anzahl der Ecken / Flächen / Kanten) zu formulieren.

Die Anzahl der Ecken plus die Anzahl der Flächen.

Abb. 8: Freyas Beobachtungen

Freya (vgl. Abb. 8) war die erste Schülerin, welche die Regelmäßigkeit in der Tabelle entdeckte und den ersten Ansatz eines Merksatzes formulierte: „Immer zwei." Daraufhin umkreiste die Lehrkraft alle Zweien in der letzten Tabellenspalte an der Tafel und fügte hinzu: „Sehr gut, aus Freyas Antwort wollen wir jetzt noch einen ganzen Satz formulieren.", woraufhin dieser an der Tafel für alle zum Abschreiben festgehalten wurde.

Das Problem, Ecken und Kanten zu unterscheiden, klärte sich direkt zu Beginn der AG-Sitzung, als Benni die Lehrkraft fragte, was denn überhaupt zu zählen sei. Sie ließ ihn mit seinem Finger an den Kanten entlangfahren und auf die Ecken tippen. Benni fühlte und verinnerlichte den Unterschied zwischen Ecken und Kanten, nämlich „Ecken sind spitz!". Außerdem nutzte Benni die Differenzierungsmöglichkeit, in der ersten Tabellenspalte nicht immer den mathematisch korrekten Namen des Körpers, sondern eine Beschreibung des jeweiligen Körpers einzutragen; z. B. „Fe[r]rero-Küsschen", „Kiste (braun)". Beim Zusammentragen der Ergebnisse an der Tafel erhielt Benni dann die Antwort darauf, um welche geometrischen Körper es sich bei den jeweiligen Verpackungen handelte (vgl. Abb. 9).

Name des Körpers	Ecken (E)	Flächen (F)	Kanten (K)	E + F	E + F - K
Würfel	8	6	12	14	2
Feerero-Küsschen	12	8	18	20	2
Prisma Toblerone	6	5	9		
Exomega	8	6	12		
Kistendeckel (Braun)	8	5	8		
Dreieck Pyramide	4	4	6	8	2
Celebr. Prisma	16	10	24	26	2

1.) Fülle für jeden Körper eine Zeile in der Tabelle (wie im Beispiel) aus!
2.) Welcher Zusammenhang fällt dir zwischen Ecken, Flächen und Kanten auf?
Versuche, einen Merksatz (für die Anzahl der Ecken / Flächen / Kanten) zu formulieren.

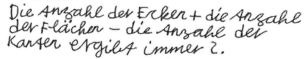

Die Anzahl der Ecken + die Anzahl der Flächen – die Anzahl der Kanten ergibt immer 2.

Abb. 9: Bennis Beobachtungen

Nachdem Max bereits eine der Ferrero Küsschen-Verpackungen gezählt hatte und die Celebrations bekam, warf er ein: „Ach, die sind doch eh gleich!" Mit einem ungläubigen Blick signalisierte die Lehrkraft ihm ihre

Propädeutik des Eulerschen Polyedersatzes

Zweifel und forderte ihn dazu auf, die Vermutung an der Celebrations-Verpackung zu überprüfen. Daraufhin revidierte er seine Aussage und lernte auch im nächsten Zählvorgang noch etwas dazu: „Die Ferrero Küsschen sind unterschiedlich groß und haben trotzdem gleich viele Ecken. Und die Celebrations sehen genauso aus, haben aber in Wirklichkeit mehr Ecken als die Ferrero Küsschen."

Alex' Neugier darauf, was die beiden letzten Spalten in der Tabelle bedeuteten, fesselten seine Aufmerksamkeit während der Erläuterung der Arbeitsaufträge und motivierten ihn, die ersten Spalten möglichst schnell und korrekt auszufüllen, um auch die übrigen Spalten im folgenden Arbeitsschritt vervollständigen zu können. Alex übersah im zweiten Arbeitsschritt zuerst das Minuszeichen in der letzten Tabellenspalte und hatte stattdessen ein Plus gelesen. Er sah seine Flüchtigkeitsfehler im Nachhinein jedoch ein und war umgehend in der Lage, diese selbstständig zu korrigieren (vgl. Abb. 10).

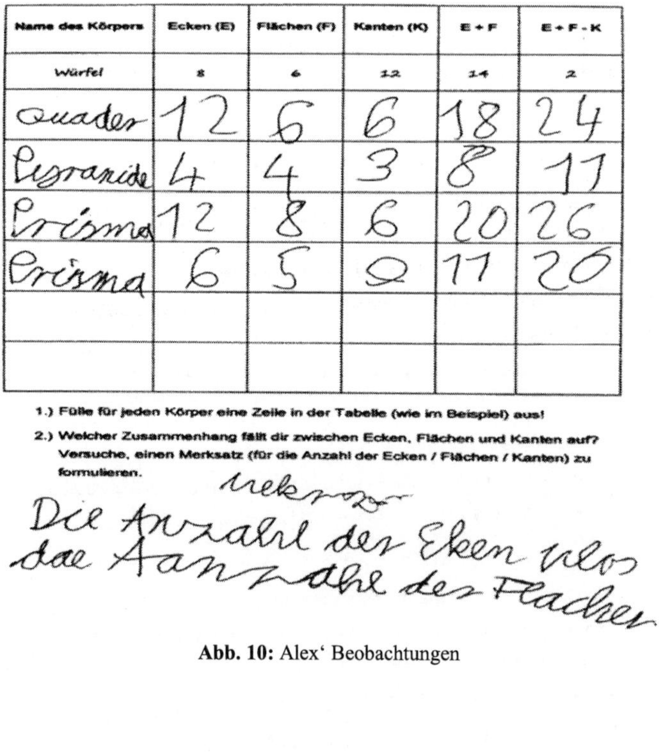

Name des Körpers	Ecken (E)	Flächen (F)	Kanten (K)	E + F	E + F - K
Würfel	8	6	12	14	2
Quader	12	6	6	18	24
Pyramide	4	4	3	8	11
Prisma	12	8	6	20	26
Prisma	6	5	9	11	20

1.) Fülle für jeden Körper eine Zeile in der Tabelle (wie im Beispiel) aus!
2.) Welcher Zusammenhang fällt dir zwischen Ecken, Flächen und Kanten auf? Versuche, einen Merksatz (für die Anzahl der Ecken / Flächen / Kanten) zu formulieren.

Die Anzahl der Eken *mek* das Anzahl des Flächer

Abb. 10: Alex' Beobachtungen

Chris arbeitete konzentriert und versuchte so viele geometrische Körper wie möglich zu untersuchen. Bei der Beschreibung dieser wandte er die Bezeichnungen Prisma, Quader und Tetraeder korrekt an (vgl. Abb. 11).

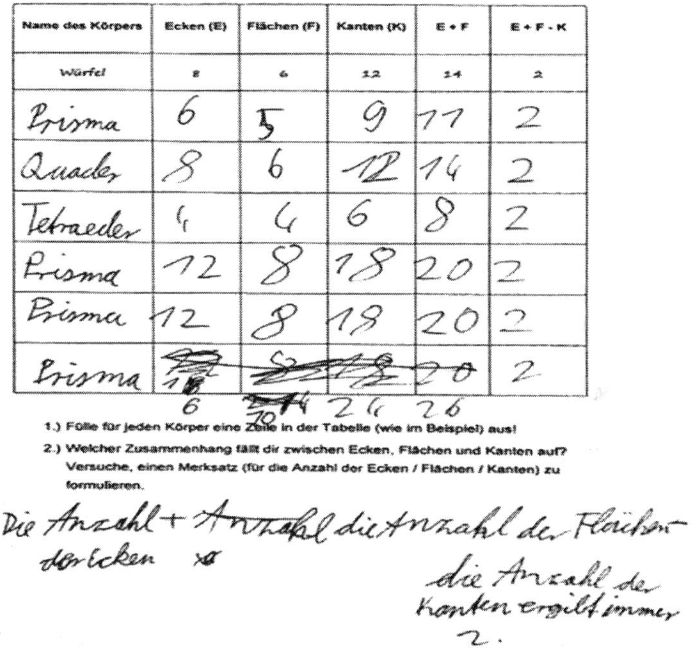

Name des Körpers	Ecken (E)	Flächen (F)	Kanten (K)	E + F	E + F - K
Würfel	8	6	12	14	2
Prisma	6	5	9	11	2
Quader	8	6	12	14	2
Tetraeder	4	4	6	8	2
Prisma	12	8	18	20	2
Prisma	12	8	18	20	2
Prisma	~~18~~ 6	~~9~~ ~~10~~ 24	~~14~~ 26	~~20~~	2

1.) Fülle für jeden Körper eine Zeile in der Tabelle (wie im Beispiel) aus!
2.) Welcher Zusammenhang fällt dir zwischen Ecken, Flächen und Kanten auf? Versuche, einen Merksatz (für die Anzahl der Ecken / Flächen / Kanten) zu formulieren.

Die Anzahl + Anzahl die Anzahl der Flächen
der Ecken ×
die Anzahl der
Kanten ergibt immer
2.

Abb. 11: Chris' Beobachtungen

Max, Chris und Alex versuchten am Ende der AG-Sitzung gemeinsam die Ecken, Flächen und Kanten des Dodekaedermodells zu zählen. Das Zählen der Flächen gelang Alex auf Anhieb fehlerfrei. Beim Zählen der Kanten und Ecken stellten sie fest, dass es eine große Schwierigkeit darstellt, nichts doppelt zu zählen oder auszulassen, ohne sich ein systematisches Vorgehen zu überlegen. Nach kurzem Überlegen stellte Chris die richtige Vermutung auf, dass der Dodekaeder 20 Ecken hat. Aufgrund der fortgeschrittenen Zeit sollten die Benennung der tatsächlichen Anzahl der Kanten und auch eine anschaulichere Zählweise zu Beginn der nächsten AG-Sitzung noch einmal thematisiert werden.

Die Lehrkraft hatte das Dodekaeder-Modell beim finalen Zählen spontan zu einem Netz auseinander gebaut. Dies führte dazu, dass die Anzahl der Flächen noch einmal sehr gut überprüft werden konnte. Max, Chris und Alex fiel jedoch auch sofort auf, dass auch diese Variante noch nicht direkt zum richtigen Ergebnis für Ecken und Kanten führen kann, da einige Ecken und Kanten aneinander liegen. Somit sind sie aber zumindest ansatzweise zu den Elementen der Beweise von Cauchy und Staudt vorgedrungen, die an einer anderen Stelle durch Übergang zu den Papiernetzen und das Einführen der Begriffe „gefaltete" und „geklebte" Kanten diskutiert werden könnte.

Sowohl Chris als auch Max und Alex diskutierten im Laufe der Sitzung die Unterschiede zwischen dem vorliegenden Papp-Tetraeder, einer Pyramide und den verschiedenen vorliegenden Prismen. Gemeinsam kamen sie zu der Lösung, dass das Tetraeder eine Pyramide ist und es Prismen mit verschiedensten Grundflächen gibt. Vor allem Max, der sich sonst häufig schwer auf eine Aufgabe konzentrieren kann, überzeugte mit engagierter Mitarbeit während der gesamten AG-Sitzung.

6 Auswertung

Der Versuch zeigt, wie die Lernenden mit dem Förderschwerpunkt „Hören" und sich daraus ergebenden Schwierigkeiten hinsichtlich des Begriffsaufbaus im Mathematikunterricht, insbesondere im Themenfeld „Geometrische Körper", entsprechend ihrer individuellen Lernvoraussetzungen ihr Verständnis von Pyramiden und Prismen erweitern, Daten sammeln und dokumentieren und mit Hilfe der Lehrkraft in das Formulieren des Eulerschen Polyedersatzes einfließen lassen können. Verschiedene Arten von Pyramiden und Prismen erlauben verschiedene Komplexitätsgrade der untersuchten Gegenstände und veranschaulichen den gleichen Satz an verschiedenen Beispielen. Dies erlaubt verschiedene Differenzierungsmöglichkeiten und mit den Worten von Feuser gleichzeitig das Erforschen eines „gemeinsamen Gegenstandes" auf unterschiedlichen Leistungsniveaus (vgl. Feuser 1998, S. 19). Dieser „gemeinsame Nenner" wird bei Feuser zu einem wichtigen Kriterium, anhand dessen erkannt wird, ob es sich tatsächlich um gemeinsamen Unterricht handelt, oder ob die sogenannte „Integration" bzw. „Inklusion" nur räumlich stattfindet und Schüler wie Mira keine Chance haben, sich mit den gleichen Inhalten zu beschäftigen wie der Rest der Lerngruppe. Gleichzeitig werden die Begriffe Ecke, Kante und Fläche in einem geometrischen Kontext angewandt, gefestigt und vernetzt. Darüber hinaus bietet der mathematische Kontext des Eulerschen Polyedersatzes weiterführende Fragestellungen, die von den Schülern selbst entdeckt und auf verschiedenen Levels untersucht werden können.

Betrachtet man die Sitzung rückblickend, so wird deutlich, dass die Formulierung des Eulerschen Polyedersatzes durch die letzte Spalte der Tabelle größtenteils vorgegeben war. Es fand also weniger die Hinführung zur Vermutung, sondern das Feststellen der numerischen Auffälligkeiten in der letzten Tabellenspalte statt. Wir haben im Nachhinein entdeckt, dass Krauter und Bescherer (2005, 86ff.) eine fast identische Tabelle und bereits formulierten Satz für erwachsene Lernende vorschlagen und sie darum bitten, die Aussage des Satzes für n-eckige Prismen, Pyramiden und Antiprismen zu belegen und im Nachhinein zu begründen. Die Formulierung des Satzes wird also auch dort für erwachsene Lerner vorgegeben. Im Unterschied zu unserem Beispiel wird jedoch nicht mit Beispielen für konkrete Pyramiden und Prismen gearbeitet, sondern es geht darum, n als Variable für die Eckenanzahl eines Polyeders zu nutzen und den Satz allgemein für n Ecken des Polyeders zu belegen

Durch den Einstieg in die Stunde mittels der Körpermodelle, die benannt und im Hinblick auf die Anzahl der Ecken, Kanten und Flächen untersucht wurden, ist die Vorgehensweise in ihren sehr elementaren Ansätzen mit der von Euler vergleichbar. Auch ihm ging es in erster Linie darum, Objekte mit Hilfe von Ecken, Kanten und Flächen zu beschreiben und klassifizieren. Ähnlich wie bei Pólya wurde auch in der beschriebenen AG-Sitzung induktiv vorgegangen. Hätte man für die AG etwas mehr Zeit, so könnte man analog zu Pólya die Schüler zuerst die Beobachtungen in einer Tabelle dokumentieren und dann nach der Anzahl der Ecken, Kanten oder Flächen ordnen lassen. Man würde dann erst zum Schluss zum Vergleichen und Addieren bzw. Subtrahieren der Spalteneinträge kommen, welches eine andere Möglichkeit zur Dokumentation der von den Schülern gesammelten Daten darstellt. Man könnte darüber hinaus bei den Körpern im Sinne von Lakatos auch Modelle von Körpern anbieten, für die der Eulersche Polyedersatz nicht gilt. Die an der Tafel formulierte Behauptung beinhaltet keine explizite Voraussetzung, für welche geometrischen Körper die beobachtete numerische Auffälligkeit (2 in der letzten Spalte der Tabelle) zutrifft. Es wird implizit vorausgesetzt, dass der Satz nur für die untersuchten und in der Tabelle dokumentierten Beispiele gilt. Eine präzisere Formulierung des Satzes oder zumindest seiner Spezialfälle für Pyramiden und Prismen könnte in weiteren AG-Sitzungen stattfinden. Außerdem könnte man mit Hilfe von Gegenbeispielen wie Zylindern konzentrierter an der Voraussetzung bzw. dem Gültigkeitsbereich des Satzes arbeiten. Dieses jedoch würde in der ersten AG-Sitzung zu weit führen und könnte neben weiteren im Ausblick genannten weiterführenden Fragestellungen im Anschluss an die Formulierung des Polyedersatzes behandelt werden.

7 Ausblick

Im Folgenden widmen wir uns dem Formulieren und Beweisen von Spezialfällen des Eulerschen Polyedersatzes für Prismen und Pyramiden. Die Betrachtung von Klassen von Spezialfällen könnte auch als Hinführung zur Vermutung des Eulerschen Polyedersatzes dienen. Zunächst beschäftigen wir uns mit verschiedenen Prismen und variieren die Eckenanzahl. Analog betrachten wir dann unterschiedliche Pyramiden.

Bei weitem nicht so abstrakt wie im zweiten Teil des Buches von Lakatos, aber ansatzweise kombinatorisch, im Sinne von Anordnungs- und Orientierungsmöglichkeiten im Raum, könnte auch bei der Untersuchung von konkreten Prismen und Pyramiden vorgegangen werden. Beachtet man zusätzlich die Schwierigkeit, die die Kinder häufig mit dem Abzählen haben, weil sie durcheinanderkommen, so erscheint es hilfreich die zu untersuchenden Modelle so im Raum zu verankern, dass die sogenannte Grundfläche eines Prismas unten und die Deckfläche oben erscheint.[10] Auf diese Weise könnte man die oberen, unteren und die seitlichen Flächen, Ecken und Kanten zählen und in einer Tabelle wie in Abb. 12 dokumentieren.[11]

Würde man sich von den 3D-Modellen und Skizzen lösen, so könnte man sich den Gesetzmäßigkeiten eines Prismas im Allgemeinen z. B. mit Hilfe von 100- oder 1.000.000-eckigen Prismen nähern. Dabei fällt die „überschüssige 2" in der letzten Zeile in den Zahlen 102 oder 1.000.002 eher auf, als dies bei den Beispielen davor der Fall ist. So konnte beispielsweise ein Schüler der 6. Klasse zu der Aussage des Eulerschen Polyedersatzes kom-

---

[10] Eine Hörschädigung kann in Kombination mit den Beeinträchtigungen des Gleichgewichtsorgans auftreten, was zu Schwierigkeiten mit der Raumwahrnehmung und Orientierung im Raum führen kann.

[11] Der Leser möge verzeihen, dass unser Artikel sich ab jetzt fast vollständig in den Tabellen auflöst, zumal er auch schon davor zahlreiche Tabellen enthält. Gerade an dieser Stelle behaupten wir, dass die Tabellen das Gleichbleibende und sich Verändernde auf eine einfache Weise deutlich darstellen und (so die didaktisch-pädagogische Hoffnung) zu mathematischen Vermutungen führen können.

men. Allgemein könnte der Sachverhalt für Prismen wie in der Tabelle unten (vgl. Abb. 13) zusammengefasst werden.

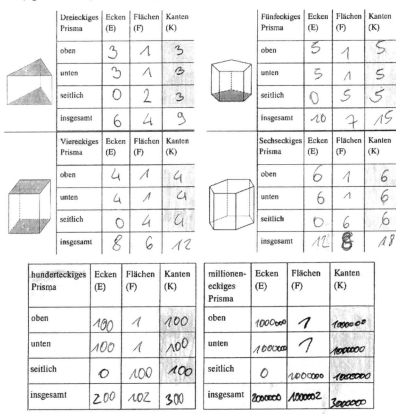

Abb. 12: Prismen-Untersuchungen

n-eckiges Prisma	Ecken (E)	Flächen (F)	Kanten (K)
oben	n	1	n
unten	n	1	n
seitlich	0	n	n
insgesamt	2n	n+2	3n

Abb. 13: Prismen im Allgemeinen

Wir merken, dass die Anzahl der oberen und unteren Ecken eines Prismas stets der Anzahl der Ecken der Grundfläche entspricht. Insgesamt ist also die Anzahl der Ecken im Falle des Prismas das Doppelte der Anzahl der Ecken der Grundfläche. Die Anzahl der Grundflächen und der Doppelflächen ist stets jeweils gleich 1. Die Mantelfläche besteht immer aus der Anzahl der Flächen, die der Anzahl der Ecken der Grundfläche entspricht. Was die Kanten betrifft, so entspricht die Anzahl der Kanten der Grundfläche der Anzahl ihrer Ecken. Sie ist der Anzahl der Kanten in der Mantel- und der Deckfläche gleich. Also hat jedes Prisma genau dreifach so viele Kanten, wie ihre Grundfläche Ecken hat. Addiert man die Anzahl der Ecken 2n und die Anzahl der Mantelflächen eines Prismas n, so erhält man 3n, was genau der Anzahl der Kanten eines n-eckigen Prismas entspricht, hinzu kommen Grund- und Deckfläche. Somit kommen wir zur Vermutung des Eulerschen Polyedersatzes: In einem Prisma übersteigt die Summe aus der Anzahl der Ecken und der Anzahl der Flächen die Kantenanzahl um 2. Dieser Satz gilt auch für schiefe Prismen und Pyramidenstümpfe, weil es auch dort eine Grund- und eine Deckfläche gibt, und die Anzahl der Flächen in der Mantelfläche der Anzahl der Ecken der Grund- bzw. Deckfläche entspricht.

Folgende Schülertexte zeigen, was Sechstklässler nach der Untersuchung von im Raum orientierten Prismen beobachteten. Abb. 14 zeigt einen Versuch, die Begriffe „Kanten“, „Ecken“ und „Flächen“ sinnvoll in einen Kontext einzubetten. Ähnlich werden im nächsten Text (Abb. 15) Gesetzmäßigkeiten hinsichtlich der Anzahl der Kanten in einem Prisma beschrieben.

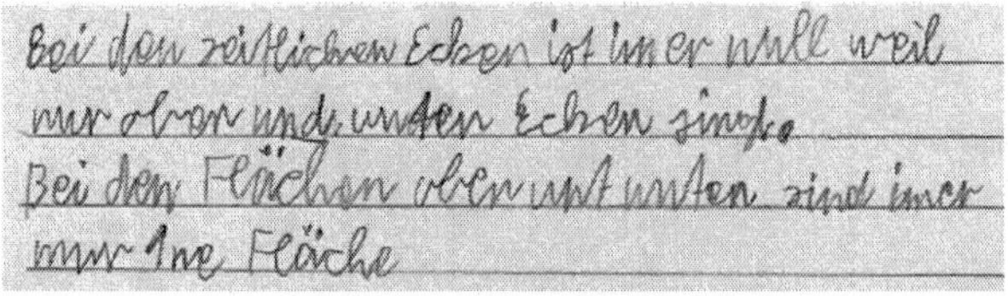
Bei den seitlichen Ecken ist imer nulle weil nur oben und unten Ecken sind.
Bei den Flächen oben und unten sind imer nur 1ne Fläche

Abb. 14: Flächenanzahl

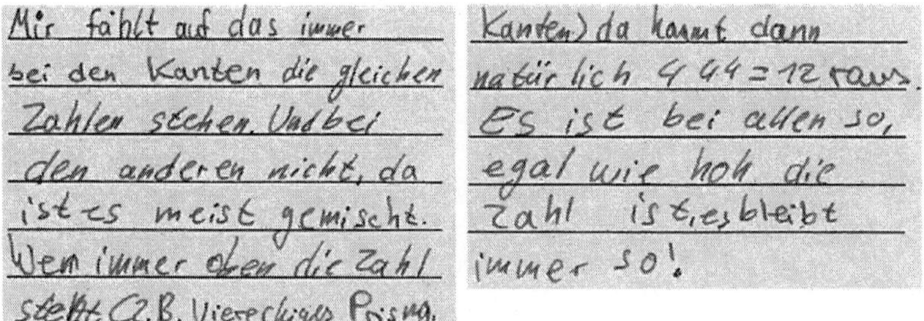
Mir fählt auf das immer bei den Kanten die gleichen Zahlen stehen. Und bei den anderen nicht, da ist es meist gemischt. Wen immer oben die Zahl steht (z.B. Viereckiges Prisma, Kanten) da kamt dann natürlich 4 4 4 = 12 raus. Es ist bei allen so, egal wie hoh die Zahl ist, es bleibt immer so!.

Abb. 15: Kantenanzahl

Ein anderer Schüler versucht neben seiner Dokumentation eine Definition von Prismen aufzuschreiben, um diese in Einklang mit seinen empirischen Werten zu bringen.

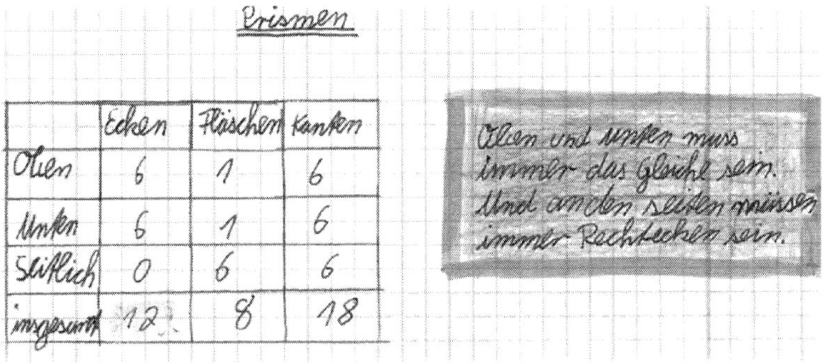

Abb. 16: Prismen-Definition

Ein anderer Schüler bildet von sich aus systematisch Summen von der Anzahl der Kanten, Ecken und Flächen und hebt diese hervor (siehe Abb. 17).

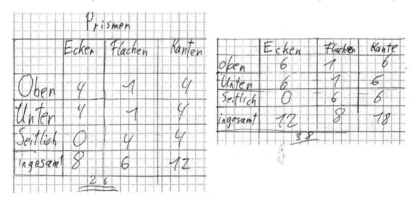

Abb. 17: Summen

Analog zu den Prismen können auch Pyramiden so angeordnet werden, dass die Grundfläche unten und die Spitze oben erscheint. Aus Platzgründen werden hier nur Ausschnitte aus den Unterrichtsvorbereitungen ohne Schülerlösungen vorgestellt (siehe Abb. 18).

Propädeutik des Eulerschen Polyedersatzes

Dreieckige Pyramide	Ecken (E)	Flächen (F)	Kanten (K)
oben	1	0	0
unten	3	1	3
seitlich	0	3	3
insgesamt	4	4	6

n-eckige Pyramide	Ecken (E)	Flächen (F)	Kanten (K)
oben	1	0	0
unten	n	1	n
seitlich	0	n	n
insgesamt	n+1	n+1	2n

Abb. 18: Pyramiden-Untersuchungen

Auch bei Pyramiden fällt auf, dass es ein Muster gibt. Oben hat jede Pyramide eine Ecke, unten entspricht die Anzahl der Ecken der Anzahl der Ecken der Grundfläche. Seitlich gibt es keine weiteren Ecken. Es gibt immer eine Grundfläche. Jede Ecke der Grundfläche wird mit der Spitze verbunden, so gibt es genauso viele seitliche Kanten wie Ecken in der Grundfläche. Außerdem befinden sich in der Grundfläche weitere Kanten, deren Anzahl ebenfalls der Anzahl der Ecken entspricht. Insgesamt gibt es also doppelt so viele Kanten wie die Grundfläche Ecken hat. Neben der einen Grundfläche hat jede Pyramide genauso viele dreieckige Seitenflächen, wie sie Ecken in der Grundfläche hat. Die Summe aus der Anzahl der Ecken und Flächen übersteigt also auch in diesem Fall die Anzahl der Kanten um 2. Somit gelangen wir hier ebenfalls zur Vermutung des Eulerschen Polyedersatzes. Aber nicht nur das, wir haben sowohl für die Pyramide als auch für Prismen allgemeine Formeln hergeleitet, nach denen die Anzahl der Ecken, Kanten und Flächen in Abhängigkeit von der Anzahl der Ecken der Grundfläche berechnet werden kann. Sie sind jeweils in der unteren Spalte der Tabelle festgehalten. Wir sind wie Pólya induktiv vorgegangen und wie Euler haben wir einzelne Fälle untersucht. An einer bestimmten Stelle fragten wir uns wie Lakatos nach einer allgemeinen Gesetzmäßigkeit, die sich beim Übergang von einem Schritt zum nächsten zeigt. Wir haben einer Klasse von Körpern sukzessive eine Ecke hinzugefügt und sind von dem Phänomen in der Ebene ausgegangen, von dem die Schüler von Lakatos ausgehen; und zwar, dass in der Ebene die Anzahl der Ecken eines Polygons mit der Anzahl seiner Kanten übereinstimmt.

Widmen wir uns nun der Suche nach Beispielen und Gegenbeispielen, welche die Grenzen der Schulmathematik der Unterstufe nicht überschreiten. Wir untersuchen einen Zylinder, einen Kegel und eine Kugel. Auch Zylinder und Kegel können wir so anordnen, dass die entsprechenden Grundflächen unten, die Deckfläche und die Spitze oben sind. Unser Beobachtungsansatz bringt uns jedoch nicht mehr weiter, da der Kegel und die Kugel keine Ecken in der Grundfläche und die Kugel dazu gar keine Grundfläche hat. Deshalb versuchen wir das zu zählen, was gezählt werden kann.

Körper	E	F	K	E+F-K
Zylinder	0	3	2	1
Kegel	1	2	1	2
Kugel	0	1	0	1

Abb. 19: Untersuchungen des Gültigkeitsbereiches des Eulerschen Polyedersatzes

Wir merken, dass der Eulersche Polyedersatz für Zylinder und Kugel nicht gilt. Als Schüler liegt die Vermutung nahe, dass es beispielsweise daran liegen könnte, dass Zylinder und Kugel weder Prismen noch Pyramiden sind. Von Lakatos wissen wir, dass es an der Triangulierbarkeit der Flächen liegt. Aber was ist mit dem Kegel? Ist er vielleicht doch eine Pyramide? Ist er vielleicht einer Pyramide ähnlicher, als ein Zylinder einem Prisma mit ganz vielen Ecken? Der Kegel ist gar kein Polyeder und dass der Satz für den Kegel trotzdem gilt, sagt etwas Wichtiges über den Satz selbst aus. Nämlich zeigt der Fall des Kegels, dass der Satz im Sinne der mathematischen Logik nicht umkehrbar ist. Er gilt für konvexe Polyeder, aber auch für Kegel. Der Polyedersatz von Euler besagt jedoch nicht, dass jeder geometrische Körper, für den dieser Satz gilt, ein Polyeder ist.[12]

Würden alle in der Schule bekannten geometrischen Körper studiert, so könnte man sich den Platonischen Körpern und Archimedischen Körpern,

---

[12] Somit haben wir ein Beispiel eines nicht umkehrbaren Satzes gefunden, der beispielsweise im ersten Teil des Profilkurses Mathematik der Einführungsphase zum Abitur „Begründen und Beweisen" in Berlin genutzt werden kann.

aber auch Volley- oder Fußbällen widmen und feststellen, dass der Satz von Euler auch für diese gilt.

Den Übergang zu einem elementaren Beweis mit Hilfe von planaren Polyedernetzen kann durch das Aufzeichnen von sogenannten Verebnungen von Polyedern auf Luftballons, wie von Ortner (2003) vorgeschlagen, geschehen. Ebenfalls bei Ortner und Kramer finden sich weitere Ideen, die sich für den Unterricht mit jüngeren Schülern modifizieren lassen (vgl. Ortner 2003, Kramer 2014, S. 143/149). Die entsprechenden Modifikationen sowie Erprobungen dieser in der Schule können zum Gegenstand weiterer Unterrichtsversuche und ihrer Reflexion werden.

Literatur

Berendonk, S. (2013). Erkundungen zum Eulerschen Polyedersatz – genetisch, explorativ, anschaulich. Heidelberg: Springer Spektrum.

Etzold, H., Petzschler, I. (2014). Mathe verstehen durch Papierfalten. Anleitungen und Arbeitsblätter für die Sekundarstufe. Mühlheim: Verlag an der Ruhr.

Gellert, W., Küstner, H., Hellwich, M., Kästner, H. (1967). Kleine Enzyklopädie Mathematik. Pfalz Verlag Basel.

Gregory, S. (1998). Deaf Children. In: S. Gregory, P. Knight, W. McCracken, S. Powers, L. Watson (Hrsg.): Issues in Deaf Education, New York: David Fulton, S. 119 – 126

Feuser, G. (1998). Gemeinsames Lernen am Gemeinsamen Gegenstand. In: Hildeschmidt, A., Schnell, I. (Hrsg.), *Integrationspädagogik*. Weinheim/München: Juventa, S. 19-36.

Filler, A. (2016). Einführung in die Mathematikdidaktik und Didaktik der Geometrie. Berlin: Humboldt Universität. http://didaktik.mathematik.hu-berlin.de/user/filler/geometriedidaktik/05_Begriffsbildung-Geom.pdf.

Kramer, M (2014). Mathematik allgemein / Mathematik als Abenteuer - Erleben wird zur Grundlage des Unterrichtens: Geometrie und Rechnen mit Größen – Bd. 1. Hallbergmoos: Aulis

Krauter, S., Bescherer, Ch. (2005). Erlebnis Elementargeometrie. Ein Arbeitsbuch zum selbstständigen und aktiven Entdecken. Heidelberg: Springer Spektrum.

Leonhardt, A. (2002): Einführung in die Hörgeschädigtenpädagogik. München, Basel: Reinhardt.

Ortner, D. (2003): Die fünf platonischen Körper. Zentralschweizer Bildungsserver. www.zebis.ch/inhalte/unterricht/mathematik/polyeder.pdf.

Senatsverwaltung für Bildung, Jugend und Sport (2004): Berliner Schulgesetz.

Ein namenloses Phänomen

Hans Walser

Zusammenfassung. Ein Faltspiel und ein Spiel mit rechten Winkelhaken führen beide zu einem symmetrischen Phänomen, welches im Lehrplan nicht kodifiziert ist. Der (asymmetrische) Strahlensatz erweist sich als Grenzfall. Die Überlegungen wurden angeregt durch einen didaktischen Fehler in einem Arbeitsblatt für das achte Schuljahr.

Faltgeometrie

Auf der Rückseite eines Blattes (Querformat) tragen wir am unteren Rand zwei mal drei Marken ein (Abb. 1a). Dann wenden wir das Blatt und wählen oben etwa in der Mitte einen Punkt (Abb. 1b).

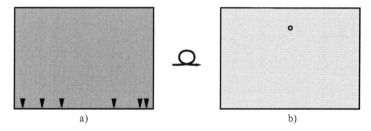

Abb. 1: Zweimal drei Marken. Punkt wählen

Nun falten wir die erste Markierung auf den Punkt ein und falten wieder zurück (Abb. 2).

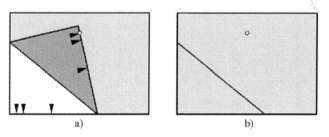

Abb. 2: Erster Faltschritt

Darauf falten wir die zweite Markierung auf den Punkt ein und wieder zurück (Abb. 3).

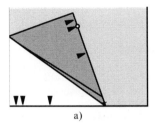 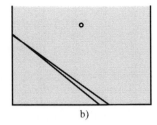

a) b)

Abb. 3: Zweiter Faltschritt

Schließlich erhalten wir zwei Scharen von je drei Faltlinien (Abb. 4a). Die wechselseitigen Schnittpunkte teilen jeweils auf jeder Schar im gleichen Verhältnis (Abb. 4b). Das ist auch das Verhältnis der ursprünglich gewählten Marken (Abb. 1a). Diese Situation erinnert an den Strahlensatz.

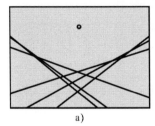 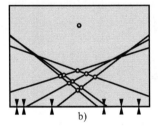

a) b)

Abb. 4: Faltlinien. Teilverhältnisse

Strahlensatz

In der Strahlensatzfigur (Abb. 5) haben wir aber einerseits eine Schar von parallelen Geraden und andererseits eine Schar von Geraden durch einen Punkt. Das sind begrifflich asymmetrische Vorgaben. Die Satzaussage ist aber symmetrisch: in beiden Geradenscharen sind je entsprechende Teilverhältnisse gleich. Der Strahlensatz ist also ein ästhetisches Ärgernis. Die Faltfigur der Abbildung 4b hingegen ist begrifflich symmetrisch.

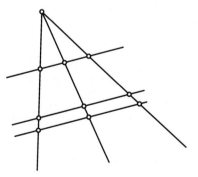

Abb. 5: Strahlensatzfigur

Winkeleisen

Ebenso erhalten wir eine begrifflich symmetrische Figur mit *Winkeleisen* (Abb. 6). Dazu verfahren wir wie folgt: Wir beginnen mit einem Punkt F und einer nicht durch F verlaufenden Geraden t. Nun passen wir gemäß Abbildung 7 zwei Sets von je drei rechten Winkeln so ein, dass die Scheitel der rechten Winkel auf t liegen und jeweils ein Schenkel durch F verläuft. Die anderen Schenkel schneiden sich wechselseitig.

Abb. 6: Winkeleisen   Abb. 7: Konstruktion mit Winkeleisen

Diese Schnittpunkte unterteilen die nach links laufenden Schenkel im gleichen Verhältnis. Im Beispiel der Abbildung 7 ist es das Verhältnis 4:1. Ebenso unterteilen sie die nach rechts laufenden Schenkel im gleichen Verhältnis. Im Beispiel der Abbildung 7 ist es das Verhältnis 1:1.

Wir sind geneigt in unserem Anschauungsraum die Figur räumlich zu interpretieren. Dann allerdings haben wir das Gefühl, dass die auf uns zukommende Ebene nach unten hängt. Das hängt damit zusammen, dass die Figur *keine* perspektivische Darstellung eines ebenen Rechteckrasters ist.

Beweis der Verhältnisinvarianz

Wir legen ein Koordinatensystem gemäß der Abbildung 8 zugrunde. Als x-Achse wählen wir die Gerade t. Der Punkt F habe die Koordinaten $F(0;1)$.

Wir wählen exemplarisch einen Winkel mit dem Scheitelpunkt $(a; 0)$ und einen Winkel mit dem Scheitelpunkt $(b; 0)$. Der zweite Schenkel des Winkels mit dem Scheitel $(a; 0)$ hat die Gleichung
$$y = ax - a^2,$$
der zweite Schenkel des anderen Winkels die Gleichung
$$y = bx - b^2.$$
Für den Schnittpunkt S der beiden Schenkel ergeben sich die Koordinaten $S(a + b; ab)$. Summe und Produkt, die beiden Grundbegriffe der Arithmetik.

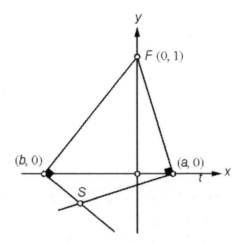

Abb. 8: Koordinaten

Die drei rechten Winkel der beiden Winkelscharen in der Abbildung 7 nummerieren wir mit $i \in \{1; 2; 3\}$ beziehungsweise $j \in \{1; 2; 3\}$. Die Scheitel dieser Winkel seien bei $(a_j; 0)$ beziehungsweise $(b_j; 0)$.

Der Punkt S_{ij} als Schnittpunkt des i-ten Schenkels der Schar mit den Scheiteln im rechten Bildteil mit dem j-ten Schenkel der anderen Schar hat somit die Koordinaten $S_{ij}(a_i + b_j; a_i b_j)$.

Wir berechnen nun das Teilverhältnis auf dem i-ten Schenkel der Schar mit den Scheiteln im rechten Bildteil. Für die Strecke $\overline{S_{i1}S_{i2}}$ erhalten wir:

$$\overline{S_{i1}S_{i2}} = \sqrt{\left((a_i + b_2) - (a_i + b_1)\right)^2 + (a_i b_2 - a_i b_1)^2}$$

$$= \sqrt{(b_2 - b_1)^2 + a_i^2(b_2 - b_1)^2} = |b_2 - b_1|\sqrt{1 + a_i^2}$$

Analog ergibt sich für die Strecke $\overline{S_{i2}S_{i3}}$:

$$\overline{S_{i2}S_{i3}} = |b_3 - b_2|\sqrt{1 + a_i^2}$$

Bei der Verhältnisbildung kürzt sich der Wurzelfaktor heraus:

$$\overline{S_{i1}S_{i2}} : \overline{S_{i2}S_{i3}} = |b_2 - b_1| : |b_3 - b_2|$$

Wir sehen, dass das Teilverhältnis unabhängig vom Index i ist, das heißt, es ist auf allen Schenkeln der Schar gleich. Es ist zudem gleich dem Teilverhältnis der Scheitel der drei Winkel im linken Bildteil.

Aus Symmetriegründen gilt das Analoge für die Teilverhältnisse auf den Schenkeln der anderen Schar.

Der letzte Abschnitt gibt eine Beweisvariante, welche mit Sehnenvierecken arbeitet.

Link zum Strahlensatz

Wir modifizieren die Figur der Abbildung 7, indem wir den Punkt F gegen die Gerade t hinunterdrücken.

Die beiden Winkelscharen behandeln wir aber ungleich, um die für den Strahlensatz nötige Asymmetrie zu erreichen. Bei den Winkeln mit den Scheiteln im linken Bildteil lassen wir die Scheitelpunkte auf t fest. Diese Winkel werden also gedreht. Die Teilverhältnisse der Winkelscheitel bleiben trivialerweise invariant.

Bei den Winkeln der anderen Schar mit den Scheiteln im rechten Bildteil lassen wir die Richtungen fest. Diese Winkel werden parallel verschoben. Aus dem „gewöhnlichen" Strahlensatz oder besser aus der Ähnlichkeit ergibt sich, dass die Teilverhältnisse der Winkelscheitel im rechten Bildteil ebenfalls invariant bleiben.

Da die Teilverhältnisse bei den Winkelscheiteln im linken wie im rechten Bildteil sich nicht verändern, bleiben auch die Teilverhältnisse auf den Schenkeln invariant.

Die Abbildung 9 illustriert diesen Modifikationsprozess in mehreren Schritten. Im Grenzfall mit F auf t stehen die Schenkel der Schar mit den Scheiteln im linken Bildteil senkrecht auf t, sind also untereinander parallel. Die Schenkel der anderen Schar verlaufen durch F. Wir haben die übliche Strahlensatzfigur.

Ein namenloses Phänomen

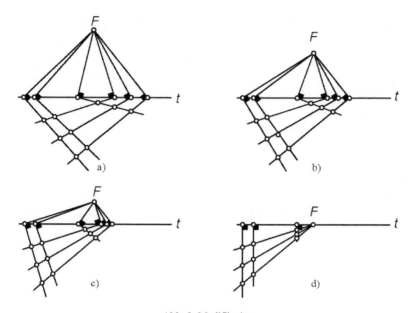

Abb. 9: Modifikation

Motivation

Auf einem Arbeitsblatt (achtes Schuljahr) ist zu lesen:

> Eigenschaften der Trapeze
> Jedes Trapez hat ein Paar gegenüberliegender paralleler Seiten.
> Beide Mittellinien halbieren sich.

Das ist zwar fachlich richtig, aber didaktisch falsch. Die erste Zeile ist definierend für Trapeze, die zweite Zeile hingegen gilt für jedes beliebige Viereck (Abb. 10a). Vielleicht war die Idee, im Arbeitsblatt auf die Mittellinien hinzuweisen, da eine davon später für die Flächenformel verwendet wird.

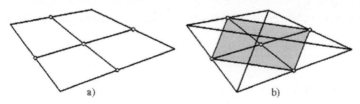

Abb. 10: Mittellinien halbieren sich

Die Halbierungseigenschaft kann über das zu den Viereckdiagonalen parallele Parallelogramm nachgewiesen werden, welches durch die Seitenmitten des allgemeinen Viereckes aufgespannt wird (Abb. 10b). Die Mittellinien sind nun die Diagonalen im Parallelogramm und halbieren sich gegenseitig.

Dieser didaktische „Fehler" erwies sich aber als sehr anregend: was ist, wenn *Mitte* und *halbieren* durch *Drittel* und *dritteln* ersetzt wird?

Dritteln

Dritteln sich Drittellinien gegenseitig?

Der Sonderfall des Trapezes ist einfach, da wir den Strahlensatz anwenden können (Abb. 11a).

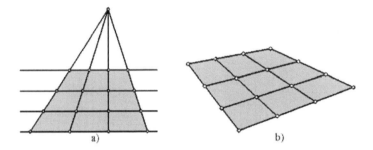

Abb. 11: Sonderfall Trapez. Allgemeines Viereck

Wir vermuten aufgrund der Zeichnung (Abb. 11b), dass sich auch im allgemeinen Fall die Drittellinien gegenseitig dritteln. Diese Eigenschaft kann nach einer Mitteilung von Hans Humenberger, Wien, wie folgt gezeigt werden (Abb. 12).

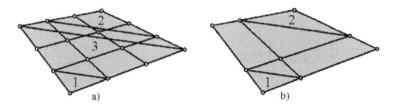

Abb. 12: Beweisfigur

Wir führen gemäß Abbildung 12a eine Diagonale und dazu parallele Strecken ein. Diese haben auf Grund des Strahlensatzes die angegebenen Längenverhältnisse. Die Abbildung 12b zeigt, dass diese Längenverhältnisse zur Drittelung beim angegebenen Punkt führen. Für die anderen drei inneren Schnittpunkte im Viereck kann analog überlegt werden.

Nun ist es allerdings so, dass diese Idee nicht allgemein auf Viertelung, Fünftelung, ... übertragen werden kann.

Beweis für den allgemeinen Fall

Wir teilen zwei gegenüberliegende Seiten des Vierecks im Verhältnis λ, die beiden anderen Seiten im Verhältnis μ. Wir verbinden dann die Teilpunkte gegenüberliegender Seiten. Zu zeigen ist: diese Verbindungslinien teilen sich gegenseitig in den Verhältnissen λ und μ. Für die Rechnung verwenden wir die Bezeichnungen der Abbildung 13.

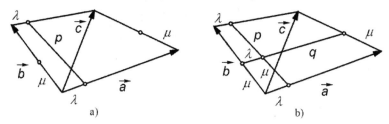

Abb. 13: Bezeichnungen

Die eingezeichnete Strecke p hat die Parameterdarstellung:

$$t \mapsto \lambda \vec{a} + t\vec{b} + \lambda t(\vec{c} - \vec{a} - \vec{b}), \quad t \in [0,1]$$

Für die Strecke q erhalten wir die Parameterdarstellung:

$$s \mapsto s\vec{a} + \mu \vec{b} + s\mu(\vec{c} - \vec{a} - \vec{b}), \quad s \in [0,1]$$

Der Schnittpunkt ergibt sich offensichtlich für $s = \lambda$ und $t = \mu$. Das war zu zeigen.

Bemerkung 1: Der Vektor $(\vec{c} - \vec{a} - \vec{b})$ misst die Abweichung des Viereckes vom Parallelogramm. Im Parallelogramm ist die Teilverhältniseigenschaft trivial.

Bemerkung 2: Die Einschränkungen $t \in [0,1]$ und $s \in [0,1]$ beziehen sich auf die eingezeichneten Strecken, sind aber für den Beweisgang unerheblich. Sie werden im Folgenden weggelassen.

Viereckraster

Für ganze Zahlen λ und μ erhalten wir ein Viereckraster wie folgt.

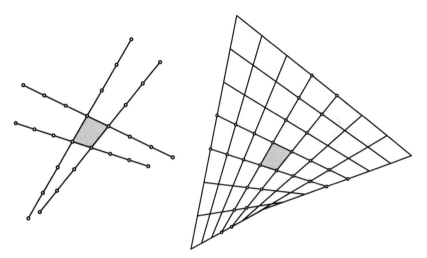

Abb. 14: Startfigur   **Abb. 15:** Ergänzung zum Viereckraster

Wir verlängern die Viereckseiten und tragen Vielfache der Seitenlängen ab (Abb. 14). Anschließend ergänzen wir zum Viereckraster (Abb. 15). Jede Rasterlinie der einen Schar wird von den Rasterlinien der anderen Schar in gleichmäßigen Abständen geschnitten.

Wir sehen, dass sich beim Überschneiden der Linien etwas Spannendes anbahnt.

Parabel

Wenn wir das Viereckraster fortsetzen, überschneiden sich die Rasterlinien. Als Enveloppe entsteht eine Kurve (Abb. 16). Die Kurve sieht aus wie eine Parabel, es könnte aber auch eine andere Kurve sein. Was nun?

Ein namenloses Phänomen

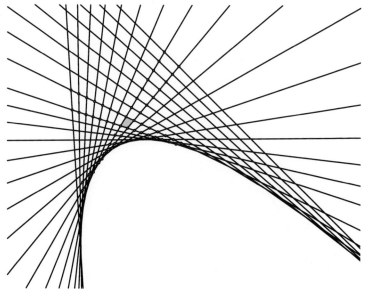

Abb. 16: Parabel

Sichtumkehr: Beginn mit Parabel

Wir zeichnen zweimal drei Tangenten an eine Parabel und bestimmen exemplarisch die Teilverhältnisse zwischen den wechselseitigen Schnittpunkten (Abb. 17). Es ergeben sich gleiche Teilverhältnisse.

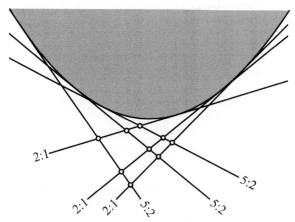

Abb. 17: Tangenten an Parabel

Wenn wir dasselbe Spielchen mit einem Kreis machen (Abb. 18), haben wir keine konstanten Teilverhältnisse. Mit einer Ellipse kann es daher auch nicht funktionieren, da sich eine Ellipse mit ihren Tangenten durch eine affine Abbildung unter Erhaltung der Teilverhältnisse auf einen Kreis abbilden lässt.

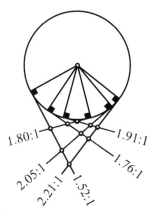

Abb. 18: Mit dem Kreis funktioniert es nicht

Auch mit der Hyperbel (Abb. 19) ist nichts zu wollen.

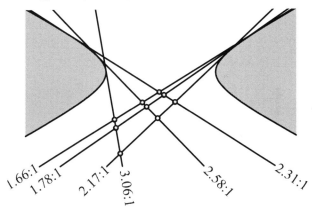

Abb. 19: Auch mit der Hyperbel geht es nicht

Die Parabel, der Exot unter den Kegelschnitten, ist also der interessante Fall.

Zirkel und Lineal

Die Kegelschnitte können punktweise mit Zirkel und Lineal konstruiert werden. Für die Parabel benötigen wir eine Gerade (Leitlinie) und einen Punkt (Brennpunkt). Die Abbildung 20a illustriert exemplarisch die Konstruktionen von zwei Punkten. Die jeweils gleichen Abstände von Leitlinie und Brennpunkt führen zu gleichschenkligen Dreiecken.

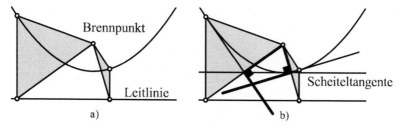

Abb. 20: Konstruktion von Parabelpunkten. Tangenten und Winkeleisen

Die Tangenten ergeben sich als Symmetrieachsen der gleichschenkligen Dreiecke (Abb. 20b). Dabei erkennen wir auch wieder die Winkeleisen der Abbildung 7. Die rechten Winkel liegen auf der Scheiteltangente der Parabel.

In unserem Beispiel aus der Faltgeometrie (Abb. 4) spielen der Punkt die Rolle des Brennpunktes und die untere Papierkante die Rolle der Leitlinie.

Damit schließt sich der Gedankenkreis.

Sehnenvierecke

Der Beweis für die Invarianz der Teilverhältnisse in der Abbildung 7 lässt sich auch mit Sehnenvierecken durchführen. Die Idee dazu verdanke ich Emese Vargyas, Mainz.

Die Abbildung 21 entspricht der Abbildung 8; das Koordinatensystem ist weggelassen. Wegen der rechten Winkel bei A und B ist das Viereck $SAFB$ ein Sehnenviereck (Abb. 21a). In der Abbildung 21b ist zusätzlich das Sehnenviereck $CAFB$ eingezeichnet. In diesem Sehnenviereck $CAFB$ gilt $ab=fs$. Da das Dreieck SCF bei C rechtwinklig ist und somit SC parallel zu AB verläuft, ist s auch der Abstand des Punktes S von der Geraden AB.

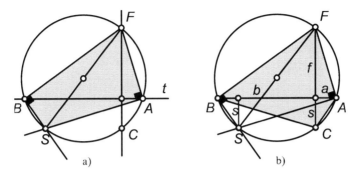

Abb. 21: Sehnenviereck

In der Abbildung 22 sind nun mehrere rechte Winkel eingetragen.

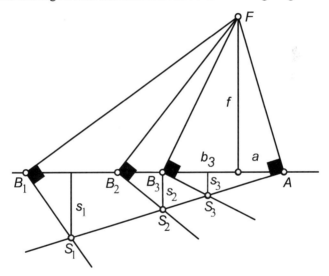

Abb. 22: Mehrere rechte Winkel

Dabei gilt:
$$ab_i = fs_i \quad \Rightarrow \quad s_i = \frac{a}{f}b_i \quad \Rightarrow \quad s_1:s_2:s_3 = b_1:b_2:b_3$$

Somit ist auch:
$$|AS_1| : |AS_2| : |AS_3| = s_1:s_2:s_3 = b_1:b_2:b_3$$
$$|S_1S_2| : |S_2S_3| = |B_1B_2| : |B_2B_3|$$

Das Teilverhältnis auf dem nach links gerichteten Schenkel ist also unabhängig von der Position des Punktes A.

Für diese Überlegungen benötigen wir die üblichen Strahlensätze.

Parabel als Enveloppe

Nach einem Hinweis von Hartmut Müller-Sommer, Vechta.

Wir denken uns den Scheitel $(b; 0)$ in der Abbildung 8 als fest vorgegeben. Den nach rechts laufenden Schenkel verlängern wir rückwärts über den Scheitel $(b; 0)$ in den zweiten Quadranten. So entsteht die vollständige Tangente, welche die Enveloppe in einem Punkt B berührt.

Bewegt sich nun der Scheitel $(a; 0)$ immer mehr auf $(b; 0)$ zu, so strebt der Schnittpunkt $S(a + b; ab)$ gegen den Berührpunkt $B(2b; b^2)$.

Diese Überlegungen gelten natürlich für jeden Scheitel $(b; 0)$. Die Gleichungen $x = 2b$ und $y = b^2$ bilden somit eine Parameterdarstellung der Enveloppe. Elimination des Parameters b liefert die Parabelgleichung:

$$y = \frac{x^2}{4}$$

Geometrisches Praktikum: Geometrie mit Kopf, Herz und Hand – die Erfolgsgeschichte eines Faches

Rolf Bänziger

Zusammenfassung. Das Wahlfach „Geometrisches Praktikum" unterstützt durch seinen ganzheitlichen Ansatz den Einstieg in den gymnasialen Mathematikunterricht. In unterschiedlichen Modulen haben die Lernenden Zeit zu experimentieren, selbst Entdeckungen zu machen und sich vertieft mit einem Thema auseinanderzusetzen. Oft mündet ein Modul in ein Produkt: eine Zeichnung, eine Bastelarbeit, eine dynamische Konstruktion am Computer. Lehrpersonen können abseits von Lehrplanvorgaben Themen einbringen. Wie reagieren die Lernenden darauf? Einblicke und eine Bilanz nach 10 Jahren.

Wo ist das Fach angesiedelt?

In diesem Vortrag wird das Fach *Geometrisches Praktikum* (kurz: GP) vorgestellt, das wir an der Kantonsschule Zug (Schweiz) entwickelt haben. Die Kantonsschule Zug ist ein großes Gymnasium in einer Kleinstadt im Herzen der Schweiz. Die aktuell 1650 Schüler und Schülerinnen werden von 220 Lehrperson unterrichtet.

Abb. 1: Kantonsschule Zug

Das Geometrische Praktikum wird im 7. Schuljahr unterrichtet. Die Lernenden können zwischen den Optionen Geometrisches Praktikum und Latein wählen. Das GP wird ein Jahr lang in zwei Wochenstunden unterrichtet.

Abb. 2: Unterrichtssituation im GP-Zimmer

Module

Der Stoff des Faches ist in Module gegliedert. Einige Module werden im Folgenden vorgestellt.

Zeichnen im Punktgitter

Bei Eintritt in das Gymnasium sind viele Lernende hochmotiviert und fleißig, aber auch vorsichtig und vielleicht sogar verunsichert. Das Modul *Zeichnen im Punktgitter* eignet sich gut als sanfter Einstieg, um das Vertrauen der Lernenden zu gewinnen. Das mathematische Ziel besteht darin, dreidimensionale Körper zweidimensional darzustellen. Verwendet wird dazu ein einfaches Punktgitter.

Abb. 3: Punktgitter

Als erstes basteln die Lernenden aus einer Vorlage die beiden schwierigen Bausteine „L" und „S".

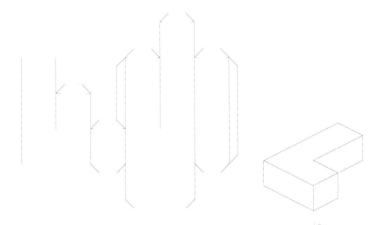

Abb. 4: Vorlage und fertiges „L"

Neben den Grundbausteinen „L" und „S" gibt es als weitere Bausteine den „Stab", den „Würfel" und die „Platte".

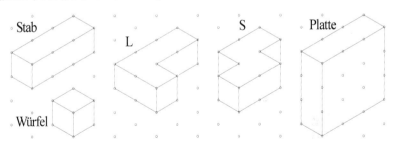

Abb. 5: alle Bausteine

Wie man sieht, lassen sich diese Bausteine durch das Punktgitter auf einfache Art und Weise darstellen.

Eine erste Aufgabe besteht darin, aus dem selbstgebastelten „L" und „S" die folgenden Figuren zu bauen (Abb. 6). Die Lernenden kreieren mit Freude aus den Grundbausteinen viel komplexere Körper und stellen sie im Punktgitter dar.

Geometrisches Praktikum: Die Erfolgsgeschichte eines Faches

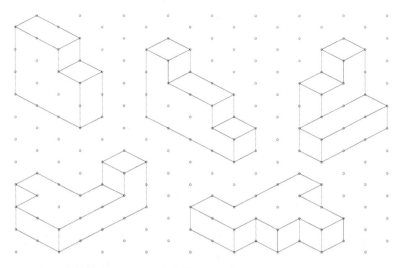

Abb. 6: Einstiegsaufgabe

Weitere Aufgabentypen:
1. Spiegeln eines Körpers an der Grundebene
2. Kippen eines Körpers um die x- resp. y-Achse
3. Drehen eines Körpers um die z-Achse

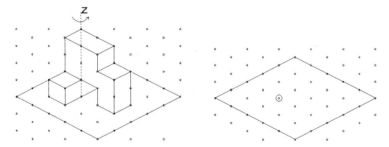

Abb. 7: Wie sieht der um 90° gedrehte Körper aus?

Anspruchsvollere Aufgaben:
- „L" und „S" liegen auf einer Glasplatte. Man schaut von oben auf den Körper (Abb. 8). Zeichne den Körper, wenn du von unten durch die Glasplatte auf den Körper schaust.
- Der in Abb. 9 abgebildete Körper besteht aus einem „L" und einem „S".

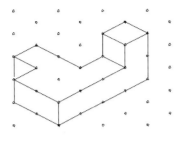
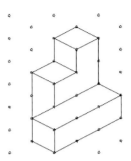

Abb. 8: Ansicht von oben

Abb. 9: Körper aus „L" und „S"

Irgendwo hat sich ein kleines Würfelchen versteckt. Wo könnte es überall liegen?

Lösungshilfe: Zeichne auf einem Grundrissplan den Körper mit den zugehörigen Höhenangaben.

Trage in das Schema alle möglichen Lagen des Würfelchens ein.

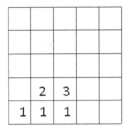

Abb. 10: Schema mit Höhen

Würfelschnitte

Ein Würfel soll mit einer Ebene geschnitten werden. Wie sehen die Schnittformen aus?

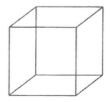

Abb. 11: Ausgangsfigur

Motivation für die Lernenden: Wo kommen Schnitte durch Körper im Alltag vor? Ein bekanntes Beispiel ist das MRI, bei dem das Gehirn durch eine Serie von Schnitten dargestellt wird.

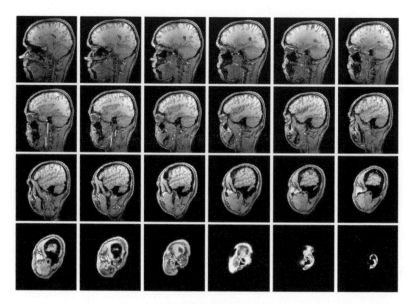

Abb. 12: MRI

Erster Schritt: Mit Hilfe von Reiskörnern wird in einem offenen Würfel die Ebene gebildet. So lassen sich schon viele mögliche Schnittfiguren erkunden.

Abb. 13: Trapez als Schnittfigur

- **Aufgabe 1:** Zeichne zu ausgewählten Schnittfiguren ein Würfelschrägbild mit GeoGebra. Als erstes Beispiel wählen wir die einfachste Schnittfigur: ein Dreieck (Abb. 14).

  Als nächstes untersuchen wir das Viereck als Schnittfigur (Abb. 15). Drei Punkte können wir frei wählen, dadurch ist die Ebene bestimmt. Wo liegt der vierte Punkt (Ecke C)?

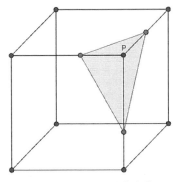
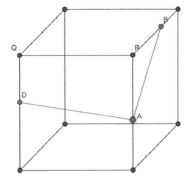

Abb. 14: Dreieck als Schnittfigur   Abb. 15: Viereck als Schnittfigur

Die folgende Abbildung zeigt eine mögliche Lösung auf. Es genügt, den Schnittpunkt SP zu finden:

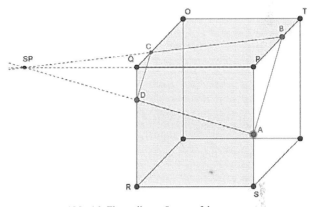

Abb. 16: Figur, die zur Lösung führt

Aus der Figur lassen sich auch weitere Erkenntnisse gewinnen: Falls die Schnittebene zwei parallele Würfelebenen schneidet, sind die entsprechenden Schnittgeraden parallel. Zudem sieht man, dass man die Lösung auch mit Hilfe einer zentrischen Streckung mit Zentrum SP finden könnte.

Weitere Fragestellungen: Gibt es auch fünf-, sechs-, sieben- oder achteckige Schnittfiguren? Wie muss der Würfel für eine regelmäßige Schnittfigur geschnitten werden? Gibt es Figuren (z. B. ein beliebiges Viereck), die als Schnittfigur nicht vorkommen können?

Geometrisches Praktikum: Die Erfolgsgeschichte eines Faches

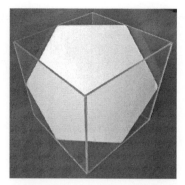
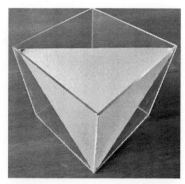

Abb. 17: Regelmäßiges Sechseck   **Abb. 18:** Schnittfigur in Plexiglaswürfel

- **Aufgabe 2:** Die mit GeoGebra konstruierte zweidimensionale Schnittfläche soll nun physisch aus Karton hergestellt werden, und zwar in wahrer Größe. Anschließend muss überprüft werden, ob sie in einen Plexiglaswürfel der Kantenlänge 20 cm passt (Abb. 18).

Betrachten wir z. B. die Schnittfigur eines Trapezes. Die blauen Abstände sind vorgegeben und bestimmen die Ecken B, C und E. Können wir daraus die Seitenlängen $\overline{BC}$ und $\overline{EC}$ des Trapezes bestimmen?
Mit den Hilfsfiguren lassen sie sich leicht ermitteln.

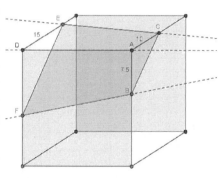

Abb. 19: Ausgangslage

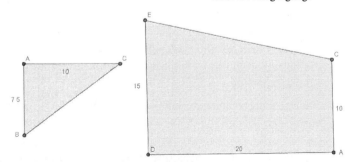

Abb. 20: Hilfsfiguren

Mit Hilfe der Ähnlichkeit der Dreiecke ABC und DEF findet man die Seitenlänge $\overline{EF}$. Danach kann auch $\overline{FB}$ bestimmt werden.

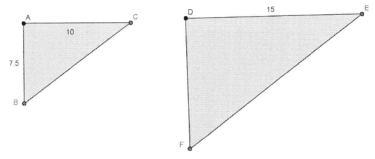

Abb. 21: Bestimmung der Seite $\overline{EF}$

Die Seitenlängen des Trapezes sind jetzt bekannt. Mit einer kleinen Hilfe können die Lernenden nun das Trapez konstruieren.

- **Aufgabe 3:** Durch eine Schnittfigur wird der Würfel in zwei Teile geschnitten. Alle Lernenden wählen je eine Schnittfigur und sollen nun die beiden Teilkörper herstellen. Dazu müssen sie zuerst die Abwicklungen konstruieren und dann das Netz zu einem räumlichen Körper zusammenkleben.

Abb. 22: Teilkörper des Würfels   Abb. 23: zusammengefügte Teilkörper

Platonische Körper (Forschungsarbeit mit HDL-Ansatz)

In Anlehnung an Gallin und Ruf wird den Lernenden das Instrument des *Lernjournals* erläutert.

Das Journal ist deine mathematische Werkstatt. Hier schreibst du spontan auf, was dir zu einem bestimmten Thema einfällt, skizzierst, wie eine Lösung aussehen könnte und rechnest konkrete Lösungen aus. Im Journal organisierst du

Geometrisches Praktikum: Die Erfolgsgeschichte eines Faches

und dokumentierst du deine Arbeit, deine Fortschritte, deine Ergebnisse und auch die Misserfolge. Du darfst dich irren und Fehler machen. Es geht nicht in erster Linie darum, dass am Ende eine Zahl da steht, die entweder richtig oder falsch ist. Sondern es geht darum, dass du dich persönlich mit dem Stoff auseinandersetzt, experimentierst und deine eigenen Wege zum Ziel suchst.

Nachdem die Lernenden den Auftrag (s. unten) studiert haben, versuchen sie selbständig Lösungen zu erarbeiten. Sie dokumentieren ihren Weg zur Lösung im Lernjournal.

1. **Auftrag:** Im Klassenzimmer steht eine Schachtel mit vielen bunten Steckfiguren (Dreiecke, Vierecke etc.). Du wählst dir jeweils genau eine Grundfigur aus (z.B. Dreiecke) und versuchst einen geschlossenen Körper zusammenzustecken. Beachte:

- pro Körper *eine* Grundfigur
- der Körper ist *konvex*
- gleich viele Grundfiguren an jeder Körperecke

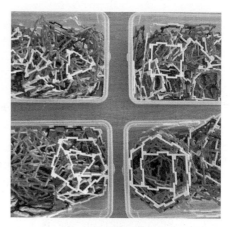

Abb. 24: Grundfiguren

- Gibt es einen, mehrere oder überhaupt keinen Körper mit deiner aktuellen Grundfigur?
- Versuche zu allen Grundfiguren möglichst viele Körper zu finden.
- Halte alle Eigenschaften der jeweiligen Körper in deinem Journal fest.

Ein Schüler hat als Grundfigur das Dreieck gewählt und das Tetraeder und das Oktaeder gefunden.

Abb. 25: Tetraeder und Oktaeder

Gute Ausschnitte von Schülerarbeiten werden von der Lehrperson gesammelt und der Klasse wieder vorgelegt (Autographensammlung).

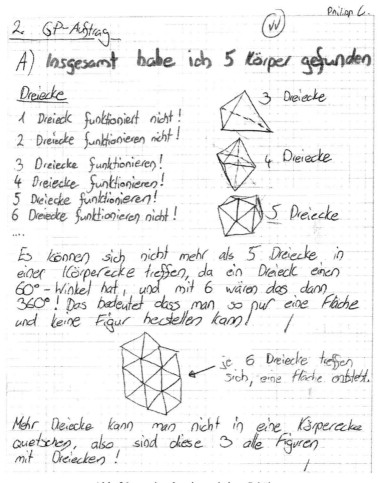

Abb. 26: aus dem Lernjournal eines Schülers

Das *Handlungsorientierte dialogische Lernen (HDL)* hat folgende Vorzüge:
- *Alle* Lernenden sind aktiv.
- Die Lernenden finden (bei guten Fragestellungen!) alles selber heraus.
- Es ist *ihr* Lösungsweg, es sind *ihre* Resultate.

- Durch die Weitergabe ihres Wissens via Autographensammlung werden sie sogar zu *Lehrenden*.
- Die Lehrperson ist sehr nahe am Denken der Lernenden.

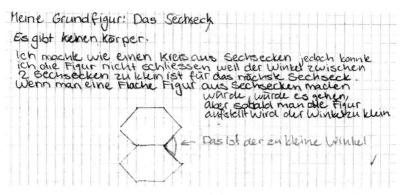

Abb. 27: Untersuchung des Sechsecks als Grundfigur

Der Nachfolge-Auftrag muss auf die Journaleinträge der Lernenden abgestimmt werden. Die große Kunst der Lehrperson besteht darin, die richtigen Fragen zu stellen (nicht zu schwierig und nicht zu leicht).

Nachfolge-Auftrag: Du siehst im Schulzimmer einige Modelle von Körpern stehen. Du kannst auch mit Klickis neue konvexe Körper zusammenstellen. Zähle wie bei den regelmäßigen Körpern wiederum alle Körperecken, Körperflächen, Körperkanten und schreibe sie in einer Tabelle auf.

Gibt es eine Beziehung zwischen diesen drei Zahlen Ecken(E), Flächen (F) und Kanten (K)? Benütze auch die Zahlen aus dem 1. GP-Auftrag! Versuche die Beziehung durch eine Formel (Gleichung) darzustellen.

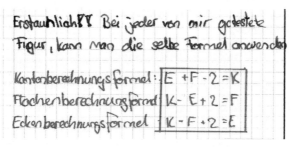

Abb. 28: Resultat von Nick

Schlauchfiguren

In der Schweiz muss man als Voraussetzung für das Medizinstudium den Numerus-Clausus-Test bestehen. Die Schweizer Uni Fribourg hat dafür einen Test entwickelt und auch veröffentlicht. Darüber, ob man mit viel Lernen im Test besser abschneidet, hat sich in der letzten Zeit eine Kontroverse entwickelt. Die Testentwickler behaupten,

> *[...] dass für die Beantwortung der Aufgaben kein spezielles fachliches Vorwissen notwendig ist, sondern tatsächlich die „Studierfähigkeit" als aktuelle Fähigkeit zur Wissensaneignung und Problemlösung gemessen wird. Dadurch ist* **der Test auch wenig trainierbar** *[...]*
> *www.unifr.ch/ztd/ems/EMSaufbau.pdf (30.11.2016)[Hervorhebung durch den Autor]*

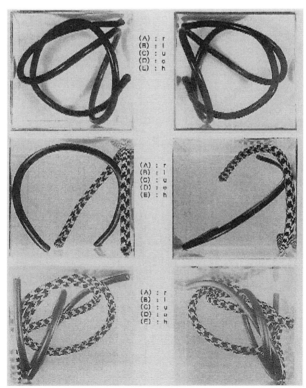

Hier sehen Sie den Würfel von <u>vorne</u>! Hier sehen Sie den Würfel von ____?

Abb. 29: Schlauchfiguraufgabe

Geometrisches Praktikum: Die Erfolgsgeschichte eines Faches

Die Kontrahenten (Zentrum für Testtraining) entgegnen:

Der Test ist deshalb so stark trainierbar, weil die Art der Aufgaben vorab bekannt ist.
Wissenschaftliche Untersuchungen und die Erfahrung von Teilnehmern, die sich auf den Eignungstest vorbereitet haben, zeigen: Die Leistungen im Medizintest werden durch Vertrautheit mit den Aufgabentypen, Arbeitstechniken und Zeitvorgaben deutlich gesteigert.
www.testtutor.ch/cms/EMS-Training (30.11.2016)

Aber wie funktioniert überhaupt der Numerus-Clausus-Test? Wir fokussieren uns hier auf die Schlauchfigur-Aufgaben:
Mit Hilfe eines Fotos soll ein dreidimensionales Problem gelöst werden.

Wer hat Recht? Sind z. B. Schlauchfiguraufgaben trainierbar oder nicht? Wir entwickeln im GP-Unterricht selbst ein Trainingsprogramm.

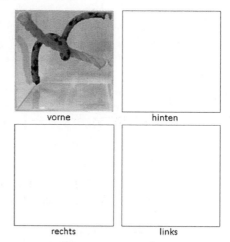

Abb. 30: Übung 1 *Abzeichnen*

- Die Lernenden erhalten die in Abb. 30 abgebildete Box (als realen Gegenstand) und sollen die anderen Ansichten zeichnen. Ziel: Genaues Hinschauen und Entwickeln eines zweidimensionalen Modells. (In der Originalaufgabe sind auch die Ansichten von oben und unten abgebildet.)
- Erkennt man nun in einem zweiten Schritt ohne Box und ohne Zeichnung die verschiedenen Ansichten wieder (Abb. 31)?

Abb. 31: Übung 2 ohne Verwendung der Box

114

- Jetzt versuchen wir zum Kern der Aufgabe vorzustoßen. Statt der Schläuche werden diesmal nur möglichst einfache Strecken dargestellt. Man muss nun auch nicht mehr „um den Würfel herumlaufen", sondern rotiert diesen bloß im Kopf. Dabei verfolgen wir die Bahn von ausgesuchten Punkten und versuchen Gesetzmäßigkeiten zu formulieren.

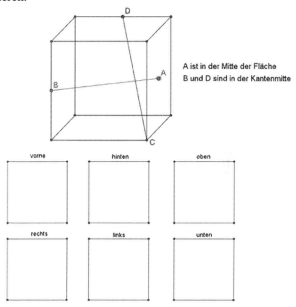

Abb. 32: Übung 3 mit Strecken statt Schläuchen

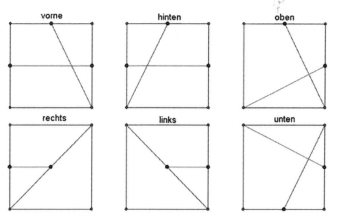

Abb. 33: Lösungen zu Übung 3

Geometrisches Praktikum: Die Erfolgsgeschichte eines Faches

- Jetzt sollen die Erkenntnisse formuliert werden. Sofort merkt man, dass Spiegelungen zwischen gegenüberliegenden Ansichten bestehen. Zusätzlich stellt man fest, dass z.B. Endpunkte bei einer horizontalen Drehung sich auch auf einer horizontalen Linie bewegen. Wir haben noch eine Reihe weiterer Hilfen formuliert.
- Nun versuchen wir uns nochmals am Originaltest. Wir merken sofort, dass Aufgabe 49 und 51 spiegelverkehrte Bilder zeigen. Also muss es sich da um die Rückseite handeln.

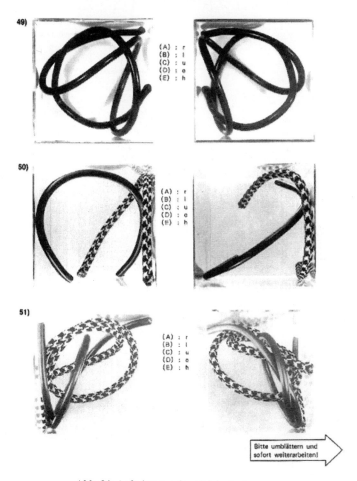

Abb. 34: Aufgaben aus dem Originaltest

116

Stimmt jetzt die Behauptung, dass die Schlauchfigurenaufgaben nicht trainierbar sind? Was sagen die Lernenden dazu?

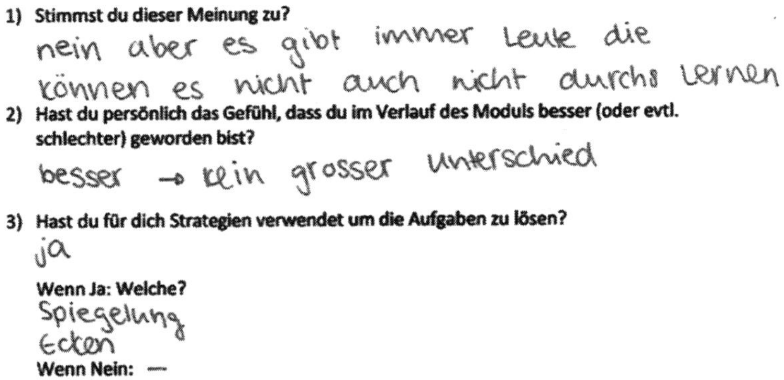

1) Stimmst du dieser Meinung zu?

nein aber es gibt immer Leute die können es nicht auch nicht durchs Lernen

2) Hast du persönlich das Gefühl, dass du im Verlauf des Moduls besser (oder evtl. schlechter) geworden bist?

besser → kein grosser Unterschied

3) Hast du für dich Strategien verwendet um die Aufgaben zu lösen?

ja

Wenn Ja: Welche?

Spiegelung
Ecken

Wenn Nein: —

Abb. 35: 1. Meinung

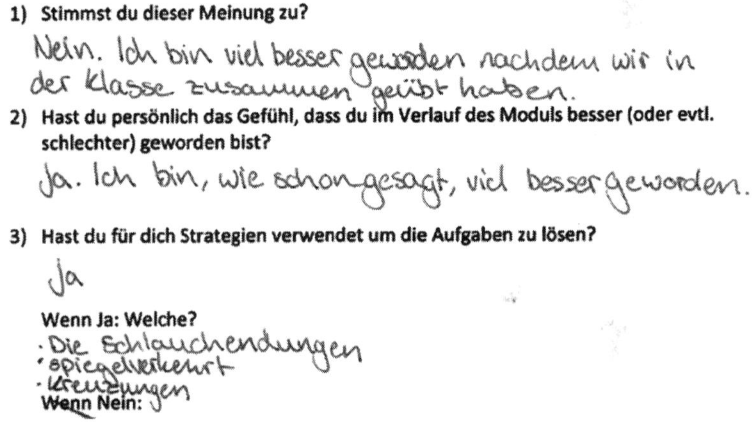

1) Stimmst du dieser Meinung zu?

Nein. Ich bin viel besser geworden nachdem wir in der Klasse zusammen geübt haben.

2) Hast du persönlich das Gefühl, dass du im Verlauf des Moduls besser (oder evtl. schlechter) geworden bist?

Ja. Ich bin, wie schon gesagt, viel besser geworden.

3) Hast du für dich Strategien verwendet um die Aufgaben zu lösen?

Ja

Wenn Ja: Welche?

- *Die Schlauchendungen*
- *Spiegelverkehrt*
- *Kreuzungen*

Wenn Nein:

Abb. 36: 2. Meinung

Fadenkunst und Bézierkurven

Über die Fadenkunstwerke wollen wir mit den Lernenden zur Bézierkurve kommen. Zuerst hier aber einige gelungene Schülerbeispiele, bei denen die Bézierkurve als Hüllkurve sichtbar wird.

Geometrisches Praktikum: Die Erfolgsgeschichte eines Faches

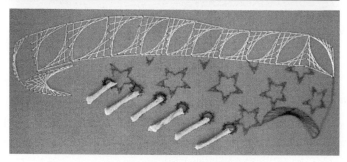

Abb. 37: Beispiele zur Fadenkunst

Mit den Lernenden erstellen wir ein GeoGebra-Werkzeug, das bei Eingabe von drei Punkten und der Anzahl Fäden (n) automatisch die „Fadenkunst-

Figur" erzeugt. Hier ist sicher die Hilfe der Lehrperson erforderlich, da die Aufgabe für Lernende des 7. Schuljahres nicht ganz einfach ist.

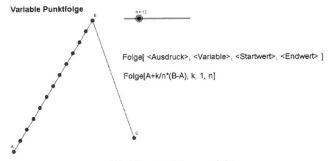

Abb. 38: erster Lösungsschritt

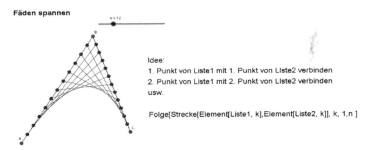

Abb. 39: zweiter Lösungsschritt

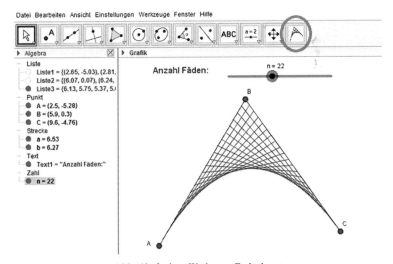

Abb. 40: fertiges Werkzeug *Fadenkunst*

Die Lernenden kreieren nun mit dem Werkzeug ihre eigenen Kunstwerke. Für die Wahl der Farben wird auch die Zusammenarbeit mit der Zeichnungslehrerin gesucht. Hinter diesen Schülerarbeiten stecken viel Fleiß, Engagement und Herzblut.

Erste Versuche entstehen mit Bleistift und Farbstift (Abb. 42).

Abb. 41: Rosette

Abb. 42: erste Skizzen

Damit die Farbwahl nicht einfach zufällig bleibt, müssen die Lernenden die Wahl der einzelnen Farben begründen und ihre beabsichtigte Wirkung aufschreiben:

> *Bei der Eule habe ich mich für violette Töne entschieden, weil diese Farben sehr geheimnisvoll wirken und eine Eule wirkt sehr geheimnisvoll. Den schwarzen Hintergrund habe ich gewählt, weil die Eule in der Nacht wach ist.*

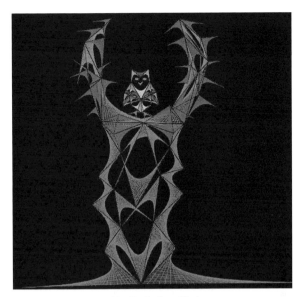

Abb. 43: fertiges Werk

Abb. 44: Alien

Abb. 45: in GeoGebra mit animierten Bällen

Geometrisches Praktikum: Die Erfolgsgeschichte eines Faches

Abb. 46: unterschiedliche Farbwirkungen

In den Hüllkurven sah man schon die Bézierkurven. Jetzt wollen wir einen direkten Zugang zu diesen Kurven und ihren Anwendungen finden.

Pierre Bézier war Ingenieur bei Renault. Er erfand seine Kurven, um Autos zu designen. Und dazu braucht man sie u. a. immer noch, wie ein Bericht (Tagesanzeiger vom 3.5.2016) über die Pressekonferenz zu einem neuen Seat zeigt.

Joaquin Garcia: «Nur Dilettanten zeichnen Autos mit dem Lineal.» Foto: Seat

Abb. 47: Seat-Designer bei der Pressekonferenz

Dabei macht der Seat-Designer folgende Aussagen:

- Nur Dilettanten zeichnen Autos mit dem Lineal.
- Gerade Linien und Parallelen verbieten sich.
- Wir fordern die Ingenieure heraus.
- Nach den Skizzen wird das Auto am Computer entworfen.

Wir versuchen es auch: Zuerst entwerfen wir mit Bleistift ein Auto. Anschließend wird die Zeichnung in GeoGebra eingefügt. Nun müssten eigentlich Bézierkurven darüber gelegt werden.

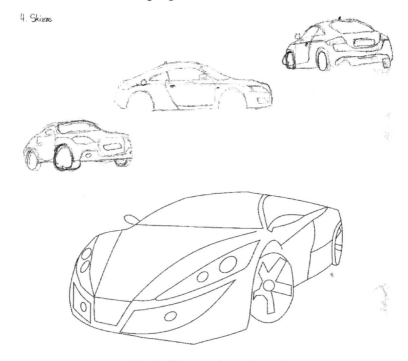

Abb. 48: Skizze und fertiger Entwurf

Leider gibt es aber in GeoGebra keine Bézierkurven. Wir entwickeln selber ein Werkzeug „Bézier". Zuerst arbeiten wir mit **3 Kontrollpunkten**.

Konstruktionsidee:

- Eingabe A, B, C
- Teilungspunkte D, E, F teilen die Strecken im gleichen Verhältnis

- Wenn D auf AB fährt, erzeugt die Ortskurve von F die Bézierkurve (hier eine Parabel).

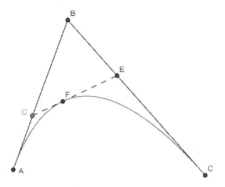

Abb. 49: Konstruktion

Mit **vier Kontrollpunkten** lassen sich vielfältigere Kurven erzeugen. Diese Konstruktion wird nun als Werkzeug abgespeichert. Jetzt muss man nur noch die vier Punkte A, B, C und D eingeben und schon erscheint die Bézierkurve.

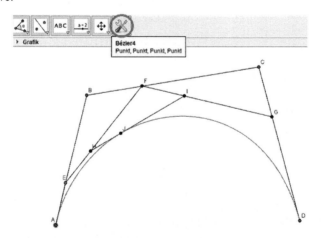

Abb. 50: Werkzeug *Bézier4*

Es lassen sich erstaunlich viele Kurven erzeugen. Mit dem Begriff der Tangente schaffen es die Lernenden, Kurven knickfrei zusammenzusetzen.

Rolf Bänziger

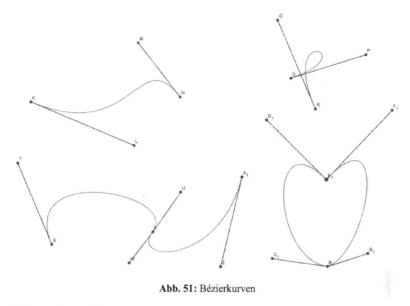

Abb. 51: Bézierkurven

Weitere Anwendungen:

- Bézierkurven werden über das Foto gelegt. Die Hilfspunkte werden nachher wieder gelöscht.

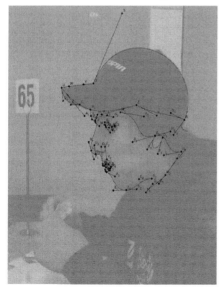

Abb. 52: Foto   Abb. 53: Realisierung mit Bézierkurven

125

Abb. 54: „HipHop"

Abb. 55: Name als Logo

Warum ist das Fach entstanden? Grundlegende Ideen und Visionen

Vor 10 Jahren wurde in diesen Lektionen noch Technisches Zeichnen unterrichtet. Die Lernenden sollten Bleistift- und Tuschzeichnungen herstellen. Bewertet wurde vor allem die Exaktheit der Ausführungen. Dazu gab es auch einige Versuche in Richtung CAD. Trotzdem stand das Fach in Kritik, man fand es zu einseitig. Das technische Fach sprach zudem viele Mädchen gar nicht an.

Abb. 56: Technisches Zeichnen

Es stellte sich die Frage, wie man das Fach reformieren und mit zusätzlichen Inhalten füllen könnte. Wir entwickelten an unserem Gymnasium viele spannende Ideen. Diese neuen Ideen versuchten wir umzusetzen und hielten die umfassendere Ausrichtung dann auch im Lehrplan fest.

Auszüge aus dem Lehrplan:

Das Geometrische Praktikum erleichtert durch seinen ganzheitlichen Ansatz den Einstieg in den gymnasialen Mathematikunterricht. Es fördert aber generell Kompetenzen, die beim Problemlösen und Forschen wichtig sind: etwas aufmerksam zu betrachten, ohne vorschnell Schlüsse zu ziehen, gezielt zu fragen und Vermutungen aufzustellen, im Austausch mit andern beharrlich nach Lösungen zu suchen, diese zu überprüfen und darzustellen. Der thematischen Ausrichtung des Faches gemäß werden ganz besonders das logische Denken, das räumliche Vorstellungsvermögen und – der vielen praktischen Arbeiten wegen – das manuelle Geschick gefördert. Die Schülerinnen und Schüler haben Zeit zu experimentieren und selber Entdeckungen zu machen. Mehr als im Mathematikunterricht wird gezeichnet, auf Papier und am Computer konstruiert und gebastelt. So können Sachverhalte „handfest" vermittelt werden.

Praktische Konsequenzen:

- Das CAD-Programm wurde durch eine Dynamische Geometriesoftware ersetzt.
- Exaktes Arbeiten soll immer noch stattfinden, aber nicht mehr zentral sein.
- Zudem wollten wir die Mädchen wieder ansprechen. Durch die Namensänderung von *Technischem Zeichnen* zu *Geometrischem Praktikum* sollte der Kulturwandel sichtbar gemacht werden.

Organisation

Wie bereits erwähnt, findet der Unterricht im 7. Schuljahr, d.h. im 1. Schuljahr am Gymnasium statt. Die Lernenden müssen sich dann zwischen Latein und GP entscheiden (durchschnittliches Wahlverhalten 25% : 75%). Die Mathematiklehrperson unterrichtet meist auch das Fach GP, sodass allfällige Synergien genutzt werden können. Der Unterricht in Halbklassen ermöglicht individualisiertes Lehren und Lernen. Der Halbklassenunterricht findet im GP-Zimmer statt, wo für jeden Lernenden ein Pult sowie ein PC zur Verfügung steht.

Geometrisches Praktikum: Die Erfolgsgeschichte eines Faches

Abb. 57: GP-Zimmer

GP-Module: Übersicht und Einteilung

Den GP-Stoff haben wir in einzelnen Modulen festgehalten. Diese Module sind von den GP-Lehrpersonen entwickelt worden. Andere Lehrpersonen dürfen diese Module ergänzen oder umschreiben. Dies ermöglicht den Unterrichtenden eine gewisse Lehrfreiheit. Einige Vorgaben müssen jedoch von allen Lehrpersonen eingehalten werden, damit für das Fach GP eine ähnliche Struktur erhalten bleibt.

obligatorisch	Wahlpflicht Aus jedem der drei Bereiche muss mindestens ein Modul ausgewählt werden.	freie Wahl
• Einführung GeoGebra • Spezielle Linien im Dreieck	**Raumgeometrie** • Ebene Schnitte durch Würfel • Platonische Körper, archimedische Körper • Zeichnen im Punktgitter • Schlauchfiguren **Exaktes Zeichnen** • Optische Täuschungen • Pentominos • Zeichenübungen **Kurven** • Bézierkurven • Kegelschnitte • Spiralen	• Euler, ein Mann der Geschichte und der Mathematik • Goldener Schnitt • Gotikfenster • Klassische Probleme der Geometrie (Winkeldreiteilung, Quadratur des Kreises,...) • Kopfgeometrie mit Würfeln • Max Bill • Perspektive • Pop-Ups • Regelmässige Sterne • Rotierende Körper

Abb. 58: Einteilung der Module

Die ausformulierten Module mit allen benötigten Angaben (Autor, Anzahl vorgesehene Lektionen, Voraussetzungen für die Lernenden, Prüfungen, ...)

sind auf unserem Schulserver gespeichert. Periodisch finden Weiterbildungen für neue Lehrpersonen oder Einführungen in neue Module statt.

Feedback der Lernenden

Bis jetzt wurden zwei Feedbacks durchgeführt:

- Eine fachinterne Evaluation am 1.7.2012 mit 364 Lernenden. Rücklaufquote: 98.1%
- Eine externe Evaluation (zusätzlich über weitere Fächer) am 26.9.2013 mit 967 Lernenden. Rücklaufquote: 89%

Die beiden Evaluationen wurden äußerst seriös durchgeführt. Ihre Ergebnisse stimmen für das GP praktisch überein. Da die fachinterne Evaluation mehr Details zeigt, werde ich mich auf Ausschnitte daraus beschränken.

Die Beschreibung des GP Unterrichtes

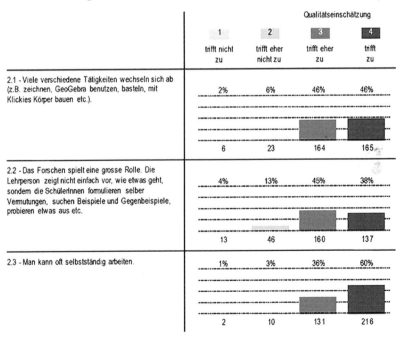

Abb. 59: Beschreibung

Den Unterricht empfinden die Lernenden als abwechslungsreich. Man kann u.a. forschen und selbständig arbeiten.

Macht man das auch gerne?

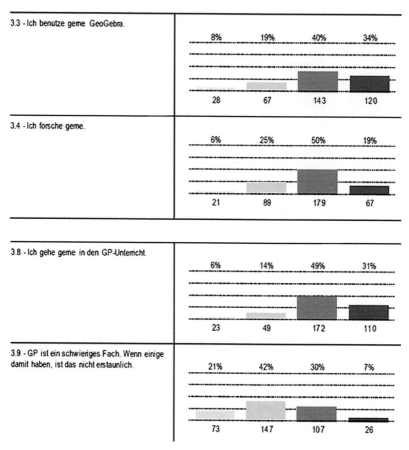

Abb. 60: Wertungen

Mit diesem Ergebnis sind wir sehr zufrieden. Beim „normalen" Mathematikunterricht würden wir wahrscheinlich nicht auf diese Werte kommen.

Kommen die Mädchen wieder?

1	Mädchen	48%	172
2	Junge	52%	188

Abb. 61: Mädchen kommen wieder!

Gibt es unterschiedliche Vorlieben von Mädchen und Knaben?

	Vorlieben:	zeichnen	basteln	GeoGebra	forschen	nachschlagen	vortragen	Abwechslung	GP allg
Mädchen	nicht so gerne	15%	30%	35%	37%	54%	47%	6%	23%
	gerne	84%	70%	65%	62%	45%	52%	94%	76%
Knaben	nicht so gerne	34%	64%	18%	25%	44%	57%	13%	18%
	gerne	66%	35%	81%	75%	56%	42%	85%	81%

Abb. 62: Vorlieben der Mädchen und Knaben

Vor allem sticht der Unterschied beim Basteln ins Auge. Mädchen basteln gerne, bei den Knaben trifft dies nur auf jeden dritten zu. Sowohl Mädchen wie auch Knaben kommen gerne in den GP-Unterricht.

Fazit

- GP fördert überfachliche Fähigkeiten (Selbständigkeit, Forschen, Kreativität, Planen, Erkenntnisse formulieren und vermitteln).
- Im GP werden zur normalen Schulgeometrie auch andere Aspekte der Geometrie gezeigt.
- Die Lernenden sind motiviert, aber auch ihre Lehrpersonen.
- Das Fach spricht Knaben genauso an wie Mädchen.

- Man kann das GP als eine zehnjährige Erfolgsgeschichte bezeichnen.

Potentielle Zukunft/ Entwicklung des Geometrie-Praktikums

Edmond Jurczek

Zusammenfassung. Der hiermit präsentierte Beitrag über die Entwicklung des/eines Geometrie-Praktikums („GP') auf der Unterstufe eines Gymnasiums knüpft nahtlos an den Beitrag von Rolf Bänziger, Zug, an. Namentlich werde ich mich auf die von Herrn Bänziger zitierten ‚GP-Module' beziehen, dann nämlich wenn es um deren wie von mir genannte ‚horizontale' beziehungsweise ‚vertikale' Entwicklung geht.

Nun, aufgerufen von der GDM, den Hauptvortrag nämlich möglichst mit dem Zeitgeist zu verknüpfen (wörtlich stand seitens des AK Geometrie einladend der Aufruf zur expliziten Konkretisierung im Geometrieunterricht wie zum Beispiel ‚Weltbeobachtungen als Denkanstöße'), ist es mir eine Freude, folgende weiterführenden Gedanken zu präsentieren.

‚Horizontale' Entwicklung

Das aktuelle Geometrie-Praktikum der Kantonsschule Zug wird mit seinen bestehenden Modulen wie zum Beispiel ‚Ebene Schnitte durch Würfel', Platonische Körper', ‚Zeichnen im Punktgitter', Schlauchfiguren', ‚Optische Täuschungen', ‚Bézierkurven', ‚Kegelschnitte', ‚Spiralen' oder ‚Fadenkunst' seinem Namen vollauf gerecht, handelt es sich hiermit doch um rein geometrische Theorien und/oder Anwendungen.

So gesehen können die GP-Module beispielsweise erweitert werden mit Modulen und entsprechenden Themenbereichen wie:

- Schneeflocke mit den Themenbereichen Symmetrie, Kristallisation, Symmetrie-Bruch, fraktale Dimension
- Milchstraße mit den Themenbereichen Zehnerpotenzen, Makro- und Mikrokosmos, Kosmologie

Eine solche Entwicklung des Faches GP nenne ich bewusst eine ‚horizontale Entwicklung', weil sie sich auf der (horizontalen) Ebene der Geometrie und der Analytik bewegt (Analytik im Sinne von Brockhaus: *Kunst, Lehre und Verfahren der Analyse*).

Bewegt man sich gedanklich aber über diese Ebene hinaus, so zum Beispiel wenn man an den so genannten ‚Goldenen Schnitt' in der Malerei oder an die Baukunst gotischer Fenster denkt, oder gar an grafische Kunstwerke des

Schweizer Malers Max Bill (1908, Winterthur – 1994, Berlin), so gehen solche Themen bzw. Module aus dieser Ebene heraus, und eröffnen eine ‚vertikale Entwicklung' des GP.

Interessanterweise haben sich in Zug teilweise solche Ansätze von neuen Modulen hier und da wage gezeigt, ohne dass dabei allerdings der große Zusammenhang hin zu einer Entwicklung von Wissenschafts- und Kunstgeschichte gesehen oder gar ausgelebt wurde. Und genau diese vertikalen Schritte sollen nun systematisch angegangen werden.

‚Vertikale' Entwicklung

Junge Menschen sind heute in eine Welt hineingeboren, die technische Errungenschaften, und im Besonderen technische Geräte, nicht mehr als Kunstwerke wahrnimmt. Das steht mit modernem Konsumverhalten generell – und mit dem Wegwerfverhalten von technischen Konsumgütern im Besonderen – in direktem Zusammenhang.

Abb. 1: Überblick über das Fach ‚Geometrie-Praktikum'

Das kantonale Fach *Geometriepraktikum* bietet sich – wie nachfolgend aufgezeigt werden soll – an, den Zusammenhang zwischen Kunst und Wissenschaft über mehrere geistige Entwicklungsstufen bzw. Schuljahre hinweg auf wunderbare Weise pädagogisch heranzuziehen, indem man einerseits aus der klassischen Geometrie heraus zuerst das **Design**, daraus den **Stil** und daraus wiederum die **Kunst** heranzieht und, andererseits über den Weg der **Algebra** bzw. **Arithmetik** und **Analytik** und dann über die **Ästhetik** stufenweise zur **Wissenschafts-Methodik** vordringt (siehe Abb. 1).

Vorgeschlagen wird damit ganz konkret ein neuer Bildungsgang, der aus dem GP quasi als Einstiegsfach heraus sowohl Kunstgeschichte als auch Wissenschaftsgeschichte individuell heranzieht und, als Höhepunkt, dazwischen eine Brücke schlägt! Namentlich die Wissenschaftsgeschichte hat bis heute kaum Einzug in die Lehrpläne von Gymnasien genommen, obwohl gerade durch sie viel Freude an technischer Wissenschaft und Einsicht in Lehre und Forschung geschenkt werden könnte. Man denke nur an die historisch belegten Wege & Irrwege herausragender Persönlichkeiten wie Max Planck oder Wolfgang Pauli.

> *Niemand wird wohl je einen Picasso fortwerfen, bloß das Handy das ist – in immer kürzer werdender Halbwertszeit – stets von neuem ‚veraltet'.*

Ziel ist es, bei den Schülern auf gymnasialer Stufe ein erweitertes Bewusstsein heranwachsen zu lassen, damit sie später im Rahmen ihrer beruflichen Tätigkeiten unsere gemeinsame Zukunft verantwortungsvoll gestalten und entwickeln. Dabei kommt nach Ansicht des Autors dem Wesen der Ästhetik – in Abb. 1 besonders ersichtlich – eine bedeutungsvolle wenn nicht gar wegweisende Stellung zu. Mit den Abbildungen 2 und 3 sollen nun zwei konkrete mögliche Themen in ‚vertikaler' Richtung erklärt werden; beides sind Themen zu einem neuen Modul ‚Energie und Information'.

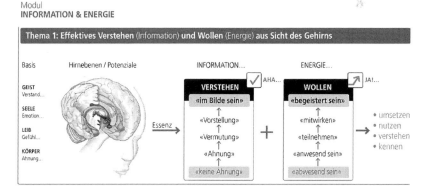

Abb. 2: Modul ‚Information und Energie', Thema 1

Abb. 3: Modul ‚Information und Energie', Thema 2

Modul-Thema ‚Perspektive' als ein Stück Wissenschaftsgeschichte

Schon lange bevor Schriften entwickelt wurden, hat der Mensch geometrische Strukturen wahrgenommen und praktisch umgesetzt: so entstehen zum Beispiel beim Weben und Flechten zweidimensionale Muster, und ohne dreidimensionale Körper wie Quader, Würfel oder Pyramide ist keine systematische Bautätigkeit denkbar.

Euklid, der berühmte griechische Mathematiker des 4. Jahrhunderts v. Chr., genoss bis ins 19. Jahrhundert uneingeschränktes Ansehen und bildete damit länger als 2000 Jahre die Grundlage der Ausbildung in Mathematik und im Besonderen in Geometrie.

Und wer würde an dieser Stelle vermuten, dass die Entdeckung der Perspektive durch die Malerei des Mittelalters für eine Entwicklung des abendländischen Menschen ausschlaggebend war, die das Stürzen der dogmatisch anmutenden euklidischen Geometrie bei weitem übertrifft.

Der Autor spricht hier von einer Entwicklung, die für die Entfesselung der Technik verantwortlich zeichnet und die unsere abendländische Wahrnehmung der Welt bis heute für einen viel zu hohen Preis beschränkt hält, indem der ungeheuer anmutende Fokus auf Raum und Zeit uns bis heute zu unglaublichen Messbereichen in Raum und Zeit führte (vgl. ‚Thema 2', dargelegt in Abb. 3), uns die Erforschung des Wesens der Energie aber aus dem Blickwinkel gleiten ließ. Energie geht wesentlich über das Studium von Vakuum, elementaren Teilchen und Molekülen hinaus! Richten wir unsere Aufmerksamkeit auf die Perspektive und auf das, was sie im 15. Jahrhundert im Bewusstwerdungsprozess des Europäers veränderte: In der Malerei Giottos und Masaccios (siehe Gebser 1986, S. 50) trat diese sichtbare Erfassung des Raumes erstmals zu Tage.

Akzeptiert man die Interpretation Dürers, so leitet sich Perspektive vom lateinischen Verbum *perspicere* her, was *durchsehen* bedeutet. Damit schafft die Perspektive auch dem Lichte die Möglichkeit, sich im Raum auszubreiten. Sie schafft den Körpern Platz, sich plastisch zu entfalten und zu bewegen. Welch unbewusste Vorarbeit für die Raum-Zeit-Theorie von Albert Einstein hier herausfunkelt!

Die Perspektive – welch plastischer Ausdruck für die Bewusstwerdung um den Raum und seine Objektivierung.

Mit Leonardo da Vinci erreichte die Beherrschung aller perspektivischer Mittel wohl ihre Vervollkommnung. In dem *Trattato della pittura* findet sich die erste nicht nur theoretische, sondern wissenschaftliche Beschreibung aller möglichen Arten der Perspektive und zum ersten Male auch die Auseinandersetzung mit dem Licht als einer Realität unserer Augen. Ebenso epochemachend war dabei die Aufstellung der Gesetze der Perspektive, indem sie die technische Zeichnung ermöglichten, die einen wesentlichen Ausgangspunkt für die technische Entwicklung unserer Zeit darstellt. Landschaftsbilder ließen das Raumerlebnis zu einem Allgemeinbesitz werden. Eine immer dominanter werdende Landschaftsmalerei breitete sich über ganz Europa aus, und Claude Lorrain, Constable, Corot, C.D. Friedrich, Courbet, Manet, Monet und Renoir sowie Van Gogh und Rousseau sind nur einige Namen großer europäischer Meister.

Es geht in diesem Modul also darum, die Bedeutung einer Entdeckung in der Kunst des Malens für die Wissenschaft schlechthin auszuleuchten. In diesem Sine soll hier auch ein gutes Stück Wissenschaftsgeschichte unterrichtet werden.

Die Perspektive, Sprengstoff des mittelalterlichen Weltbildes

Der Raum war vordringliches Thema des Zeitalters der Renaissance, und mit den Impulsen, mit denen Leonardo da Vinci das Problem der Perspektive löste, wurden Bewegungen und nahezu parallele Ereignisse ausgelöst, die mit dieser Raumfindung Leonardos einher gingen: Kopernikus sprengt den begrenzten geozentrischen Himmel und entdeckt den heliozentrischen Raum; Kolumbus sprengt den einschließenden Ozean und entdeckt den Erdraum; Vésale, der erste große Anatomist, sprengt die alten Körperlehren und entdeckt den Körperraum; Harvey sprengt die an Körpersäfte gebundene Medizin eines Hippokrates und entdeckt den Blutkreislauf; Kepler sprengt das unperspektivische, kreis- und flächenhafte Weltbild der Antike, indem er statt der Kreisbewegung der Planeten ihre Ellipsenbahn nachweist – es ist dies auch jene Ellipse, die Michelangelo in der Architektur vorbereitete; Galilei vertieft den Einbruch in den Raum durch Perfektionierung und astronomische Anwendung des Teleskops, bis schließlich, durch Leonardo da Vinci selbst vorbereitet, der Mensch auch den Raum der Luft und den untermeerischen Raum zu erobern beginnt.

Selbstverständlich lassen sich parallel dazu mit der GeoGebra-Software und Körper-Modellen mit 1-3 Fluchtpunkten durch die Schülerschaft zum Beispiel Gebäude wunderbar gestalten und mittels Fluchtpunkt-Verschiebungen attraktiv dynamisieren.

Und es ließe sich zum Schluss des Moduls – auch im Sinne einer Überleitung auf 2.2 – ausführen, dass die Geschichte der Perspektive der Triumph der Befestigung und Systematisierung der so genannten Außenwelt in Raum und Zeit war. Diese offensichtlich jahrhundertlange konzentrierte Erforschung von Raum und Zeit widerspiegelt sich heute in dem nahezu gigantischen Ausmaß an Durchmessbarkeit: den Raum können wir durchmessen von 10^{-18}m als Größenordnung eines Quarks, damit nicht grösser als ein Tausendstel eines Protons, bis hin zu 10^{+25}, die Größenordnung des heute messbaren Kosmos, die Distanz der weitentferntesten Galaxien außerhalb des Milchstraßensystems. Und auch die der Zeit vermögen wir heute gut 40 Zehnerpotenzen zu durchmessen: 10^{-24} Sekunden als die Zeit die ein Lichtstrahl benötigt, einen Atomkern zu durchqueren, bis hin zu 10^{+17} Sekunden, die Zeit, die wir heute als Alter des Universums zu vermuten haben.

Welch ein Siegeszug der Technik und der Forschung, die mit Messungen arbeitet, und welch eine Überlastung des objektiven Außen wir uns im Abendland geleistet haben. Heute, in der ausgehenden perspektivischen Epoche, ist mit der Raum-Zeit-Besessenheit die Zeitangst wohl das bezeichnendste Merkmal des kulturellen Wahrnehmungs- und Verhaltensmusters des Okzidents. Zeitsucht, insofern alle und jeder darauf aus ist, *Zeit zu gewinnen* - nur welche paradieslose Zeit wird *gewonnen*? Jene natürlich, die sich greifbar in räumliche Mehrtätigkeit umsetzen lässt, und jene, die, hat man sie endlich, dann totgeschlagen werden muss, weil es schlicht an Energie fehlt, aufmerksam zu leben, und die Zeit an sich diesen Mangel an Motivation und Kraft nicht wettzumachen vermag.

Ich kann so viel Zeit haben wie ich will, wenn es dabei an Energie fehlt, etwas umzusetzen, geschieht im Wesentlichen nichts; und umgekehrt: verfüge ich über Energie, verliert die Zeit selbst während der Umsetzung spürbar an Bedeutung, ist sie doch im Schaffensakt selbst gar nicht mehr wahrnehmbar: sie zählt nicht mehr; wahre Worte sind wie umgekehrt.

Die Zeitangst äußert sich auch im Versuch, die Zeit durch Materialisierung festzuhalten, sie in die Hand zu bekommen, da mehr als einer der Überzeugung ist, Zeit sei Geld – nur welche Zeit lässt sich in Geld umsetzen? Jene Zeit, die der räumlichen Zwangsvorstellung entspringt, *Zeit ausfüllen* zu müssen, als wäre sie ein Eimer oder irgendein Gefäß.

Der Außenwelt als der Welt aller wahrnehmbaren Phänomene in Raum und Zeit soll also eine Innenwelt entgegengesetzt werden, dies im Sinne von etwas Ergänzendem, sprich Komplementärem. Außenwelt und Innenwelt sollen zusammen vollständig sein. Interessanterweise wurde der Begriff der Komplementarität im Rahmen der Erforschung der Atome von der Physik aufgegriffen (Meier 1992). In der aktuellen Lehre gibt es zu Raum und Zeit komplementäre Begriffe: komplementär zum Raum ist das Momentum, in der Physik der so genannte Impuls, und komplementär zur Zeit ist die Energie.

Modul-Thema ‚Effektives Verstehen (Information) und Wollen (Energie)'

Der enorme Fokus auf Raum & Zeit, den uns die Entdeckung der Perspektive über die letzten vier Jahrhunderte hinweg beschert hat, soll hier ein Stück weit kompensiert werden durch eine Betrachtung von Information und Energie im Zusammenhang des humanen Lernprozesses: So sollen Schüler erkennen, wie bzw. nach welchen Kriterien ‚Lernen' vermutlich funktioniert.

Das ‚Thema 1' (dargelegt in Abb. 2) erläutert Stufen des Verstehens sowie des Wollens im Rahmen der Entwicklung des menschlichen Gehirns: die Fachliteratur (siehe z. B. Beck et al. 2016) unterscheidet hierzu vier Entwicklungsstufen beim humanen Gehirn:

KÖRPER	Ahnung bzw. Vorgefühl	Hirnstamm, verlängertes Mark, Brücke
LEIB	Gefühl	limbisches System, Amygdala (Mandelkern)
SEELE	Emotion	Thalamus, Hypophyse (Hirnanhangdrüse)
GEIST	Gedanke	Cortex (Großhirn)

Schüler erhalten damit eine Einsicht in grundlegende, jeweils zu erklimmende Stufen beim Verstehen – die im Idealfall zu einem Zustand wie ‚ich bin im Bilde' führen – sowie beim Wollen – was im Idealfall zu einem Zustand wie ‚ich bin begeistert' führen kann.

Viele neue Aufgaben warten auf die jetzt anstehende Jugend des 21. Jahrhunderts, und neben ‚kennenlernen' und ‚verstehen' werden Fähigkeiten wie ‚nutzen' und ‚umsetzen' von vielleicht entscheidender Bedeutung.

Solche innermenschlichen Prozesse dem Lernenden bewusst werden zu lassen erscheint dem Autor auf gymnasialer Stufe als eine neue Pflicht.

Und als Nebeneffekt wird bestimmt der eine oder die andere auf eine biologische Disziplin aufmerksam gemacht, die in den letzten Jahrzehnten kaum wie eine andere an Popularität gewonnen hat: die Neurobiologie. Hirnforschung ist erneut angesagt; dass sich Menschen für das Nervensystem und das Gehirn interessieren, ist dabei nicht neu. Seit der Antike beschäftigen sich Wissenschaftler mit der Funktionsweise des Gehirns und untersuchen seine Geheimnisse, mit teils verblüffenden Ergebnissen, die in unsere Alltagswelt eindringen.

Literatur

Gebser, J. (1986). Ursprung und Gegenwart. Erster Teil. Schaffhausen: Novalis Verlag.

Beck, H.; Anastasiadou, S.; Meyer zu Reckendorf, C. (2016): Faszinierendes Gehirn. Berlin, Heidelberg: Springer Spektrum.

Meier, C.A. (Hrsg.) (1992): Wolfgang Pauli und C.G. Jung – Ein Briefwechsel 1932–1958. Berlin, Heidelberg: Springer.

Langfristige Entwicklung geometrischer Vorstellungen im Geometrieunterricht

Manfred Schmelzer

Zusammenfassung. *„Bilder sagen mehr als tausend Worte"* Die bildliche Darstellung mathematischer Inhalte tritt m. E. in der Schule zu sehr in den Hintergrund, vielleicht weil formale algebraische Repräsentationen scheinbar effizienter sind. In den Schulbüchern basieren die Herleitungen in der Analysis und Geometrie in der Regel auf Termumformungen, obwohl diese im bayerischen Mathematik Test BMT den geringsten Bearbeitungserfolg aufweisen. Daher soll hier die Entwicklung geometrischer Vorstellungen in den Vordergrund gerückt werden. Die bekannten Figurierungen zum Satz von Pythagoras sollen stärker mit den Methoden der analytischen Geometrie: Skalarprodukt, Normalform und dem Additionsverfahren vernetzt werden.

Einleitung

Mit Sicherheit gibt es für den Schulunterricht schönere und anschaulichere Visualisierungen von Geraden und Ebenen sowie deren Lagebeziehungen als in diesem Artikel. Wieso die nachfolgenden Ausführungen *„mehr Geometrie im Geometrieunterricht"* liefern sollen, mag daher nicht offensichtlich sein. Durch eine zum rechnerischen Lösen von Schnittpunktgleichungen zusätzliche semantische und ikonische Vorstellung soll die Kernaufgabe des Mathematikunterrichts, das schlussfolgernde Denken, stärker geschult werden. Hierzu wird das Skalarprodukt als Teil- oder Ergänzungsfläche der Seitenquadrate in der Pythagoras-Figur repräsentiert. Die linke Seite der Hesseschen Normalform $\dfrac{\vec{n} \circ (\vec{X} - \vec{A})}{|\vec{n}|} = 0$ einer Ebene mit Aufpunkt A und Normalenrichtung $\vec{n}$ wird so zur Seitenlänge einer Skalarproduktfläche $\vec{n} \circ \overrightarrow{AX}$ längs der Richtung $\vec{n}$.

Durch eine solche zusätzliche, begleitende Vorstellung wird die Berechnung eines Schnittpunktes, Abstandes etc. eher nicht vereinfacht. Insofern sind solche theoretischen Reflektionen, dessen was gerechnet wird, keine unmittelbare Abiturvorbereitung. Sie sind aber m. E. unerlässlich zur Entwicklung langfristiger mathematischer Kompetenzen als Grundlage des kreativen und logischen Denkens im Studium und zum Transfer solcher impliziter Fähigkeiten in das späteren Berufsleben der Schüler.

Längen und Flächeninhalte sind in der elementaren Geometrie stets positiv. Algebraische Formeln wie z. B. die quadratische Ergänzung behalten jedoch auch bei negativen Einsetzungen ihre Richtigkeit; so gilt $x^2 + 2ax = (x+a)^2 - a^2$ für $a > 0$ und auch für $a < 0$. Die Figurierung solcher Identitäten erfordert meistens eine Fallunterscheidung. Daher wurden früher in der Algebra positive und negative Einsetzungen als verschiedene Formeln betrachtet, wie z. B. bei der 1. und 2. binomischen Formel.

Je nachdem ob zwischen den beteiligten Vektoren einer linearen Gleichung $\vec{c} = \lambda \vec{a} + \mu \vec{b}$ ein spitzer- oder stumpfer Winkel liegt, ergeben sich verschiedene geometrische Repräsentation. Dies gilt insbesondere für die Darstellung des Additionsverfahrens in den Abb. 11 bis 14, die jeweils nur einen einzigen Fall skizzieren. Dies kann auch zu vielfachen Irritationen führen.

Figuren zu den binomischen Formeln und zur Mitternachtsformel

In einer lösbaren quadratischen Gleichung $0 = x^2 - sx + p$ sind s die Summe und p das Produkt der beiden Lösungen a, b.

Mit der Summe s und der Differenz $d = b - a$, sowie den halbierten Werten $m = \tfrac{1}{2}s$ und $e = \tfrac{1}{2}d$ lautet die Lösungsformel $a,b = m \pm e = \tfrac{1}{2}(s \pm d)$:

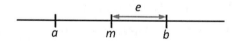

Abb. 1: Zwei Zahlen a, b von deren Mitte m aus betrachtet.

Es sind a,b ebenso Summe und Differenz. Die 3. binomische Formel lässt sich für die Produkte $sd = (b+a)(b-a)$ und $ba = (m+e)(m-e) = m^2 - e^2$ anwenden. Mit $m^2 - e^2 = \tfrac{1}{4}(s^2 - d^2)$ ergibt sich die Übersichtstabelle:

b	a	s	d
$b^2 - a^2$	=	sd	
ba	=	$\tfrac{1}{4}(s^2 - d^2)$	

Mit $4ba = s^2 - d^2$ lässt sich die Differenz $d = \sqrt{s^2 - 4p}$ aus der Summe s und dem Produkt $p = ba$ berechnen. Aus $a,b = \tfrac{1}{2}(s \pm d)$ folgt schließlich:

Satz **[Lösungsformel für quadratische Gleichungen – „*pq-Formel*"[1]]:**
Eine lösbare quadratische Gleichung $0 = x^2 - sx + p$ *hat die beiden Lösungen* $a, b = \dfrac{s \pm \sqrt{s^2 - 4p}}{2}$.

Eine Visualisierung der *pq*-Formel ergibt sich mit einem quadratischen Bilderrahmen aus vier gleichen Rechtecken der Seitenlängen a, b :

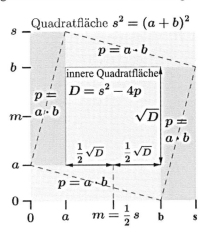

Abb. 2: Bilderrahmenfigur zur „*pq*-Formel"

Die Gesamtfläche $s^2 = (a+b)^2$ setzt sich aus vier äußeren Rechteckflächen $p = ab$ und der inneren Quadratfläche $D = s^2 - 4p$ zusammen. Von der Mitte $m = \tfrac{1}{2} s$ der Seitenlänge $s = a + b$ aus ergeben sich die Seitenlängen a, b durch Addition bzw. Subtraktion der halben Kantenlänge $\tfrac{1}{2}\sqrt{D}$ der inneren Fläche. Für die Lösungen a, b einer Gleichung $0 = x^2 - sx + p$ gilt:

$$a, b = \frac{s \mp \sqrt{D}}{2} \text{ mit } D = s^2 - 4p.$$

---

[1] Bei einer quadratischen Gleichung $0 = x^2 + px + q$ lautet die Lösungsformel bekanntermaßen $a, b = \dfrac{-p \pm \sqrt{p^2 - 4q}}{2}$, daher der Name „*pq*-Formel". Bei unseren Bezeichnungen könnte man also von einer „$(-s)$-*p*-Formel" sprechen.

Schneidet man einen inneren Teil der „pq-Figur" längs der Rechteckdiagonalen aus, so ergeben sich eine „innere" und „äußere" Figur in den Abb. 3a und 3b: Diese Abbildungen illustrieren die 1. und 2. binomische Formel sowie den Satz von Pythagoras.

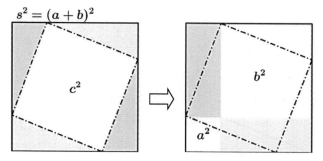

Abb. 3a: äußere Figur zur 1. binomischen Formel und zum Satz von Pythagoras

Die quadratische Fläche $s^2 = (a+b)^2$ hat in Abb. 3a zwei Aufteilungen, woraus sich der Satz von Pythagoras und die 1. binomische Formel ergeben:

$$\begin{array}{l} \text{links}: s^2 = c^2 + 2ab \\ \text{rechts}: s^2 = a^2 + b^2 + 2ab \end{array} \Rightarrow \begin{array}{l} (a+b)^2 = a^2 + b^2 + 2ab \\ a^2 + b^2 = c^2. \end{array}$$

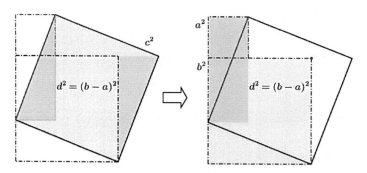

Abb. 3b: innere Figur zur 2. binomischen Formel

Die Fläche c^2 im linken Bild der Abb. 3b hat mit vier Dreiecken und dem Quadrat d^2 der Differenz $d = b-a$ eine Aufteilung, die rechts zu einer zweiten Figur der gleichen Gesamtfläche $a^2 + b^2$ neu angeordnet ist:

$$\begin{array}{l} \text{links}: c^2 = d^2 + 2ab \\ \text{rechts}: \quad d^2 + 2ab = a^2 + b^2 \end{array} \Rightarrow \begin{array}{l} (b-a)^2 = a^2 + b^2 - 2ab \\ c^2 = a^2 + b^2. \end{array}$$

Geometrische Repräsentation des Skalarproduktes als Flächeninhalt

Die Hubarbeit W längs einer schiefen Ebene s der Höhe h ist gleich groß wie beim senkrechten Anheben. Die Hangabtriebskraft F_s wirkt längs der schiefen Ebene $\vec{s}$:

$$W = \vec{F}_G \circ \vec{s} = F_s \cdot s = |\vec{F}_G| \cdot h.$$

Zeichnet man an das von der schiefen Ebene $\vec{s}$ und der Gewichtskraft $\vec{F}_G$ aufgespannte Dreieck Seitenquadrate, so werden die Produkte $F_s \cdot s$ bzw. $|\vec{F}_G| \cdot h$ in Abb. 4 als gleichgroße Teilflächen der Seitenquadrate dargestellt.

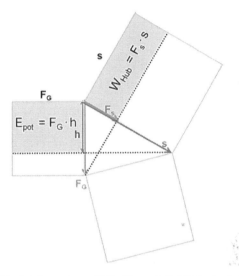

Abb. 4: Die Hubarbeit längs einer schiefen Ebene als Teilfläche der Seitenquadrate

Zwei von einer Ecke C wegzeigende Vektoren $\vec{a}, \vec{b}$ spannen ein Dreieck ABC auf, mit der Differenz $\vec{c} = \vec{b} - \vec{a}$ (bzw. $-\vec{c} = \vec{a} - \vec{b}$) als drittem Seitenvektor. Mit $a = |\vec{a}| = \sqrt{a_1^2 + a_2^2 + a_3^2}$ wird die Vektorlänge von $\vec{a}$ und zugleich die der Ecke A gegenüberliegende Seite von ABC bezeichnet.

Die Unterteilung der Seitenquadrate a^2, b^2 und c^2 eines spitzwinkligen Dreiecks ABC durch dessen verlängerte Höhen ergibt sechs Teilflächen, die in Abb. 5 mit A_A, A_A', A_B, A_B' und A_C, A_C' bezeichnet sind:

Langfristige Entwicklung geometrischer Vorstellungen

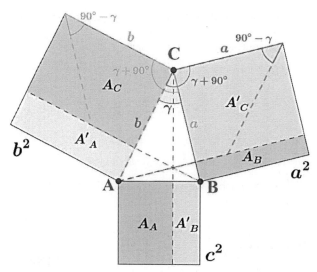

Abb. 5: Unterteilung der Seitenquadrate durch Höhenlinien in flächengleiche Rechtecke

In Abb. 5 sind zwei Parallelogramme mit denselben Seitenlängen a, b und gleich großen Innenwinkeln $90°+\gamma$, $90°-\gamma$ erkennbar, sie sind also kongruent. Sie gehen durch eine Drehung um $90°$ in der Ecke C auseinander hervor. Deren Flächeninhalt ist zugleich derjenige der Rechtecke A_C und $A_C{}'$, also folgt $A_C = A_C{}'$, entsprechend folgen $A_B = A_B{}'$ sowie $A_A = A_A{}'$. In (Haag 2003) wird entsprechend formuliert:

Satz [Haag]: *In einem spitzwinkligen Dreieck unterteilen die Höhenlinien die Seitenquadrate in insgesamt sechs Teilflächen. Je zwei in einer gemeinsamen Ecke anliegende Teilflächen haben denselben Flächeninhalt.*

Dieser Satz verallgemeinert den Kathetensatz in rechtwinkligen Dreiecken. Aus den Flächengleichheiten $A_C = A_C{}'$, $A_B = A_B{}'$ und $A_A = A_A{}'$ folgt:

$$\begin{aligned} 2A_C &= A_C{}'+A_C = A_C{}'+A_B + A_C + A_A{}' - (A_B + A_A{}') \\ 2A_C &= 2A_C{}' = a^2 + b^2 - c^2 \end{aligned}.$$

Der Term $a^2+b^2-c^2$ misst die „Abweichung" vom rechten Innenwinkel in der Ecke C. Die Berechnung $A_C{}'= A_C = \frac{1}{2}(a^2+b^2-c^2)$ der Teilflächen aus den Seitenlängen bzw. deren Quadraten wird später als geometrischer Kosinussatz bezeichnet.

Spannen die Vektoren $\vec{a}, \vec{b}$ ein stumpfwinkliges Dreieck ABC auf, dann wird der Betrag $|\vec{a} \circ \vec{b}|$ des Skalarproduktes durch Flächen repräsentiert, die (teilweise) außerhalb der Seitenquadrate liegen. Mit dem Lotpunkt L der Ecke A auf der gegenüberliegenden Geraden BC bezeichnen $b_a := \overline{CL}$ und $c_a := \overline{BL}$ jeweils die Projektion der Seiten b und c auf die Gerade BC.

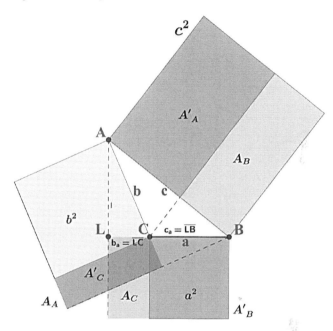

Abb. 6: Zerlegung und Ergänzung der Seitenquadrate mit flächengleichen Rechtecken

Liegt der stumpfe Winkel wie in Abb. 6 in der Ecke C, dann ergänzt sich das Seitenquadrat a^2 mit der Fläche $A_C = a \cdot b_a$ zu:

$$A_B' := ac_a = a^2 + ab_a = a^2 + A_C.$$

Entsprechend seien A_A und A_C' festgelegt mit $A_A = b^2 + A_C'$. Mit kongruenten Parallelogrammen, die durch eine $90°$ – Drehung auseinander hervorgehen, ergeben sich die dieselben Flächengleichheiten wie im spitzwinkligen Dreieck:

$$A_A = A'_A, \quad A_B = A'_B \text{ und } A_C = A'_C.$$

Die in einer Ecke anliegenden Teilflächen haben denselben Inhalt. Es gilt eine dem spitzwinkligen Fall entsprechende Flächenbilanz:

$$A_B + A_B' = A_B + A_A' + A_B' - A_C - (A_A - A_C')$$
$$A_B + A_B' = \quad c^2 \quad + \quad a^2 \quad - \quad b^2$$

In $A_B = \frac{1}{2}(c^2 + a^2 - b^2)$, wird das der Ecke B gegenüberliegende Seitenquadrat b^2 abgezogen. Analog folgt $A_A = \frac{1}{2}(c^2 + b^2 - a^2)$. Beim stumpfen Winkel γ bei C ergibt sich jedoch ein abweichendes Vorzeichen:

$$A_C + A_C' = A_B + A_A' - (A_B' - A_C) - (A_A - A_C')$$
$$A_C + A_C' = \quad c^2 \quad - \quad a^2 \quad - \quad b^2 \quad .$$

Es folgt $A_C = -\frac{1}{2}(a^2 + b^2 - c^2)$. Mit dem Indikator $\delta_\gamma = 1$, falls γ ein spitzer Winkel ist und $\delta_\gamma = -1$ falls γ ein stumpfer Winkel ist gilt:

Satz [geometrischer Kosinussatz]: *Die in einer Ecke eines Dreiecks ABC anliegenden Teilflächen oder Ergänzungsflächen der Seitenquadrate bis zu den Höhenlinien lassen sich anhand der Seitenquadrate berechnen. Für eine in einer Ecke C mit Innenwinkel γ anliegende Fläche A_C gilt:*

$$\delta_\gamma A_C = \tfrac{1}{2}(a^2 + b^2 - c^2).$$

Der Begriff „Kosinussatz" folgt aus dem Projektionssatz $\delta_\gamma A_C = ab\cos\gamma$.

Eine positiv definite symmetrische ***R***-Bilinearform ist durch ihre Norm eindeutig festgelegt, es gilt die Polarisationsformel $\vec{a} \circ \vec{b} = \tfrac{1}{2}(a^2 + b^2 - c^2)$ mit der Differenz $\vec{c} = \vec{b} - \vec{a}$. Aus $\vec{a} \circ \vec{b} = \delta_\gamma A_C$ folgt nun:

Satz [Flächenrepräsentation für Skalarprodukte]: *Zwei von einem Punkt C wegzeigende Vektoren $\vec{a}, \vec{b}$ spannen ein Dreieck ABC auf, mit Innenwinkel γ in der Ecke C. Das Produkt $A_C = ab_a$ der Seite a mit der Projektion b_a der Seite b auf a repräsentiert das Skalarprodukt bis auf das Vorzeichen:*

$$\vec{a} \circ \vec{b} = \begin{cases} A_C \text{ falls } \gamma \text{ spitzwinklig ist} \\ -A_C \text{ sonst} \end{cases}$$

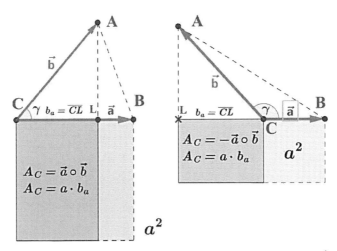

Abb. 7: Skalarprodukt als Teil- oder Ergänzungsfläche des Seitenquadrats a^2.

Es ergibt sich die folgende Übersicht:

geometr. Kosinussatz	$\frac{1}{2}(a^2+b^2-c^2) =$	$\delta_\gamma A_C$
Projektionssatz		$\delta_\gamma A_C = ab\cos\gamma$
Kosinussatz Sek.1	$\frac{1}{2}(a^2+b^2-c^2) =$	$ab\cos\gamma$
Polarisationssatz	$\vec{a}\circ\vec{b} = \frac{1}{2}(a^2+b^2-c^2)$	
Kosinussatz	$\vec{a}\circ\vec{b} =$	$ab\cos\gamma$

Der Kosinussatz quantifiziert den SSS-Kongruenzsatz. Entscheidend für eine geometrische Betrachtung der analytischen Geometrie wird im Folgenden die Interpretation des Skalarprodukts als Flächeninhalt sein:

$$\left|\vec{a}\circ\vec{b}\right| = A_C .$$

Senkrechte Richtungen

Zwei Vektoren $\vec{a}, \vec{b}$ stehen senkrecht aufeinander genau dann wenn der Satz von Pythagoras im von $\vec{a}$ und $\vec{b}$ aufgespannten Dreieck gilt. Die Orthogonalität zweier Vektoren mit Skalarprodukt Null folgt schon aus dem Polarisationssatz. Mit der Differenz $\vec{c} = \vec{b} - \vec{a}$ gilt:

$$\vec{a} \perp \vec{b} \Leftrightarrow \vec{a}\circ\vec{b} := \tfrac{1}{2}(\vec{a}+\vec{b}-\vec{c}) = 0$$

Langfristige Entwicklung geometrischer Vorstellungen

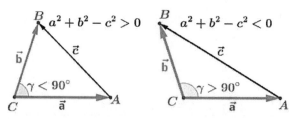

Abb. 8: nicht senkrecht stehende Vektoren mit $\frac{1}{2}(a^2 + b^2 - c^2) \neq 0$.

Das Skalarprodukt $\vec{a} \circ \vec{b}$ dient ohne Kenntnis weiterer Eigenschaften als Test dafür, ob die beiden Vektoren $\vec{a}, \vec{b}$ senkrecht aufeinander stehen.

Zum Lösen von linearen Gleichungen werden geeignete senkrechte Richtungen benötigt, hierzu notieren wir:

Satz [senkrechte Richtungen]: *Für zwei nicht parallele Vektoren $\vec{a}, \vec{b}$, d. h. mit $\vec{b} \neq \alpha \vec{a}$ und $\vec{a} \neq 0$ gilt:*

- *Höchstens einer der drei zu $\vec{a}$ senkrechten Vektoren*

$$\begin{pmatrix} 0 \\ a_3 \\ -a_2 \end{pmatrix}, \begin{pmatrix} -a_3 \\ 0 \\ a_1 \end{pmatrix}, \begin{pmatrix} a_2 \\ -a_1 \\ 0 \end{pmatrix}$$

steht senkrecht auf $\vec{b}$!

- *Das Vektorprodukt $\vec{n} = \vec{a} \times \vec{b}$ wie unten definiert steht sogar auf beiden Vektoren senkrecht, es gilt $\vec{n} \circ \vec{a} = 0$ und $\vec{n} \circ \vec{b} = 0$ für*

$$\vec{n} = \vec{a} \times \vec{b} := b_1 \begin{pmatrix} 0 \\ a_3 \\ -a_2 \end{pmatrix} + b_2 \begin{pmatrix} -a_3 \\ 0 \\ a_1 \end{pmatrix} + b_3 \begin{pmatrix} a_2 \\ -a_1 \\ 0 \end{pmatrix}.$$

Die erste Aussage liefert eine geeignete Zeilenkombination im Additionsverfahren mit zwei Variablen. Eine solche zu finden wird oft der Intuition der Schüler überlassen.

Richtungskoordinaten und Projektion auf eine vorgegebene Richtung

Längs eines Richtungsvektors $\vec{n} \neq 0$ definieren wir für einen Vektor $\vec{b}$ bzw. Ortsvektor $\vec{P}$ eines Punktes P deren Richtungskoordinate durch:

$$P_n := \frac{\vec{P} \circ \vec{n}}{|\vec{n}|} \text{ bzw. } b_n := \frac{\vec{b} \circ \vec{n}}{|\vec{n}|}.$$

Es sind P_n, b_n die vorzeichenbehafteten Längen der Skalarproduktflächen $\vec{P} \circ \vec{n}$ bzw. $\vec{b} \circ \vec{n}$ in der Richtung von $\vec{n}$:

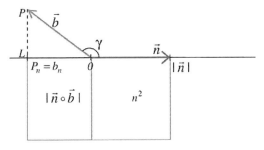

Abb. 9a: Projektion eines Punktes P auf eine Richtung (z. B. die x-Achse)

Der Lotpunkt L von P auf der Ursprungsgeraden $\vec{X} = \lambda \vec{n}$ hat den Abstand $|P_n|$ zum Ursprung und den Ortsvektor $\vec{L} = P_n \frac{\vec{n}}{|\vec{n}|}$. In Abb. 9a zeigt $\vec{b} = \vec{P}$ entgegengesetzt zu $\vec{n}$, daher ist $P_n = b_n$ negativ. Verläuft in Abb. 9a der Richtungsvektor $\vec{n}$ längs der positiven x-Achse, dann ist – mit dem Abstand $r = |\vec{P}|$ zum Ursprung und Winkel γ zur positiven x-Achse – $P_n = r \cdot \cos \gamma = p_x$ die x-Koordinate des Punktes P.

Die Bildung der Richtungskoordinate ist eine lineare Funktion. Für eine Linearkombination $\vec{c} = 2\vec{a} + 3\vec{b}$ wie in Abb. 9b gilt $c_n = 2a_n + 3b_n$:

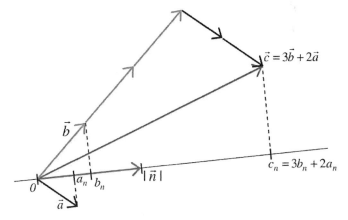

Abb. 9b: Linearität der Richtungskoordinaten

Langfristige Entwicklung geometrischer Vorstellungen

Die Richtungskoordinaten längs der x_1-, x_2- oder x_3-Koordinatenachsen sind die üblichen Punktkoordinaten oder Vektorkoordinaten. Ein Vektor $\vec{v} = \begin{pmatrix} v_1 \\ v_2 \\ v_3 \end{pmatrix}$ hat mit $\vec{n}_1 = \begin{pmatrix} 1 \\ 0 \\ 0 \end{pmatrix}$ die Richtungskoordinate $v_{n_1} = \dfrac{\begin{pmatrix} v_1 \\ v_2 \\ v_3 \end{pmatrix} \circ \begin{pmatrix} 1 \\ 0 \\ 0 \end{pmatrix}}{\left| \begin{pmatrix} 1 \\ 0 \\ 0 \end{pmatrix} \right|} = v_1$ in der

x_1-Richtung, und v_2, v_3 sind die Richtungskoordinaten in x_2-, x_3-Richtung.

Geometrische Sonderfälle der Flächeninterpretation des Skalarproduktes

Für spezielle Werte der Winkel γ, β in Abb. 10a-10d ergeben sich im Kosinussatz $c^2 = a^2 + b^2 - 2\vec{a} \circ \vec{b}$ besondere Flächeninhalte $\vec{a} \circ \vec{b}$, aus denen bekannte Sätze der Mittelstufe folgen.

Die in der Ecke C anliegenden gleichgroßen Skalarproduktflächen $\vec{a} \circ \vec{b}$ sind farbig (bzw. mittelgrau), die Seitenquadrate hellgrau und sonstige Ergänzungsflächen dunkelgrau schraffiert. Die gestrichelten (verlängerten) Höhenlinien verlaufen teils innerhalb und teils außerhalb der Seitenquadrate.

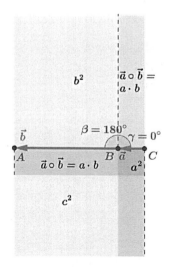

Abb. 10a: 2. Binomische Formel

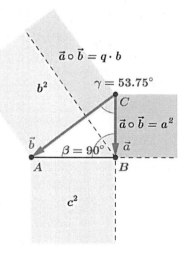

Abb. 10b: Kathetensatz

- Mit $\gamma = 0°$ zeigen $\vec{a}, \vec{b}$ in Abb. 10a in die gleiche Richtung, mit $\vec{a} \circ \vec{b} = a \cdot b$ und der Längendifferenz $c = b - a$ für $\vec{c} = \vec{b} - \vec{a}$ folgt die 2. Binomische Formel:

$$(b-a)^2 = c^2 = a^2 + b^2 - 2\vec{a} \circ \vec{b} = a^2 + b^2 - 2a \cdot b$$

- Mit $\beta = 90°$ und dem Hypotenusenabschnitt $q = a_b$ und der Projektion $b_a = a$ gilt in Abb. 10b der Kathetensatz:

$$\vec{a} \circ \vec{b} = a^2 = b \cdot q$$

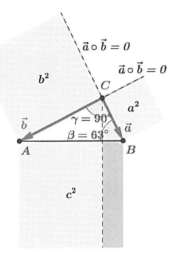
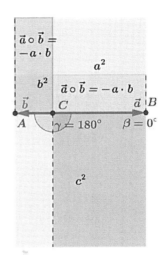

Abb. 10c: Satz von Pythagoras **Abb. 10d:** 1. Binomische Formel

- Mit $\gamma = 90°$ in Abb. 10c gilt $\vec{a} \circ \vec{b} = 0$ und somit der Satz von Pythagoras:

$$c^2 = a^2 + b^2 - 2\vec{a} \circ \vec{b} = a^2 + b^2$$

- Mit $\gamma = 180°$ zeigen $\vec{a}, \vec{b}$ in Abb. 10d entgegengesetzt: $\vec{a} \circ \vec{b} = -a \cdot b$. Mit der Längensumme $c = b + a$ für $\vec{c} = \vec{b} - \vec{a}$ ergibt sich die 1. Binomische Formel:

$$(b+a)^2 = c^2 = a^2 + b^2 - 2\vec{a} \circ \vec{b} = a^2 + b^2 + 2a \cdot b.$$

Der Satz zur Flächenrepräsentation des Skalarprodukts verallgemeinert somit die Sätze von Pythagoras und die binomischen Formeln.

Langfristige Entwicklung geometrischer Vorstellungen

Streckenzüge und lineare Gleichungen in der analytischen Geometrie

Schnittpunkte und Abstände von Punkten, Geraden und Ebenen ergeben sich aus Berechnungen an nicht rechtwinkligen Dreiecken, die sich mit linearen Gleichungen lösen lassen.

Additionsverfahren für lineare Gleichungen

Das Additionsverfahren basiert auf der Multiplikation eines Streckenzuges bzw. einer linearen Gleichung

(*) $\vec{c} = \lambda \vec{a} + \mu \vec{b}$,

deren Vektoren $\vec{a}, \vec{b}$ linear unabhängig sind ($\vec{b} \neq \alpha \vec{a}$, $\vec{a} \neq 0$) mit einer trennenden Richtung $\vec{n}$, die z.B. auf $\vec{a}$ senkrecht steht, aber nicht auf $\vec{b}$. Mit $\vec{n} \circ \vec{a} = 0$ und $\vec{n} \circ \vec{b} \neq 0$ wird die Variable λ eliminiert. Im Beispiel addiert der Vektor $\vec{n} = \begin{pmatrix} -5 \\ 3 \\ 0 \end{pmatrix}$ das 3-fache der 2. Zeile zum −5-fachen der 1. Zeile:

$\vec{c} = \lambda \vec{a} + \mu \vec{b} \mid \circ \vec{n}$ $\begin{pmatrix} 3 \\ 13 \\ 2 \end{pmatrix} = \lambda \begin{pmatrix} 3 \\ 5 \\ 1 \end{pmatrix} + \mu \begin{pmatrix} 5 \\ 11 \\ 2 \end{pmatrix} \begin{vmatrix} \cdot -5 \\ \cdot 3 + \\ \cdot 0 + \end{vmatrix}$

$\vec{n} \circ \vec{c} = \lambda \cdot 0 + \mu \vec{n} \circ \vec{b}$ $(-15 + 39) = \lambda \cdot 0 + \mu(-25 + 33)$

$\vec{n} \circ \vec{c} = \mu \vec{n} \circ \vec{b}$ $24 = \mu \cdot 8$

Die Einschränkung des Lösungsraums auf $\mu_0 = 3$ ergibt sich zeichnerisch durch das Verhältnis $\vec{n} \circ \vec{c} = \mu_0 \vec{n} \circ \vec{b}$ der Skalarproduktflächen in Abb. 11.

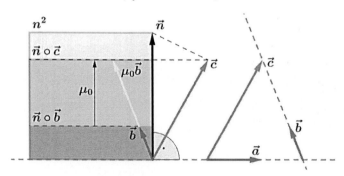

Abb. 11: Lösung einer linearen Gleichung durch das Skalarprodukt $\vec{n} \circ \vec{c} = \mu_0 \vec{n} \circ \vec{b}$.

Die Vektoren $\vec{c}$ und $\mu_0 \vec{b} = 3\vec{b}$ zeigen gleichweit in Richtung $\vec{n}$, während der „eliminierte" Vektor $\vec{a}$ senkrecht auf $\vec{n}$ steht.

Im Ausnahmefall eines ungeeigneten Zeilenvektors $\vec{n}$ mit $\vec{n} \circ \vec{b} = 0$ würde sich auch μ eliminieren. Dann liefert der Satz zu den senkrechten Richtungen einen zweiten Zeilenauswahlvektor $\vec{n}'$ mit $\vec{n}' \circ \vec{a} = 0$ aber $\vec{n}' \circ \vec{b} \neq 0$.

Ob das Gleichungssystem nun lösbar ist, entscheidet sich anhand der verbleibenden Zeilen, mit denen das Additionsverfahren fortzusetzen ist:

$\vec{c} = \lambda \vec{a} + 3\vec{b}$ bzw. $\begin{pmatrix} 24 \\ 13 \\ 2 \end{pmatrix} = \lambda \begin{pmatrix} 0 \\ 5 \\ 1 \end{pmatrix} + 3 \begin{pmatrix} 8 \\ 11 \\ 2 \end{pmatrix}$ $\begin{array}{l} \lambda \text{ frei wählbar} \\ \Rightarrow \lambda = -4 \\ \Rightarrow \lambda = -4 \end{array}$.

Für $\vec{c} = \begin{pmatrix} 3 \\ 13 \\ c_3 \end{pmatrix}$ mit $c_3 \neq 2$ wäre das Gleichungssystem $\vec{c} = \lambda \vec{a} + \mu \vec{b}$ unlösbar.

Die Auswahl einer Zeile bzw. die Bildung einer neuen Zeilenkombination durch das Skalarprodukt ist eine Funktionsanwendung auf beide Seiten der linearen Gleichung. Somit können sich Scheinlösungen ergeben, die durch die Weiterführung des Additionsverfahrens auszuschließen sind.

Abstand eines Punktes zu einer Ebene

Für einen Punkt X und eine Ebene $E: \vec{X}' = \vec{C} + \lambda \vec{a} + \mu \vec{b}$ mit Aufpunkt C spannen die senkrechte Richtung $\vec{n} = \vec{a} \times \vec{b}$ und der Verbindungsvektor $\overrightarrow{CX}$ ein Dreieck mit Seitenquadrat n^2 auf.

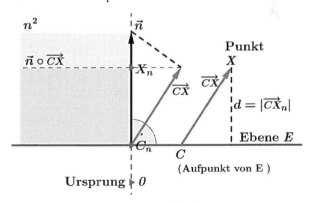

Abb. 12: Der Abstand zur Ebene E ist die Höhe $|\overrightarrow{CX_n}|$ der Skalarproduktfläche $\vec{n} \circ \overrightarrow{CX}$

Langfristige Entwicklung geometrischer Vorstellungen

In Abb. 12 wird das Skalarprodukt $\vec{n} \circ \overrightarrow{CX}$ durch eine Teilfläche von n^2 repräsentiert. Deren Höhe d längs $\vec{n}$ ist die Richtungskoordinate $\overrightarrow{CX}_n$ bzw. die Differenz $X_n - C_n$ der Richtungskoordinaten der Punkte C und X in Richtung $\vec{n}$:

$$d = |\overrightarrow{CX}_n| = |X_n - C_n|.$$

Es ist offensichtlich d der kürzeste Abstand des Punktes X zur Ebene E. Eine Kontrollrechnung mit dem Streckenzug-Ansatz $\overrightarrow{CX} = \mu\vec{v} + \lambda\vec{n}$ mit $\vec{n} \circ \vec{v} = 0$ für einen geeigneten Vektor $\vec{v}$ innerhalb von E ergibt den Abstand $d = |\lambda_0 \vec{n}|$ aus der eindeutigen Lösung $L = \{\lambda_0\}$ von:

$$\overrightarrow{CX} = \mu\vec{v} + \lambda\vec{n} \,|\, \circ \vec{n}$$
$$\vec{n} \circ \overrightarrow{CX} = \lambda\vec{n} \circ \vec{n}$$

$$d = |\lambda_0 \vec{n}| = \left|\frac{\lambda_0 \vec{n} \circ \vec{n}}{|\vec{n}|}\right| = \left|\frac{\vec{n} \circ \overrightarrow{CX}}{|\vec{n}|}\right| = |X_n - C_n|.$$

Ist dieser Abstand Null, dann gehört X zur Ebene selbst. Diese wird also durch die zwei folgenden Gleichungen mit $c = \vec{n} \circ \vec{C}$ implizit beschrieben:

NF: $\quad X \in E \Leftrightarrow \vec{n} \circ \overrightarrow{CX} = \vec{n} \circ \vec{X} - c = 0 \Leftrightarrow n_1 x_1 + n_2 x_2 + n_3 x_3 - c = 0$

HNF: $\quad X \in E \Leftrightarrow \dfrac{\vec{n} \circ \overrightarrow{CX}}{|\vec{n}|} = \overrightarrow{CX}_n = X_n - C_n = \dfrac{n_1 x_1 + n_2 x_2 + n_3 x_3 - c}{|\vec{n}|} = 0$

Alle Punkte der Ebene E werden als Lösungsmenge einer Gleichung beschrieben, in der Normalform NF durch den gemeinsamen Skalarproduktwert $\vec{n} \circ \vec{X} = c$ aller Punkte X der Ebene E. Die Hessesche Normalform HNF hat – als Normalform – einen Richtungsvektor $\frac{1}{|\vec{n}|}\vec{n}$ der Länge 1 und einen positiven Skalarproduktwert $c = \vec{n} \circ \vec{C} > 0$.

Schnittpunkt einer Ebene mit einer Geraden

Eine Gerade $g: \vec{X} = \vec{B} + \lambda\vec{u}$ hat mit der Ebene $E: \vec{X} = \vec{A} + \mu\vec{v} + \gamma\vec{w}$ mit Normalenrichtung $\vec{n}$ genau dann einen Schnittpunkt S, wenn die Geradenrichtung $\vec{u}$ nicht parallel zur Ebene verläuft: $\vec{n} \circ \vec{u} \neq 0$. Das Additionsverfahren löst dann die Schnittpunktgleichung mit dem Zeilenauswahlvektor $\vec{n}$:

$$\vec{S} = \vec{B} + \lambda\vec{u} = \vec{A} + \mu\vec{v} + \gamma\vec{w} \quad |\circ \vec{n},\ -\vec{n}\circ\vec{A}$$
(*) $\quad \vec{n}\circ(\vec{B}+\lambda\vec{u}) - \vec{n}\circ\vec{A} = 0$
$\quad \vec{n}\circ\overrightarrow{AB} + \lambda\vec{n}\circ\vec{u} = 0$

Aus $\vec{n}\circ\vec{u} \neq 0$ folgt eine eindeutige Lösung $L = \{\lambda_0\}$ mit Schnittpunkt $\vec{S} = \vec{B} + \lambda_0\vec{u}$.

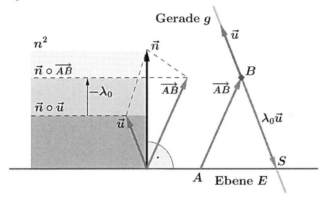

Abb. 13: Die Vektoren $\overrightarrow{AB}$ und $-\lambda_0\vec{u}$ zeigen gleichweit in Normalenrichtung.

Die zur Abb. 13 passende Lösung λ_0 der Gleichung (*) ist negativ, da $\vec{u}$ vom Aufpunkt B weg von der Ebene E zeigt. Der Betrag $-\lambda_0$ ergibt sich als Flächenverhältnis der Skalarproduktflächen:

(*) $\quad \vec{n}\circ\overrightarrow{AB} = -\lambda_0 \cdot \vec{n}\circ\vec{u}$.

Da in Abb. 13 zudem $\vec{n}$ ebenfalls in denselben Halbraum wie $\overrightarrow{AB}$ und $\vec{u}$ zeigt und der Vektor $\vec{n}$ länger als $\overrightarrow{AB}$ und $\vec{u}$ ist, sind die Skalarprodukte $\vec{n}\circ\overrightarrow{AB}$ und $\vec{n}\circ\vec{u}$ positiv und als Teilflächen des Seitenquadrats n^2 repräsentiert.

Genaugenommen ist (*) nur eine Gleichung zwischen den Maßzahlen der Flächeninhalte. Räumlich sind $\vec{n}\circ\overrightarrow{AB}$ und $\vec{n}\circ\vec{u}$ Teilflächen von zwei verschiedenen Flächen vom Inhalt n^2 mit einer gemeinsamen Kante der Länge $\left|\overrightarrow{AB_n}\right|$ längs des Normalenvektors $\vec{n}$, da i. a. die Vektoren $\vec{n}, \overrightarrow{AB}$ und $\vec{u}$

nicht linear abhängig sind. Derselbe Sachverhalt gilt auch in Abb. 14 und 11.

Schnittpunkt zweier Geraden mit dem Additionsverfahren

Für zwei nicht parallele Geraden $g: \vec{X} = \vec{B} + \lambda \vec{u}$, $h: \vec{X} = \vec{A} + \mu \vec{v}$ ist der Aufpunktverbindungsvektor $\overrightarrow{AB} = \lambda \vec{u} + \mu \vec{v}$ Linearkombination der Richtungsvektoren, genau dann wenn sich die Geraden schneiden. Mit linear unabhängigen Richtungen $\vec{u} \neq \alpha \vec{v}$ existiert zum Additionsverfahren ein geeigneter Zeilenauswahlvektor $\vec{n}$.

Vertauscht man – mit Vorzeichenwechsel – zwei Koordinaten des Richtungsvektors $\vec{v} = \begin{pmatrix} v_1 \\ v_2 \\ v_3 \end{pmatrix}$ zu $\vec{n} = \begin{pmatrix} 0 \\ v_3 \\ -v_2 \end{pmatrix}$, so ist $\vec{n}$ die zu $\vec{v}$ und $\vec{e}_1 = \begin{pmatrix} 1 \\ 0 \\ 0 \end{pmatrix}$ senkrechte Normalenrichtung einer Hilfsebene $H: \vec{X} = \vec{A} + \mu \vec{v} + \gamma \vec{e}_1$, welche die zweite Gerade h enthält. Die Schnittpunktgleichung lautet somit:

(*) $$\begin{aligned} \vec{S} = \vec{B} + \lambda \vec{u} &= \vec{A} + \mu \vec{v} + \gamma \vec{e}_1 \quad | \circ \vec{n}, \; -\vec{n} \circ \vec{A} \\ \vec{n} \circ (\vec{B} + \lambda \vec{u}) - \vec{n} \circ \vec{A} &= 0 \\ \vec{n} \circ \overrightarrow{AB} + \lambda \vec{n} \circ \vec{u} &= 0. \end{aligned}$$

Die Skalarproduktflächen $\vec{n} \circ \overrightarrow{AB} = -\lambda_0 \vec{n} \circ \vec{u}$ bzw. Richtungskoordinaten $AB_n = -\lambda_0 u_n$ in Abb. 14 sind gleich groß:

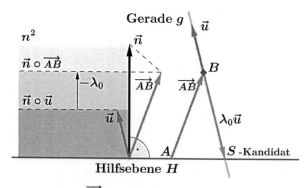

Abb.14: Die Vektoren $\overrightarrow{AB}$ und $-\lambda_0 \vec{u}$ zeigen gleichweit in Normalenrichtung.

Ob der Punkt $\vec{S} = \vec{B} + \lambda_0 \vec{u}$ auf beiden Geraden liegt, entscheidet sich an der Gleichung $\vec{S} = \vec{A} + \mu \vec{v}$, d. h. wenn S auch auf der Geraden h liegt. Das Additionsverfahren ist weiterzuführen.

Hätte die Gleichung (*) ausnahmsweise keine eindeutige Lösung, also $\vec{n} \circ \vec{u} = 0$, dann würde das Additionsverfahren mit dem Zeilenauswahlvektor

$$\vec{n}' = \begin{pmatrix} v_3 \\ 0 \\ -v_1 \end{pmatrix} \text{ zur Hilfsebene } H': \vec{X} = \vec{A} + \mu \vec{v} + \gamma \vec{e}_2 \text{ mit } \vec{e}_2 = \begin{pmatrix} 0 \\ 1 \\ 0 \end{pmatrix} \text{ und Norma-}$$

lenvektor $\vec{n}'$ ein Skalarprodukt $\vec{n}' \circ \vec{u} \neq 0$ ergeben, da ansonsten die Geraden (nach dem Satz über senkrechte Richtungen) doch parallel wären. Das Additionsverfahren liefert mit $\vec{n}$ oder mit $\vec{n}'$ einen eindeutigen Schnittpunkt zur Hilfsebene H bzw. H', sofern die Geraden nicht parallel sind: $\vec{u} \neq \alpha \vec{v}$. Sind die Geraden parallel ($\vec{u} = \alpha \vec{v}$), dann rechnet man nach, ob der eine Aufpunkt auf der zweiten Geraden liegt: Ist $\vec{B} = \vec{A} + \mu \vec{v}$ lösbar, dann handelt es sich um zwei Beschreibungen derselben Geraden. Andernfalls verlaufen die Geraden parallel und disjunkt.

Parallele Ebenen und Geraden

Parallele Ebenen und Geraden werden sich nicht in einem eindeutigen Schnittpunkt S schneiden. Beim Additionsverfahren treten nicht eindeutig lösbare Gleichungen auf. Es bezeichnen $g: \vec{X} = \vec{B} + \lambda \vec{u}$, $h: \vec{X} = \vec{C} + \delta \vec{d}$ zwei Geraden und $E: \vec{X} = \vec{A} + \lambda \vec{v} + \gamma \vec{w}$ eine Ebene mit Normalenvektor $\vec{n}$. Alle drei Objekte sollen parallel liegen.

- Die Schnittpunktgleichung der Geraden g mit der Ebene E lautet:

$$\vec{S} = \vec{B} + \lambda \vec{u} = \vec{A} + \mu \vec{v} + \gamma \vec{w} \quad | \circ \vec{n}$$
$$\vec{n} \circ \overrightarrow{AB} = 0$$

Diese Gleichung ist unlösbar falls $\vec{n} \circ \overrightarrow{AB} \neq 0$ gilt und ansonsten allgemein lösbar.

- Die Schnittpunktgleichung $\vec{S} = \vec{B} + \lambda \vec{u} = \vec{C} + \delta \vec{d}$ beider Geraden lässt sich nicht mit dem Additionsverfahren lösen, da es keine trennende Richtung $\vec{n}$ gibt mit $\vec{n} \circ \vec{u} \neq 0$ aber $\vec{n} \circ \vec{d} = 0$.

Langfristige Entwicklung geometrischer Vorstellungen

Die Parallelität der Geraden und Ebene ist daher vor dem Aufstellen einer Schnittpunktgleichung zu prüfen.

Zwei parallele Objekte enthalten sich genau dann wenn ein Aufpunkt auf der zweiten Gerade oder Ebene liegt, z. B. gilt:

- $h \subset g \iff \vec{C} = \vec{B} + \lambda \vec{u}$,
- $g \subset E \iff \vec{B} = \vec{A} + \mu \vec{v} + \gamma \vec{w} \iff \vec{n} \circ \overrightarrow{AB} = 0$.

Ansonsten liegen die parallelen Objekte disjunkt. Entsprechendes gilt auch für die Lagebeziehung zweier paralleler Ebenen.

Didaktische Aspekte der analytischen Geometrie

Die Raumgeometrie der Oberstufe basiert auf der Länge der Raumdiagonalen, und auf dem Kosinussatz, der aus der Ergänzung oder Zerlegung eines Dreiecks in zwei rechtwinklige Dreiecke und somit wie die Raumdiagonale aus dem Satz von Pythagoras ableitbar ist.

Jeder Körper und seine berandenden Flächen lassen sich in Tetraeder bzw. Dreiecke zerlegen. Diese setzen sich wiederum aus Tetraedern mit vier rechtwinkligen Seiten bzw. aus rechtwinkligen Dreiecken zusammen.

Somit lassen sich die Berechnungen der Vektorgeometrie stets elementar – auf dem Satz von Pythagoras basierend – durchführen, oder mit Hilfe der linearen Algebra.

Beispiel: Berechnung des Abstandes h eines Punktes C zur Geraden $g: \vec{X} = \vec{A} + \lambda \vec{c}$ durch die Punkte A und B mit Ortsvektor $\vec{B} = \vec{A} + \vec{c}$.

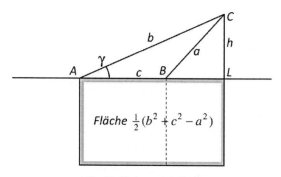

Abb. 15: Skalarproduktfläche

- Der Abstand h kann elementar mit dem Satz von Pythagoras in den Dreiecken BLC und ALC (Abb. 15) berechnet werden. Dabei wird zunächst der Abstand $\overline{BL}$ bestimmt.
- Mit Hilfe der linearen Algebra berechnet sich der Abstand $h = \sin\gamma \cdot |\vec{b}|$ mit $\cos\gamma = \dfrac{\vec{b} \circ \vec{c}}{|\vec{b}| \|\vec{c}|}$ aus dem Verbindungsvektor $\vec{b} = \overrightarrow{AC}$ und der Differenz $\vec{a} = \vec{b} - \vec{c}$. Alternativ lässt sich die Parameterform $\vec{A} + \lambda\vec{c}$ der Geraden g in die Hilfsebene H mit Aufpunkt C und Normalenrichtung $\vec{c}$ einsetzen:

    (*) $\vec{c} \circ (\vec{A} + \lambda\vec{c}) - \vec{c} \circ \vec{C} = 0$.

    Der Abstand $h = |\overrightarrow{LC}|$ folgt auch hier aus dem Lotpunkt $\vec{L} = \vec{A} + \lambda_0\vec{c}$ mit der Lösung $L = \{\lambda_o\}$ obiger Gleichung (*).

Ein zweites Beispiel ist der Abstand d zweier windschiefer Geraden $g : \vec{X} = \vec{A} + \lambda\vec{u}$ und $h : \vec{X} = \vec{B} + \mu\vec{v}$ mit gemeinsamer Lotrichtung $\vec{n} = \vec{u} \times \vec{v}$. Deren Abstand lässt sich jedoch nur mit struktureller Hilfe aus der linearen Algebra effektiv berechnen.

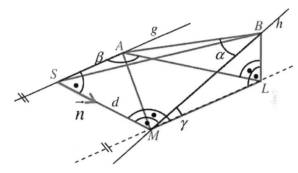

Abb. 16 Hilfskörper BLMAS zu zwei windschiefen Geraden

- Die lineare Gleichung $\overrightarrow{AB} = \lambda\vec{u} + \gamma\vec{n} + \mu\vec{v}$ wird im Additionsverfahren mit $\vec{n}$ multipliziert:

    $\vec{n} \circ \overrightarrow{AB} = \gamma\,\vec{n} \circ \vec{n}$ $L = \{\gamma_0\}$.

    Der gesuchte Abstand $d = |\gamma_0\vec{n}|$ ist der Abstand von B zur Hilfsebene mit Aufpunkt A und Normalenrichtung $\vec{n}$, mit der HNF gilt:

$$d = \left|\frac{\vec{n} \circ (\vec{B} - \vec{A})}{|\vec{n}|}\right| = \left|\overrightarrow{AB_n}\right|.$$

- Der Abstand d ist eine Seitenlänge im Körper *BLMAS*, von dem nur eine Seite $\overrightarrow{AB}$ und drei Winkel α, β, γ sowie fünf weitere rechte Winkel bekannt sind. Dessen elementare Berechnung ist (im Unterricht) ohne lineare Algebra kaum realisierbar.

Für die meisten Schüler sind Additionsverfahren, das Rechnen mit der Normalform einer Ebene, und das Skalarprodukt algebraische Sachverhalte, die sie isoliert als Einzelmethode zur Kenntnis nehmen.

Dem aktuellen Unterricht fehlt der innere Zusammenhang dessen, was gerechnet wird, und die Visualisierung bzw. eine inhaltliche Vorstellung zu einer Größe wie dem Skalarprodukt. Somit fehlt den Schülern der rote Faden wie sich Konzepte in der Geometrie über die Schuljahre entwickeln:

- räumliche Abstandsgeometrie, die auf der Ergänzung und Zerlegung in rechtwinklige Körper und Figuren beruht.
- Übergang zur Koordinatengeometrie und Verwendung der linearen Algebra als Hilfsmittel.
- Anpassung des Koordinatensystems an im Raum „schräg" stehende Körper und Flächen durch geeignete Normalenrichtungen, im weiteren Sinne der Übergang zu einer Orthonormalbasis etc.

Zusammenfassung

Der hier vorgestellte Zugang zum Skalarprodukt über Flächeninhalte trennt den allgemeinen Kathetensatz vom Projektionssatz ab und etabliert einen „geometrischen" Kosinussatz, bei dem das Skalarprodukt, die Normalform und das Additionsverfahren im Vordergrund stehen, und erst sekundär der Schnittwinkel zwischen zwei Vektoren. Mit den in Abb. 5 und Abb. 6 dargestellten Teil- bzw. Ergänzungsflächen $A_A, A_B, A_C, \ldots$ der Seitenquadrate a^2, b^2, c^2 eines Dreiecks *ABC* ergibt sich die folgende Reihenfolge der Schließungssätze zum Skalarprodukt:

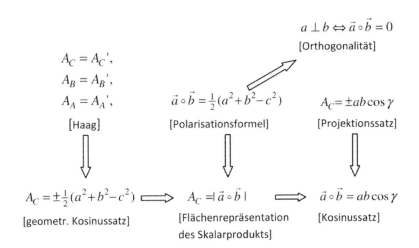

Im Schulunterricht spielt die Veranschaulichung des Skalarproduktes als Teilfläche der Seitenquadrate kaum eine Rolle. Der Kosinussatz dient oft allein zur Berechnung des Schnittwinkels. Das Additionsverfahren wird ohne entsprechende ikonische Repräsentation rein symbolisch behandelt. Zum Beispiel wird im Focus Mathematik 11 Gymnasium Bayern auf den Seiten 210.ff der Projektionssatz nur am Rande in einer Aufgabe behandelt, und dort ohne expliziten Bezug zum Skalarprodukt:

$$\vec{a} \circ \vec{b} = \tfrac{1}{2}(a^2 + b^2 - c^2) \qquad A_C = \pm ab\cos\gamma$$
[Polarisationsformel] [Projektionssatz]

$$ab\cos\gamma = \tfrac{1}{2}(a^2 + b^2 - c^2) \Longrightarrow \vec{a} \circ \vec{b} = ab\cos\gamma \qquad A_C = \pm \vec{a} \circ \vec{b}$$
[Kosinussatz Sek.1] [Kosinussatz]

$$a \perp b \Leftrightarrow \vec{a} \circ \vec{b} = 0$$
[Orthogonalität]

Erschwerend kommt hinzu, dass das Skalarprodukt und der Kosinussatz in Klasse 11, die Normalform und das Additionsverfahren aber erst in Klasse 12 behandelt werden.

Persönliche Anmerkung

Der Lehrplan Plus in Bayern wird den Kathetensatz streichen, der Kosinussatz wurde im G8 schon aus dem verbindlichen Teil in der Mittelstufe gestrichen. Die zunehmende Anwendungsorientierung erfolgt zu Lasten innerer Vernetzungen und vertiefter inhaltlicher Vorstellungen zugunsten der Verwendung von Mathematik als „Black Box" wie z.B. der „pq-Formel". Das „Ausrechnen" von Anwendungsaufgaben macht die Schüler zu Produktionshelfern der Mathematik. Das Antrainieren von Aufgaben führt meines Erachtens zu keiner Studierfähigkeit sondern zu einer verschärften Sinnlosigkeitswahrnehmung und Aversion gegenüber dem Fach.

Viele Schüler lernen heutzutage sehr schematisch: *„setze die Parameterform in die Normalenform ein"*. Sie haben große Schwierigkeiten, die Aufgaben inhaltlich zu verstehen, bzw. sie haben dies gar nicht zum Ziel! Der Verzicht auf semantische Vorstellungen verhindert jedoch den Transfer abstrakter und logischer Fähigkeiten in den Beruf, ins Studium oder in andere Schulfächer. So haben die im Fach Mathematik am schlussfolgernden Denken orientiert unterrichteten Jungen doppelt so oft, und die Mädchen anderthalb mal so oft ein sehr gutes Abitur (Gesamtnote 1,5 oder besser) als die nur prüfungsorientiert unterrichteten Schüler.

Wenn die analytische Geometrie und im Weiteren die lineare Algebra eine explizite praktische Bedeutung im Beruf haben sollten, dann in der linearen Optimierung innerhalb des OR (Operations Research). Industrielle Projekte mit Entscheidungsträgern, welche die OR-Methoden inhaltlich nicht verstanden haben scheitern allzu oft. So konnte ich den Mitarbeitern der SAP in einem Projekt für Peugeot nicht vermitteln, dass eine Kostenfunktion auf Basis von Deckungsbeiträgen in einem LP (linearen Programm) genau so viele Fahrzeugtypen zur Ausbringung Null führt, wie es die Anzahl der Produktionsrestriktionen von Peugeot in deren LP vorgibt. Daher mein Plädoyer für ein stärkeres inhaltliches Verständnis der Schüler auch dann, wenn es einen zusätzlichen Aufwand bedeutet und für das Ausrechnen der Abituraufgaben nicht unmittelbar nützlich ist.

Literatur

Haag, W. (2003). Wege zu geometrischen Sätzen. Ernst Klett Verlag, Stuttgart.

Jahnke, T.; Scholz, D. (2009). Fokus Mathematik 11, Gymnasium Bayern. Cornelsen Verlag, Berlin.

Reuleaux-Zweiecke

Hans Walser

Zusammenfassung. Analog zum Reuleaux-Dreieck, das sich in verschiedenen Positionen ins immer gleiche Quadrat einpassen lässt, gibt es Reuleaux-Zweiecke, die sich in ein gleichseitiges Dreieck einpassen lassen. Es werden zwei Beispiele vorgestellt sowie verschiedene Beweistechniken diskutiert: Rechnung, Einbinden in einen übergeordneten Zusammenhang, Kinematik. Ein wichtiger Aspekt ist die Beschreibung von Kurven in verschiedenen zueinander bewegten Referenzsystemen. Schließlich wird eine Verallgemeinerung auf Reuleaux-Vierecke besprochen.

Ein alter Bekannter: Das Reuleaux-Dreieck

Das Reuleaux-Dreieck ist ein *Gleichdick*, eine Figur also, die überall die gleiche Breite hat.

Das Reuleaux-Dreieck lässt sich im Quadrat so bewegen, dass es immer alle vier Quadratseiten berührt (Abb. 1). „Berühren" ist hier so zu verstehen, dass jede Quadratseite genau einen Punkt mit dem Rand des Reuleaux-Dreiecks gemeinsam hat.

Abb. 1: Reuleaux-Dreieck

Es ist mittlerweile auch in der Kunst angekommen (Abb. 2).

Das Reuleaux-Dreieck wurde von Reuleaux (1875) publiziert. Er bezeichnete es als *gleichseitiges Bogen-Dreieck* (S. 131).

Franz Reuleaux (1829-1905) wurde in Eschweiler-Pumpe geboren, einem Bergwerksgebiet in der Nähe von Aachen. Seine Vorfahren kamen aus Lille. Nach einer Mechaniker-Lehre im familiären Betrieb studierte er 1850-52 an der Polytechnischen Hochschule Karlsruhe und 1852-54 an den Universitäten Berlin und Bonn. Von 1856-64 lehrte er am Eidgenössischen Polytechnikum in Zürich (heute ETH Zürich) und 1864-96 am königlichen Gewerbe-Institut Berlin (heute TU Berlin). Er war Jurymitglied bei Weltausstellungen in Paris (1867), Wien (1873) und Philadelphia (1876). Er wollte Mathematik und Ingenieurdenken in Verbindung zu bringen.

Abb. 2: Bence Marafkó (H): Circle-Triangle in Circle 2, 2016, acrylic

Im schulischen Kontext wird Franz Reuleaux leider meistens auf das Reuleaux-Dreieck reduziert. Sein eigentliches Anliegen und Lebenswerk, die Verbindung von Mathematik und Ingenieurdenken, wird kaum erwähnt. Ein Schicksal, das er mit Fibonacci (Kaninchen) und Möbius (das berühmte Band) teilt.

Reuleaux-Bogen-Zweiecke

Zunächst das 60°-Zweieck (Abb. 3). Der 60°-Winkel ist einerseits der Bogenwinkel und andererseits der Innenwinkel an den Spitzen.

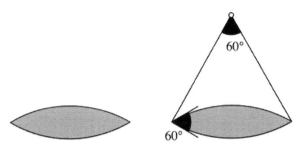

Abb. 3: Das 60°-Zweieck

Das 60°-Zweieck ist Elementarbauteil beim *Goldenen Baum* (Abb. 4) (Walser 2013, S. 31).

Abb. 4: Goldener Baum

Das 60°-Zweieck lässt sich im gleichseitigen Dreieck so bewegen, dass immer alle drei Dreiecksseiten berührt werden (Abb. 5). „Berühren" ist wiederum so zu verstehen, dass jede Seite des Dreiecks genau einen Punkt mit dem Rand des 60°-Zweiecks gemeinsam hat.

Abb. 5: Bewegung im Dreieck

Die Abbildung 6 zeigt ein Modell, das in einem passenden Dreiecksrahmen bewegt werden kann.

Das Zweieck wird bei dieser Bewegung zwar verdreht, die Bewegung ist aber keine Drehung um einen festen Drehpunkt. Sie ist auch kein Abrollen auf dem Rand des Dreiecks.

Abb. 6: Holzmodell im Dreiecksrahmen

Die Abbildung 7a zeigt die Bahnkurve des Zweieckmittelpunktes bei dieser Bewegung. Diese Bahnkurve ist aus drei Ellipsenbögen zusammengesetzt. Dies sind die drei inneren kleinen Bögen bei den Scheiteln der Ellipsen.

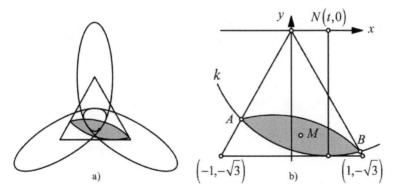

Abb. 7: Bahnkurve des Zweieckmittelpunktes

Zur rechnerischen Herleitung der Ellipsengleichung arbeiten wir mit einem kartesischen Koordinatensystem in der Disposition der Abbildung 7b. Das gleichseitige Dreieck hat darin die Seitenlänge 2. Der untere Bogen des Zweieckes liegt auf dem Kreis k mit Mittelpunkt $N(t,0)$ und dem Radius $\sqrt{3}$. Der Kreis k hat also die Gleichung $(x-t)^2 + y^2 = 3$. Der Punkt A liegt auf der Geraden $y = \sqrt{3}x$, der Punkt B auf der Geraden $y = -\sqrt{3}x$. Da diese beiden Punkte auch auf dem Kreis k liegen, können wir deren Koordinaten berechnen:

$$A\left(\frac{1}{4}\left(t-\sqrt{12-3t^2}\right), \frac{\sqrt{3}}{4}\left(t-\sqrt{12-3t^2}\right)\right)$$

$$B\left(\frac{1}{4}\left(t+\sqrt{12-3t^2}\right), -\frac{\sqrt{3}}{4}\left(t+\sqrt{12-3t^2}\right)\right)$$

Für den Zweieckmittelpunkt M ergeben sich daraus die Koordinaten:

$$M\left(\frac{1}{4}t, \frac{-\sqrt{3}}{4}\sqrt{12-3t^2}\right)$$

Dieser Punkt liegt auf der Ellipse mit der Gleichung:

$$\frac{x^2}{\left(\frac{1}{2}\right)^2} + \frac{y^2}{\left(\frac{3}{2}\right)^2} = 1$$

Dies ist die „stehende" der drei Ellipsen in der Abbildung 7a. Die Ellipsen haben die halbe Brennpunktweite $\sqrt{2}$. Diese Zahl findet sich sonst eher in der Quadratgeometrie als in der Dreieckgeometrie.

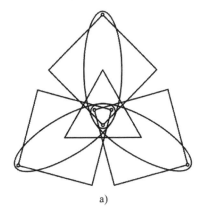
a)

b)

Abb. 8: Brennpunkte. Mechanisches Modell

Reuleaux-Zweiecke

Wir haben damit einen Link zwischen der Dreieckgeometrie und der Quadratgeometrie (Abb. 8a). Die Quadrate haben dieselbe Seitenlänge wie das Dreieck. Die Quadratmittelpunkte sind die Eckpunkte des Dreiecks. Die Brennpunkte der Ellipsen liegen in diametralen Ecken der Quadrate.

Die Bewegung des Zweieckes wird als *elliptische Bewegung* bezeichnet. Sie kann auf der Basis eines Ellipsenzirkels mechanisch wenigstens für ein Drittel der Bewegung realisiert werden (Abb. 8b).

Beweis

Wir müssen zeigen, dass das Zweieck in jeder Position alle drei Seiten des gleichseitigen Dreiecks berührt, sie aber nirgends schneidet.

Rechnerischer Beweis: Für den Abstand der beiden Punkte A und B in der Abbildung 7b erhalten wir die konstante Länge $d(AB) = \sqrt{3}$. Der Parameter t fällt weg. Wir haben also in jeder Position dasselbe Zweieck.

Eleganter ist aber ein visueller kinematischer Beweis: Wir betten das Problem in ein übergeordnetes Problem ein, in welchem die Lösung leichter ersichtlich ist. Daher zeichnen wir nicht nur ein einziges Zweieck in seinem Dreieck, sondern gleich deren sechse (Abb. 9a).

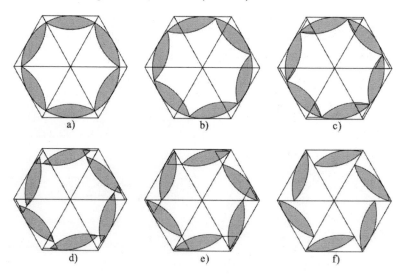

Abb. 9: Visueller Beweis

Wir drehen den Kranz der sechs Zweiecke (Abb. 9b). Jedes Zweieck bleibt außen in Kontakt mit seiner Dreiecksseite, aber die Spitzen berühren die Dreiecksseiten nicht mehr.

Nun passen wir kleine gleichseitige Dreiecke ein, die sich an den Spitzen der Zweiecke orientieren (Abb. 9c). Diese kleinen gleichseitigen Dreiecke liegen im Innern des Umrisssechsecks. Sie berühren dessen Rand nicht. Wir können jetzt unsere Zweiecke entlang der Seiten der kleinen gleichseitigen Dreiecke zurückschieben (Abb. 9d und e) und erhalten so für jedes Zweieck eine verdrehte Position in seinem Stammdreieck (Abb. 9f).

Das 120°-Zweieck

Abb. 10 zeigt das 120°-Bogen-Zweieck, ebenfalls ein Reuleaux-Zweieck.

Das 120°-Zweieck lässt sich ebenfalls in einem gleichseitigen Dreieck berührend bewegen (Abb. 11). Im Unterschied zum 60°-Zweieck können aber die Ecken des Dreiecks nicht voll ausgefahren werden.

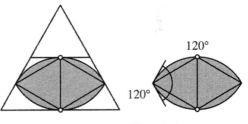

Abb. 10: Das 120°-Zweieck

Wir haben wiederum eine elliptische Bewegung.

Abb. 11: Bewegung im Dreieck

Für den Nachweis der Bewegungseigenschaft könnte der Beweis der Abbildung 9 modifiziert werden. Einfacher ist es aber, ein 60°-Zweieck und ein 120°-Zweieck zu kombinieren (Abb. 12).

Wir kleben das 60°-Zweieck quer auf das 120°-Zweieck. Nun erkennen wir zweimal das Reuleaux-Dreieck, es besteht aus zwei Halbbögen des 120°-Zweiecks und einem Bogen des 60°-Zweiecks. Im Dreieck zeichnen wir das Mittelparallelendreieck ein.

Reuleaux-Zweiecke

Das 60°-Zweieck bewegt sich in diesem Mittelparallelendreieck. Dann bewegen sich die beiden Reuleaux-Dreiecke je in einem Streifen zwischen den Dreiecksseiten und den Mittelparallelen. Das heißt, dass das 120°-Zweieck sich im Dreieck bewegt.

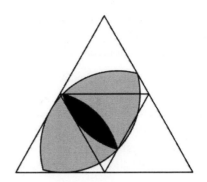

Abb. 12: Kombination

Schnittpunkte

Das 180°-„Zweieck" ist der Inkreis (Abb. 13). Die Bewegung des Inkreises ist nun eine Drehung um einen festen Punkt, den Mittelpunkt des Dreieckes.

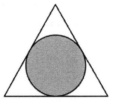 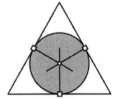

Abb. 13: Inkreis und Lotschnittpunkt

Die Lote zu den Dreiecksseiten in den Berührungspunkten schneiden sich trivialerweise in einem Punkt, dem Kreiszentrum. Auch beim 120°-Zweieck schneiden sich die Lote zu den Dreiecksseiten in einem Punkt (Abb. 14a).

Gemeinsame Schnittpunkte von drei Geraden sind immer bemerkenswert, so etwa die vier Klassiker Seitenhalbierendenschnittpunkt, Höhenschnittpunkt, Winkelhalbierendenschnittpunkt und Mittelsenkrechtenschnittpunkt.

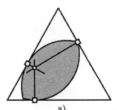 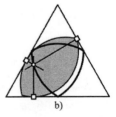

Abb. 14: Schnittpunkt der Lote

Unsere Schnittpunkteigenschaft lässt sich mit einer kinematischen Überlegung über den momentanen Drehpunkt nachweisen. Wenn sich eine Figur gegenüber einer anderen berührend bewegt, liegt der momentane Drehpunkt auf dem gemeinsamen Lot der beiden Figuren. Weil das Zweieck alle drei Dreiecksseiten berührt, liegt der momentane Drehpunkt auf allen drei Loten. Diese sind also kopunktal, das heißt, sie verlaufen durch einen gemeinsamen Punkt.

Der momentane Drehpunkt verändert seine Lage fortwährend. Die Bahnkurve des momentanen Drehpunktes relativ zum Dreieck ist das in der Abbildung 14b eingezeichnete Reuleaux-Dreieck. Die Abbildung 15 zeigt drei verschiedene Positionen des momentanen Drehpunktes.

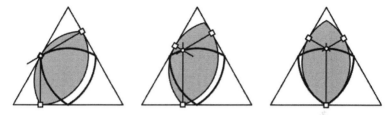

Abb. 15: Bahnkurve des momentanen Drehpunktes im Dreieck

Wir können auch das 120°-Zweieck festlassen und das gleichseitige Dreieck darum herum bewegen (Abb. 16). So erhalten wir die Bahnkurve relativ zum 120°-Zweieck. Diese Bahnkurve ist ebenfalls ein 120°-Zweieck.

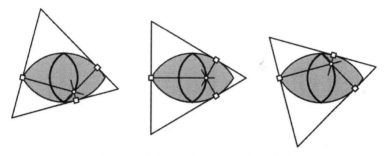

Abb. 16: Bahnkurve relativ zum 120°-Zweieck

Die Abbildung 17 zeigt eine Gegenüberstellung der beiden Bahnkurven. Es mag zum Nachdenken anregen, dass dieselbe Punktmenge, nämlich die Menge aller momentanen Drehpunkte, einmal als Reuleaux-Dreieck mit der Symmetriegruppe des regelmäßigen Dreieckes erscheint und das andere Mal als Reuleaux-Zweieck mit der Symmetriegruppe des Rechteckes. Offenbar gehört die Symmetrie nicht inhärent zu einer Punktmenge sondern ist ein durch das Referenzsystem aufgedrücktes Akzidens.

Abb. 17: Bahnkurven des momentanen Drehpunktes

Wird das 120°-Zweieck im Dreieck bewegt, rollen die beiden Bahnkurven aufeinander ab (Abb. 18).

Abb. 18: Abrollen der Bahnkurven

Andere Zweiecke

Man kann mit einiger Rechnung zeigen, dass es außer dem 60°-Zweieck, dem 120°-Zweieck und dem 180°-„Zweieck" (dem Inkreis also) keine weiteren Zweiecke gibt, die sich im gleichseitigen Dreieck so bewegen lassen dass immer aller drei Seiten berührt werden. Wohl gibt es aber andere Bogen-Zweiecke (Abb. 19). Diese lassen sich nicht im gleichseitigen Dreieck bewegen.

 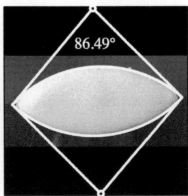

Abb. 19: Calissons de Provence

Zur Untersuchung allgemeiner Bogen-Zweiecke beginnen wir mit einem Rhombus, der *keinen* 60°-Winkel enthält (Abb. 20a), und zeichnen Bögen, die je eine Ecke als Zentrum haben und durch die beiden benachbarten Ecken verlaufen. So entstehen zwei Bogenzweiecke.

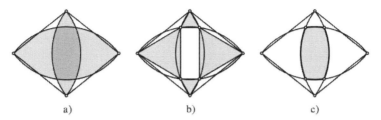

a)   b)   c)

Abb. 20: Beliebiger Rhombus als Basis

Erstaunlicherweise finden wir trotzdem gleichseitige Dreiecke in dieser Figur (Abb. 20b).

Wir arbeiten nun mit dem Überlappungsbereich (Durchschnitt) der beiden Bogenzweiecke, also einem Bogenviereck (Abb. 20c und 21).

Abb. 21: Bogenviereck im Dreieck

Das Bogenviereck kann ebenfalls im Dreieck bewegt werden (Abb. 22).

Abb. 22: Bewegung im Dreieck

Die Abbildung 23 zeigt die Bahnkurven des momentanen Drehpunktes relativ zum Dreieck und zum Bogenviereck.

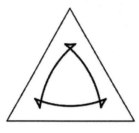 

Abb. 23: Bahnkurven

Dank

Der Autor dankt Renato Pandi für viele hilfreiche Ideen, Hinweise und Berechnungen.

Literatur

Reuleaux, F. (1875): *Lehrbuch der Kinematik*. Erster Band: Theoretische Kinematik. Braunschweig: Vieweg.

Walser, H. (2013): *Der Goldene Schnitt*. 6., bearbeitete und erweiterte Auflage. Leipzig: EAGLE, Edition am Gutenbergplatz. ISBN 978-3-937219-85-1.

Mehr Geometrie im Geometrieunterricht!
Eine kurze Situationsbeschreibung und ein Vorschlag für die Sekundarstufe I

Christoph Hammer

Zusammenfassung. Wieviel Geometrie ist (noch) im Geometrieunterricht? Verschiedene Aspekte geben Anlass nachzudenken. Betrachtet man die Lehrplanentwicklung der letzten Zeit, so hat man den Eindruck, dass vor allem Themen aus der Geometrie den Kürzungen zum Opfer fallen. Nimmt man von den verbleibenden Inhalten diejenigen weg, die eigentlich versteckte Algebra darstellen, wird die Bilanz noch bedenklicher. Ungeachtet dieser Situation lässt sich gehaltvoller Geometrieunterricht gestalten. Eine Möglichkeit dafür soll im Folgenden vorgeschlagen werden. An Beispielen zum Flächeninhalt wird gezeigt, wie das Prinzip der Messung Vernetzungen erlaubt, die zum Verständnis grundlegender geometrischer Strukturen beitragen können.

Geometrie in der Schule

Einerseits ist es allgemeiner Konsens, dass die Geometrie

- ein wesentliches Kulturgut mit interessanten Verbindungen zur Wissenschaftsgeschichte und Philosophie darstellt (vgl. z. B. Wittmann 1987);
- wichtige Erfahrungen und Erkenntnisse ermöglicht, die helfen, sich in der (dreidimensionalen) Umwelt zurecht zu finden (vgl. z. B. Franke & Reinhold 2016);
- unverzichtbare Beiträge zur Entwicklung eines angemessenen Bildes von Mathematik liefert, denn sie ist ein ideales Feld, in dem Problemlösen, Begriffsbildung und nicht zuletzt Beweisen angebahnt und gelernt werden kann (vgl. z. B. Holland 2007).

Andererseits stellt sich die Frage, in wie weit diese wohlklingenden Ansprüche im aktuellen Geometrieunterricht tatsächlich eine Rolle spielen.

Natürlich gäbe es zu diesen Punkten viel mehr zu sagen, als hier angesprochen werden kann. Etwa, welche Aufgaben dem Geometrieunterricht in einer Umwelt zufallen könnten, in der an Stelle von Landkarten oder Stadtplänen GPS-Geräte getreten sind. Unser Alltag ist zweidimensional geworden. Damit wird es natürlich auch schwerer, sich die Lage der Höhe einer Pyramide oder den Abstand zweier windschiefer Geraden vorzustellen. Um diesem Problem zu begegnen, sind kopfgeometrische Übungen sinnvoll (Franke & Reinhold 2016, Hammer 2011) und werden auch in Schulbüchern (z. B. Affolter et al. 2013, vom Hofe 2012) zunehmend angeboten. Es ist zu hoffen, dass dadurch Kopfgeometrie im Unterricht die Bedeutung erhält, die Lehrpläne schon seit geraumer Zeit fordern.

Über die Frage nach Beweisen im Unterricht der Sekundarstufe I wurde schon viel diskutiert. Irgendwo zwischen Plausibilitätsbetrachtungen und schlüssigen Beweisen dürfte sich die Unterrichtsrealität bewegen. Jedenfalls wurde in vielen Lehrplänen der Begriff „Beweisen" durch „Begründen" ersetzt, oder ist nicht als *eigenständiges* Beweisen durch Schülerinnen und Schüler zu verstehen[1]. Immerhin ist es erfreulich, dass das mathematische Argument als Vorstufe im Sinne einer *Entwicklung hin zum Beweisen* an Bedeutung gewonnen hat (Hammer 2009).

Angesichts der genannten Aspekte deuten sich vielfältige Möglichkeiten für gehaltvollen Geometrieunterricht an. Die im Folgenden genauer betrachtete Variante bezieht sich auf die oft (wenigstens sinngemäß) zitierte Herkunft des griechischen Worts „geometria" (γεωμετρια) für „Landmessung". Diese Wortbedeutung scheint in der Unterrichtspraxis eine geringe Bedeutung zu haben. Die messende Geometrie wird weniger betont als die damit abgeleiteten Formeln. So lernen Schülerinnen und Schüler die Idee der Messung im Zusammenhang mit dem Flächeninhalt eines Rechtecks und dem Volumen eines Quaders zwar kennen, im Weiteren spielt sie aber kaum mehr eine Rolle[2]. Oft ist die Integralrechnung nach langer Pause die nächste Gelegenheit, über Messung nachzudenken. Vielmehr nimmt die rechnende Geometrie in Curricula und Lehrbüchern einen großen Raum ein. So könnte bei Schülerinnen und Schülern der Eindruck entstehen, es gäbe in der Geometrie eben viele Formeln zu lernen und es wäre daher in ihr ein großer Anteil Algebra versteckt. In diesem Beitrag soll gezeigt werden, wie dem

---

[1] Eine Ausnahme bildet in diesem Zusammenhang übrigens unter anderen das Saarland, in dessen Lehrplänen Beweise nicht nur in der Geometrie explizit vorgesehen sind.

[2] Dabei sollte man nicht übersehen, dass das Prinzip der Messung in der Grundschule – auch beim Flächeninhalt – bereits eingeführt wird. Es werden allerdings keine Formeln angestrebt.

durch Betonung der in den Bildungsstandards beschriebenen Leitidee „Messen" entgegengewirkt werden kann.

Vorschlag

Die grundlegende Idee des folgenden Vorschlags wurde bereits erwähnt: Das Prinzip des Messens soll als „roter Faden" nicht nur an den üblichen Stellen (Rechteck, Quader) dienen, sondern stärker in den Mittelpunkt rücken. Zunächst trage ich Eulen nach Athen:

Messen

Beim Messen vergleicht man zwei Repräsentanten aus dem betrachteten Größenbereich:

- einen zu messenden Repräsentanten (Gegenstand),
- den Repräsentanten eines Teils dieser Größe („Messinstrument"), der als (Maß-) Einheit bezeichnet wird.

Die Einheit wird wiederholt ohne Lücken und Überschneidungen an dem zu messenden Objekt abgetragen und gezählt, wie oft dies möglich ist (der zu messende Repräsentant wird „ausgeschöpft"). Diese Zählung ergibt die *Maßzahl*. Umgekehrt kann die Maßzahl „aufbauend" repräsentiert werden, indem eine entsprechende Anzahl an Einheiten zusammengefügt wird. Die Idee des Messens und die Idee der Maßzahlrepräsentation durch Aufbau sind also „zwei Seiten einer Medaille".

Doch nicht immer ist die Sache problemlos. Vergleicht man zwei Repräsentanten indirekt mit einer Einheit, so können sie nicht immer mit demselben Maß gemessen werden. Dies würde nämlich voraussetzen, dass beide Maßzahlen ganzzahlige Vielfache der Einheit sind. Betrachtet man zum Beispiel zwei Längen mit reellen Maßzahlen l_1 und l_2, so haben sie ein gemeinsames Maß $e \in \mathbb{R}$, wenn es ganze Zahlen q und p gibt mit:

$$l_1 = q \cdot e \text{ und } l_2 = p \cdot e; \quad q, p \in \mathbb{R}$$

Diese Bedingung ist äquivalent dazu, dass das Verhältnis von l_1 und l_2 rational ist:

$$\frac{l_1}{l_2} = \frac{q \cdot e}{p \cdot e} = \frac{q}{p} \in \mathbb{Q}, \text{ da } q, p \in \mathbb{Z}.$$

In diesem Fall heißen l_1 und l_2 kommensurabel, andernfalls inkommensurabel.

Beispiele:

- Die Seite eines Quadrats und seine Diagonale sind inkommensurabel, da ihr Verhältnis $1 : \sqrt{2}$ irrational ist. Dies kann man sich mit dem Satz des Pythagoras oder einer elementargeometrischen Überlegung klarmachen:

    Das Quadrat über der Diagonalen eines Quadrats hat den doppelten Flächeninhalt wie das Quadrat selbst. Also gilt: $d^2 = 2 \cdot a^2$ und damit:
    $$\frac{a}{d} = \frac{1}{\sqrt{2}}.$$

- Die Seiten eines DIN-Blatts sind inkommensurabel, ihr Verhältnis beträgt $\sqrt{2}$, wie unmittelbar aus der Ähnlichkeit aller DIN-Blätter untereinander folgt. Auf diese Idee kommen wir später noch einmal zurück.

- Beim Kreis sind Umfang und Durchmesser inkommensurabel. Das Verhältnis ist sogar transzendent:
    $$\frac{U}{d} = \pi$$

Flächeninhalte

Erfahrungen aus der Unterrichtspraxis zeigen, dass Schülerinnen und Schüler erhebliche Probleme bei Flächeninhalten haben, die sich auch in verschiedenen Studien widerspiegeln (z. B. Ulfig 2013). Für diese Schwierigkeiten gibt es vielfältige Ursachen.

Angesichts der „Liniendominanz ebener Figuren" (Franke & Reinhold 2016) fällt es schwer, tragfähige Vorstellungen von diesem Begriff zu entwickeln (Weigand et al. 2009).

Flächeninhalte werden im Alltag so gut wie nie gemessen[3], sondern nahezu ausschließlich aus Längenmaßen berechnet. Für die Abgrenzung zwischen Umfang und Flächeninhalt stellt dies eine zusätzliche Schwierigkeit dar.

---

[3] mit Ausnahme der *einen* Gelegenheit im Mathematikunterricht, wenn es um den Flächeninhalt des Rechtecks geht.

Eine zweite Ursache für Schülerprobleme liegt darin begründet, dass die Flächeninhaltsformeln zu verschiedenen Figuren in unterschiedlichen Schuljahren behandelt werden und dadurch der Blick auf ihre Strukturgleichheit verstellt werden könnte.

Schließlich dominiert in uns das lineare Denken, das zur Übergeneralisierung linearer Zusammenhänge verleitet (De Bock, van Dooren, Verschaffel 2012). Da sich jedoch Längenänderungen meist überproportional auf Flächeninhalte auswirken, wie später noch genauer ausgeführt wird, ergeben sich Konflikte mit subjektiven Vorstellungen.

Flächenmessung bei speziellen Figuren

Rechteck:

Das Vorgehen beim Rechteck ist allgemein bekannt. Hier soll nur noch einmal betont werden, dass es zunächst nur darum geht, die *Anzahl* der Einheitsflächenstücke zu bestimmen, die das Rechteck lückenlos und überschneidungsfrei ausfüllen. Dazu wird die Anzahl (n_l) der Einheitsflächenstücke, die in einen Streifen passen und die Anzahl (n_b) der Streifen, die das Rechteck vollständig ausfüllen, ermittelt.

Das Produkt $n = n_l \cdot n_b$ aus diesen beiden Anzahlen ergibt die Anzahl der Einheitsflächenstücke im Rechteck und damit die Maßzahl für den Flächeninhalt: $A = n \cdot A_{\text{Einheit}}$.

Wählt man als Einheitsflächenstück ein Quadrat mit einer Längeneinheit als Seitenlänge und legt seinen Flächeninhalt als Einheitsfläche fest, so ergibt sich der Flächeninhalt des Rechtecks als Produkt der Seitenlängen. Dies ist die bekannte Formel $A = l \cdot b$.

Allerdings sollte nicht zu früh mit normierten Einheiten gearbeitet werden. Voreiliges Messen von Längen und Rechnen mit der Formel verstellen den Blick auf den wesentlichen Gedanken (vgl. Weigand et al. 2009).

Parallelogramm:

Verbreitete Herleitungen der Flächeninhaltsformel für das Parallelogramm verwenden die Verschiebung eines Teildreiecks oder das Prinzip der Ergänzungsgleichheit. Grundidee ist in beiden Fällen die Rückführung auf ein Rechteck.

Mehr Geometrie im Geometrieunterricht!

  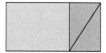

Abb. 1: Rückführung auf das Rechteck durch Umformung bzw. Ergänzungsgleichheit

Auch hier kann man das Prinzip des Messens nutzen und vorgehen wie beim Rechteck:

Wir legen das Parallelogramm mit Einheitsquadraten aus und bestimmen deren Anzahl. „Geschicktes" Zählen bedeutet wie beim Rechteck, zwei Anzahlen miteinander zu multiplizieren. Alternativ könnte man das Auslegen durch Zählen von Kästchen im Heft ersetzen.

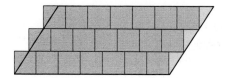 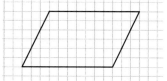

Abb. 2: Messung beim Parallelogramm

Dieses Vorgehen hat einige Vorteile: Beim Messen wird der Begriff „Flächeninhalt" durch die durchgeführte oder vorgestellte Handlung vertieft. Es wird keine spezielle Höhe verwendet, sondern „Höhe" ist gleichbedeutend mit „Abstand zweier Gegenseiten". So wird die Gefahr der Übergeneralisierung von „Seite mal Seite" verringert. Das Problem der außerhalb des Parallelogramms liegenden Höhe kommt gar nicht vor.

Scherung des mit Quadraten ausgelegten Parallelogramms macht deutlich, dass alle Parallelogramme, die in Grundseite und Abstand der zugehörigen Gegenseiten übereinstimmen, gleichen Inhalt haben – auch das Rechteck.

Kreis:

Beim Flächeninhalt des Kreises sollten zwei Probleme beachtet werden:

- Zu frühe und zu einseitige Fixierung auf den Inhalt eines speziellen Kreises und damit auf die Bestimmung eines Näherungswerts für π behindert das Verständnis für den entscheidenden Sachverhalt $A \sim r^2$, um den es im Folgenden gehen wird.

- Wenn die Flächeninhaltsformel aus der für den Umfang (z. B. wie in Abb. 3 angedeutet) hergeleitet wird, muss klargestellt werden, dass ein Zusammenhang zwischen Umfang und Flächeninhalt von Figuren im Allgemeinen nicht besteht. Andernfalls wird ein Fehlkonzept bestärkt.

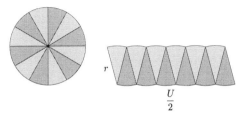

Abb. 3: Umfang und Flächeninhalt beim Kreis

Im folgenden Vorschlag wird deshalb ein anderer Weg beschritten und dabei die Festlegung auf ein bestimmtes Einheitsflächenstück vorübergehend aufgegeben.

Wir messen näherungsweise den Flächeninhalt eines Viertelkreises:

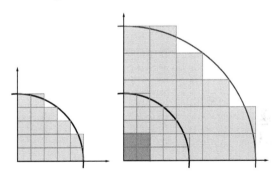

Abb. 4: Messung beim Kreis

Verdoppelt man nun sowohl den Radius des Viertelkreises als auch die Seitenlänge der Quadrate, so bleibt deren Anzahl erhalten. In jedes der großen Quadrate passen aber vier kleine, die wir als Einheit gewählt hatten.

Dieses generische Beispiel lässt sich verallgemeinern zu beliebigen Faktoren, die dem Kreisradius entsprechen, wenn man vom Einheitskreis ausgeht. Der Flächeninhalt eines Kreises ist also $\left(\frac{r}{1\,\text{LE}}\right)^2$-mal so groß wie der des Einheitskreises.

Abschließend gilt es natürlich, einen Näherungswert für den Flächeninhalt des Einheitskreises zu bestimmen[4]. Im Grunde genügt dafür die einfache Abschätzung $\pi \approx 3$ mit ein- und umbeschriebenen Quadraten.

Wohlgemerkt: Diese Überlegungen kann man verstehen, ohne genau über die zentrische Streckung Bescheid zu wissen. Sie zeigen einen Weg zu allgemeinen Beziehungen zwischen den Flächeninhalten ähnlicher Figuren auf, der bis in die Hochschulmathematik reicht.

Die Verallgemeinerung liegt in der Luft:

Mit den Überlegungen zum Kreis ist sofort ersichtlich, dass sich zentrische Streckung mit dem Faktor k generell quadratisch auf Flächeninhalte und kubisch auf Volumina (hier nehmen wir einfach Würfel) auswirkt:

$$s' = k \cdot s$$
$$A' = k^2 \cdot A$$
$$V' = k^3 \cdot V$$

Dabei ist es nicht einmal wichtig, ob etwas über s, A oder V bekannt ist. Auf dieser Grundlage werden Zusammenhänge klar, die hier nicht alle aufgeführt werden können. Zum Beispiel kann ohne Weiteres begründet werden, dass bei der Kugel $V \sim r^3$ gilt. Die wunderschöne Argumentation mit dem Prinzip von Cavalieri bleibt von Bedeutung, nämlich zur Begründung des Vorfaktors $\frac{4}{3}\pi$.

Stellvertretend für weitere Bezüge seien noch drei Hinweise gegeben:

- Das Seitenverhältnis eines DIN-Blatts ergibt sich aus der Ähnlichkeit aller DIN-Blätter untereinander und der Tatsache, dass das jeweils nächst größere doppelten Flächeninhalt hat.
- Bei welchen Figuren besteht ein eindeutiger Zusammenhang zwischen Umfang und Flächeninhalt?

---

[4] Wenn Sie wollen, könnte auch die Tortenstückmethode eine Bedeutung behalten, nämlich zur Klärung der Frage, ob $\pi_{Umfang} = \pi_{Flächeninhalt}$ gilt.

- Welche Figuren kann man über den Katheten und der Hypotenuse eines rechtwinkligen Dreiecks zeichnen, so dass für ihre Flächeninhalte die Pythagorasbeziehung gilt?

Fazit:

Das Prinzip des Messens könnte als roter Faden dienen, Teile des Geometriecurriculums vernetzt zu unterrichten. Damit soll dem übertriebenen Formeldenken entgegengewirkt und Verständnis für die Struktur der Formeln in den Mittelpunkt gerückt werden. Es sollte deutlich werden, dass die Parameter in den Formeln sekundär sind und die funktionalen Zusammenhänge nicht zu kurz kommen dürfen.

Literatur

Affolter, W., Nydegger, A., Wälti, B., Wieland, G. (2013-2015). mathbuch 1, 2, 3. Zug: Klett und Balmer.

De Bock, D., van Dooren, W., Verschaffel, L. (2012). Verführerische Linearität. In: Praxis der Mathematik in der Schule, 44, 9-14.

Franke, M. & Reinhold, S. (2016³). Didaktik der Geometrie in der Grundschule. Heidelberg: Spektrum Akademischer Verlag.

Hammer, C. (2009). Vom Argument zum Beweis. In: Mathematik lehren, 155, 18-21.

Hammer, C. (2011). Immer mal wieder... Aufgabenideen zur Kopfgeometrie. In: Mathematik lehren, 167, 25-27.

vom Hofe, R. et al. (2012). Mathematik heute 5. Braunschweig: Schroedel.

Holland, G. (2007). Geometrie in der Sekundarstufe. Hildesheim, Berlin: Franzbecker.

Ulfig, F. (2013). Geometrische Denkweisen beim Lösen von PISA-Aufgaben. Wiesbaden: Springer Spektrum.

Weigand, H.-G., Filler, A., Hölzl, R. et al. (2009). Didaktik der Geometrie für die Sekundarstufe I. Heidelberg: Spektrum Akademischer Verlag.

Wittmann, E. Ch. (1987). Elementargeometrie und Wirklichkeit. Braunschweig, Wiesbaden: Vieweg.

Konzeptuelles Begriffsverständnis von Kindern über geometrische Körper

Susanne Wöller

Zusammenfassung. Dem Aufbau und der Entwicklung eines tragfähigen geometrischen Begriffsverständnisses von Kindern wird im Bereich der Grundschulmathematik eine bedeutsame Rolle zugewiesen. Während in Studien zur Erfassung des Begriffsverständnisses räumlicher Figuren bislang auf die Methoden des Zeichnens, Sortierens und Beschreibens zurückgegriffen wird, sollen im hier vorgestellten Projekt kindliche Annäherungen an die Begriffe *Würfel* und *Quader* über Bau- und Umbauaktivitäten betrachtet werden. In diesem Zusammenhang erhalten Kinder vorgegebenes Material und konstruieren unter Einbezug sprachlicher Äußerungen Würfel- und Quaderbauwerke. Leitend sind dabei die übergeordneten Forschungsfragen, welche individuellen Vorstellungskonzepte 8- bis 11-Jährige hinsichtlich der erfragten Körper aufgebaut haben, welche Eigenschaften und Facetten der Begriffe tragend in den sprachlichen und konstruktiven Artikulationen der Kinder sind und inwieweit Einsichten in die Beziehung des Würfels zum Quader vorhanden sind. Ein besonderer Schwerpunkt des Forschungsprojektes liegt darin Entwicklungstendenzen des geometrischen Begriffsverständnisses bei einem ausgewählten Teil der 8- bis 11-Jährigen nachzeichnen zu können. Im vorliegenden Beitrag wird das Projekt in seine theoretischen Grundlagen eingebettet, Schwerpunkte und Forschungsfragen herausgearbeitet und Einblicke in erste Ergebnisse vorgestellt. Schließen wird der Beitrag mit einer Diskussion und abgeleiteten unterrichtsdidaktischen Impulsen.

Einleitung

Die Erfassung räumlicher Fähigkeiten und kindlicher Vorstellungskonzepte über geometrische Figuren stellt ein Herzstück bei der Auseinandersetzung mit grundschuldidaktischen Fragen des Lehrens und Lernens von Geometrie dar (Franke & Reinhold 2016). Sinclair und Bruce (2015) betonen die Wichtigkeit der zunehmend curricularen Verankerung von Inhalten, die sich nicht nur mit dem Benennen und Sortieren geometrischer Flächen beschäftigen, sondern den Blick für weitere Aktivitäten öffnen, wie bspw.:

> *„composing/decomposing, classifying, comparing and mentally manipulating both two- and threedimensional figures"* (Sinclair & Bruce 2015, S.119)

In zahlreichen Studien wurde bereits untersucht, wie Kinder geometrische Figuren zeichnen, beschreiben und miteinander vergleichen, um darauf aufbauend Zugänge zu kindlichen Vorstellungskonzepten über geometrische Flächen (*Viereck, Dreieck, n-Eck*) zu erlangen (vgl. u. a. Burger & Shaughnessy 1986, Maier & Benz 2014, Hasegawa 1997). Dass Kinder über

Zeichnungen von geometrischen Flächen ihre individuellen Vorstellungskonzepte zum Ausdruck bringen, kann daher hinreichend angenommen werden (Thom & McGarvey 2015, Milbrath & Trautner 2008, Hasegawa 1997). Auch hinsichtlich geometrischer Körper (*Würfel, Quader, Pyramide, Zylinder*) wurden kindliche Zeichnungen als Zugang zu räumlichen Vorstellungskonzepten genutzt (vgl. u. a. Lewis 1963, Mitchelmore 1978, Rasch 2011). Diese und ähnliche Studien sind angewiesen auf notwendigerweise ausgebildete Fähigkeiten und Fertigkeiten der Grundschulkinder, Abbildungen dreidimensionaler Objekte zeichnerisch anfertigen zu können. Folglich geben sie punktuelle Einblicke in das kindliche Begriffsverständnis räumlicher Figuren.

Ein weiterer vielversprechender Ansatz zur Erfassung des kindlichen Begriffsverständnisses über geometrische Körper kann im Erstellen *konkreter* Bauwerke mit vorgegebenem Material gesehen werden. Wird folglich nach möglichen Aktivitäten des Bauens in Studien zur Erfassung des kindlichen Begriffsverständnisses gesucht, so kann bspw. auf Erhebungen verwiesen werden, welche die Bauaktivitäten von Kindern beobachteten (vgl. u. a. Wellhousen & Kieff 2001, Kietz 1950, Elkin 1984, Guanella 1935, Krötsch 1917). Battista und Clements (1996, 1998) untersuchten umfänglich die Strukturierungsfähigkeiten von 9- bis 12-Jährigen in dreidimensionalen Würfelanordnungen und in Studien von Reinhold (2015) und Reinhold et al. (2013) werden die individuellen Baustrategien von Vor- und Grundschulkindern bei der Erstellung konkreter Bauwerke beleuchtet.

Aus diesen und ähnlichen Studien kann extrahiert werden, dass Kinder mit Hilfe konstruktiver Bauaktivitäten Einblicke in ihre individuellen Vorstellungskonzepte sowohl hinsichtlich der Eigenschaften von geometrischen Figuren, als auch der Erfassung räumlicher Beziehungen und der Strukturen innerhalb dreidimensionaler Bauwerke ermöglichen. Ferner sind die feinmotorischen Fähigkeiten von Kindern im Alter von 8 Jahren bereits so weit ausgebildet, dass bei diesen Aktivitäten im Normalfall nicht mit Einschränkungen in der Handhabung des Materials zu rechnen ist. In diesem Zusammenhang kann angenommen werden, dass Kinder durch Bauaktivitäten mit vorgegebenem Material eine bedeutungsvolle Möglichkeit erhalten, ihre individuellen Vorstellungen über geometrische Körper konstruktiv zu artikulieren. Gerade auch unter der Annahme, dass v. a. Kinder zu Beginn der Grundschulzeit nicht zwangsläufig ihre Sprache als Ausdrucksmittel für mathematische Phänomene nutzen können (Van Hiele 1986), um sich verständig zu machen, erscheinen handelnde Tätigkeiten umso zielführender, Vorstellungen über geometrische Körper zu ergründen.

Begriffe und Begriffsbildungsprozesse – ein weitreichendes Feld

In der Beschäftigung mit theoretischen Grundlagen zu *Begriffen* und *Begriffsbildungsprozessen* öffnet sich ein weites Feld der interdisziplinären Auseinandersetzung. Nur in Auszügen kann in dem vorliegenden Beitrag diesem weitläufigen Gegenstandsbereich nachgegangen werden. Dörfler (1988) definiert Begriffe bspw. als „abstrakte [...] Objekte des Denkens" (S.110). Sie stellen „idealisierte Rekonstruktionen des diesbezüglichen Begriffsverständnisses einer Person" (Seiler 1984, S.59) vor einem subjektiv geprägten Erkenntnis- und Erfahrungshintergrund dar. Begriffe sind somit unweigerlich subjektiv. Im Prozess der Begriffsbildung allgemeiner Begriffe werden gewisse Eigenschaften von alltäglichen Objekten ignoriert bzw. abstrahiert und zugleich für den Begriff relevante Eigenschaften in Objekte transferiert (Franke & Reinhold 2016). Damit bilden Prozesse der Abstraktion und Konstruktion elementare Vorgänge individueller Begriffsbildungsprozesse.

Ein Begriff selbst ist nie nur ein einzelner Gegenstand, sondern er eröffnet eine Klasse bzw. Kategorie, in die er, aufbauend auf gewissen Aspekten, eingeordnet werden kann (Franke 1999). Somit lassen Begriffe immer auch ein Netz entstehen, in welches diese eingeordnet werden können und sind wiederum in andere Begriffsnetze eingebettet bzw. anderen Begriffen nebengeordnet. Es bilden sich bspw. Hierarchien aus, bei denen bestimmte Eigenschaften notwendig für eine Begriffszuordnung sind. Kinder ordnen Begriffskategorien schrittweise unterschiedliche Repräsentanten zu. Diese Zuordnung findet ausgehend von prototypischen Vertretern der Begriffskategorie statt, da alle wichtigen Eigenschaften in besonderer Weise veranschaulicht werden (Franke 1999, Lorenz 1998, Dörfler 1988, Clements et al. 1999). Erst nach und nach werden auch untypische Repräsentanten einer Begriffskategorie als mögliche Vertreter identifiziert (Mitchelmore & White 2000). Zunehmend erhält ein Begriff auf diese Weise mehrere Eigenschaften bzw. Merkmale, die dazu dienen, Objekte einer Begriffskategorie zuordnen zu können (Franke & Reinhold 2016).

Auch hinsichtlich geometrischer Begriffe spielen Vorgänge der Abstraktion und mentalen Konstruktion eine tragende Rolle. Wird bspw. der Objektbegriff *Würfel* und seine Eigenschaften im schulischen Kontext näher betrachtet, dann nehmen die verwendeten Bezeichnungen zum einen Bezug auf die Klassifikation nach Form, Lage, Anzahl der Ecken, Kanten, Flächen (*der Würfel als Platonischer Körper mit 6 quadratischen Begrenzungsflächen, 12 gleich langen Kanten und 8 Ecken* oder *der Würfel als besonderer Quader mit gleichen Kantenlängen, ...*) und zum anderen auf eine Klassifikation durch Idealisierung (Weigand 2014): Dabei werden im alltäglichen Umgang mit mathematischen Begriffen zentrale und markante Merkmale betont und unwesentliche Eigenschaften vernachlässigt. Als zentrales Merkmal besitzt ein Würfel für Kinder *sechs gleich große (quadratische) Flächen*. In diesem Sinne wird auch der Spielwürfel als typischer Repräsentant der Begriffskategorie *Würfel* angesehen, wobei das Merkmal der „abgerundeten Ecken" bei einem Spielwürfel für dessen Zuordnung vernachlässigt wird. Ebenso hat der Würfel durch seine sechs gleich großen Flächen und seine Nutzung als Zufallsgenerator für Kinder intuitiv etwas mit *Spielen* und *Glück* zu tun. So ist es im alltäglichen Sprachgebrauch durchaus üblich auch einen Oktaeder oder Ikosaeder als Würfel zu bezeichnen.

Kindliches Begriffsverständnis und Vorstellungen über geometrische Figuren

Im Allgemeinen beruht menschliches Verstehen auf dem Erfassen von Begriffen bzw. der Aktivierung von begrifflichen Strukturen (Seiler 1984). Werden diese Strukturen aktiviert, ist dies gleichbedeutend damit, dass auch damit in Verbindung stehende Begriffe abgerufen werden, die ihrerseits wieder in begrifflichen Strukturen eingebettet sind. Wissen und Verständnis sind demzufolge nicht einfach nur Zustände eines Individuums, sondern zielen auf die Aktivierung eines Begriffsnetzes in einem Gegenstandsgebiet ab, das eine Vielzahl an aktivierenden Denkprozessen nach sich zieht:

> Mit dem mathematischen Begriff Quader kann bspw. neben seiner eigenschaftstypischen Einordnung ebenso assoziiert werden, dass ein besonderer Quader, nämlich jener, bei dem alle Begrenzungsflächen gleich groß sind, als Würfel bezeichnet wird. Ebenso ist aber auch der Quader ein Sonderfall eines anderen geometrischen Körpers, nämlich des Prismas, einem Polyeder mit n-eckiger Grundfläche und parallelen Seitenkanten, die alle gleich lang sind – im Falle

des Quaders also mit einer viereckigen (und sogar rechteckigen) Grundfläche. Der Sonderfall Würfel ist damit sowohl ein Quader, als auch ein reguläres Prisma. Allerdings eröffnet der Würfel, durch seine Besonderheit, dass alle Begrenzungsflächen kongruent zueinander sind, auch eine neue Begriffskategorie, nämlich die der Platonischen Körper, zu der auch Tetraeder, Oktaeder, Dodekaeder und Ikosaeder gehören, die wiederum aber nicht der Gruppe der Prismen angehören, da die Seitenkanten im jeweiligen Objekt nicht parallel zueinander verlaufen. Der Quader ist somit ein Prisma, aber kein Platonischer Körper, wohingegen der Würfel sowohl einen besonderen Quader (und damit ein Prisma) als auch einen Platonischen Körper darstellt.

Selbstredend kann eine Einbettung in ein solches Beziehungsgeflecht von Grundschulkindern in der Weise nicht erwartet werden. Für den Primarbereich sind vermeintlich intuitive Vorstellungskonzepte von geometrischen Figuren vorherrschend, die zunächst auf einer anschaulichen und gegenstandsbezogenen Ebene anzusiedeln sind. Beeindruckend veranschaulicht bspw. Rembowski (2015) das komplexe Begriffsfeld, das Sechstklässler in Bezug auf den Bezeichner *Würfel* assoziieren und welche Begriffsbilder diese Kinder in der Auseinandersetzung mit dem Begriff mitbringen. Nichtsdestotrotz ist das Wissen von Grundschulkindern über die Begriffshierarchie, die diesen Polyedern zugrunde liegt (*Prisma – Quader – Würfel*), sowohl bis in die 4. Klasse hinein curricular verankert, als auch fundamental für die weitere Beschäftigung mit geometrischen Figuren im Sekundarstufenunterricht.

Charakteristik mathematischen Begriffsverständnisses

Vollrath (1984) charakterisiert, was unter dem *Verständnis über geometrische Begriffe* zu verstehen ist und welche Faktoren dieses sogenannte *Verständnis* indizieren. Mit *Begriffsverständnis* ist folglich ein „Zustand [gemeint], der durch bestimmte nachprüfbare Fähigkeiten gekennzeichnet ist" (S.10). Dieser Zustand ist Ergebnis eines Lernprozesses und im Laufe der Zeit „entwicklungsfähig" (S.10). Schüler und Schülerinnen verfügen über bestimmte Fähigkeiten, aus denen geschlossen werden kann, dass ein mathematischer Begriff *verstanden* worden ist: Sie kennen die Begriffsbezeichnung, können eine Definition des Begriffes angeben und beherrschen charakteristische Eigenschaften. Weiterhin sollten sie selbstständig Beispiele nennen und begründen können, warum sie der Begriffskategorie zuzuordnen sind. Bei vorgegebenen Beispielen sollten sie entscheiden können, ob sie in die Kategorie fallen oder nicht. Der Begriff und seine Eigenschaften sollte von den Schülern und Schülerinnen zur Beschreibung von Sachverhalten und zur Lösung von Problemen genutzt werden können und sie sollten in Ansätzen Vorstellungen über das zugrundeliegende Beziehungsnetz besitzen. So sollten sie folglich Ober- und Unterbegriffe mit dem Begriff selbst in Beziehung setzen können (Vollrath 1984).

Bei genauerer Betrachtung der Beschreibung Vollraths (1984) fällt auf, dass diese Indikatoren eher auf das Begriffsverständnis von Sekundarstufenschülern und -schülerinnen ausgerichtet sind, als auf das (vermutlich eher intuitiv ausgerichtete) Begriffsverständnis von Grundschulkindern über geometrische Körper. Daher soll der Terminus des *Begriffsverständnisses* durch Weigand (2014) erweitert werden: Zum *Verstehen* eines Begriffes (~Begriffsverständnis) gehört der Aufbau angemessener Vorstellungen, der Erwerb von Kenntnissen und die Aneignung von Fähigkeiten. Weiterhin differenziert Weigand (2014) den Terminus des *Verstehens* weiter aus: Grundlegend sind Vorstellungen über den Begriffsinhalt (wie Merkmale, Eigenschaften eines Begriffs und deren Beziehungen untereinander), Vorstellungen über den Begriffsumfang und über das zugrundeliegende Begriffsnetz. Diese Charakteristik Weigands, obwohl sie auf das Lehren und Lernen mathematischer Begriffe in der Sekundarstufe abzielt, scheint dennoch durch ihre Offenheit gegenüber den individuellen Vorstellungen eher geeignet zu sein, kindliches Verständnis von geometrischen Begriffen beschreibbar zu machen.

Der Begriff der individuellen Vorstellungsbilder und mentalen Modelle

Individuelle Vorstellungsbilder sind „anschauliche Repräsentationen eines Objekts, einer Situation oder einer Handlung" (Bender 1991, S.52). Das Verständnis mathematischer Begriffe ist stark mit den Vorstellungen, die Kinder über diese Begriffe aufgebaut haben, verbunden. So prägen Vorstellungen über Prototypen, also typische Vertreter einer Begriffskategorie, die Vorstellungen über die gesamte Begriffskategorie. Es kann bspw. sein, dass Kinder einen flachen und dünnen Quader nicht als Quader identifizieren, da ihre prototypischen Vorstellungen nur einen schuhkartonförmigen Quader als Repräsentanten zulassen. Ebenso ist es möglich, dass Kinder ein auf der Ecke „stehendes" Quadrat nicht als ein solches identifizieren, da die Vorstellung eines auf der Seite „liegenden" Quadrates als prototypischen Vertreter vorherrschend ist. Ziel des mathematischen Begriffserwerbs ist somit der Aufbau tragfähiger Vorstellungen, sodass verständiges und flexibles

Operieren mit mathematischen Begriffen in Sach- und Problemkontexten möglich ist (Lorenz 1998, Vogel & Wittmann 2010, Weigand 2014, Bender 1991, Vom Hofe 1996). Diese Vorstellungen werden über die (Schul-)Jahre hinweg immer wieder durch spezifische Lehr- und Lernkontexte angepasst, um vorhandene (bisher erfolgreiche) Konzepte weiter auszubauen oder sogar zu ersetzen (Vom Hofe 1996). Die individuellen Vorstellungen über Eigenschaften eines mathematischen Begriffes konstruieren sogenannte *mentale Modelle* (Weigand 2014, S.101). Diese sind im Hinblick auf mathematische Begriffsbildung interne Repräsentationen eines mathematischen Begriffes, mit dem Ziel hinreichend allgemein und flexibel zu sein, um sowohl auf typische als auch auf untypische Vertreter einer Begriffskategorie anwendbar bzw. übertragbar zu sein (Weigand 2014).

Durch Äußerungen und Handlungen von Kindern lässt sich die Struktur solcher mentalen Modelle in gewisser Weise erschließen bzw. rekonstruieren (Weigand 2014, Hasegawa 1997, Szagun 2011). Konkrete Bauaktivitäten geben folglich Aufschluss über mental ablaufende Prozesse der Kinder (Reinhold 2015) und verweisen diesbezüglich auch auf das Begriffsverständnis von Schülern und Schülerinnen hinsichtlich mathematischer Begriffe. Ebenso eröffnen sprachliche Äußerungen von Kindern Erkenntnisse über deren Vorstellungen hinsichtlich geometrischer Figuren (Szagun 2011). Auf dieser Grundlage kann ein Zugang zum konzeptuellen Begriffsverständnis von Kindern über geometrische Körper hergestellt werden, welcher sich nicht nur in einer korrekten Definition des Begriffes oder dem Nennen von Beispielen zeigt, sondern ebenso Prozesse der Vorstellung und Visualisierung charakteristischer Eigenschaften von Begriffen bzw. Begriffsklassen umfasst, die aktiviert werden, wenn Kinder konkreten Repräsentanten begegnen (Fischbein 1993) bzw. diese handelnd aktiv erstellen. Aus dieser besonderen kontextgebundenen Begegnung der Kinder mit geometrischen Körpern können Einsichten in Strukturen des evozierten *concept image* (Tall & Vinner 1981, S.152f) gewonnen werden.

Entwicklung des geometrischen Begriffsverständnisses

Da im vorliegenden Forschungsprojekt ein besonderer Schwerpunkt auf der Erfassung möglicher Entwicklungstendenzen geometrischer Vorstellungskonzepte von 8- bis 11-Jährigen liegt, werden für dieses Anliegen Kinder im Längsschnitt zu ihrem Begriffsverständnis befragt. Als theoretischen Ausgangspunkt wird dafür an das *Modell der Entwicklung geometrischen*

Begriffswissens nach Van Hiele (1986, 1967) und Van Hiele & Van Hiele-Geldorf (1978) angeknüpft. In diesem Modell werden fünf aufeinander aufbauende Denkebenen definiert, die jeweils unterschiedliche Ausprägungen des Wissens und Bedeutungen von Objekten – je nach Ebene – bei Kindern und Erwachsenen beleuchten. Der Übergang von einer Ebene zur nächsten ist kein biologisch begründbarer Prozess, sondern geschieht unter dem Einfluss eines sogenannten „teaching-learning-programs" (Van Hiele 1986, S.50; Van Hiele & Van Hiele-Geldorf 1978, S.130ff). Etwaige unterrichtliche Indikatoren, die Einfluss auf die Entwicklung bzw. Änderung des artikulierten konzeptuellen Begriffsverständnisses der Kinder haben, sollen im Projekt vordergründig nicht thematisiert werden. Leitend ist die Frage, *wie* sich die Vorstellungen bei 8- bis 11-Jährigen ändern und *welche* Ausprägungen des Verständnisses in den jeweiligen Klassenstufen bzw. Altersjahren dominieren.

Nach Van Hiele (1986, 1967) befinden sich Schulanfänger vorwiegend auf der Ebene des *räumlichen Denkens (visual level)*. Hierbei werden geometrische Figuren durch ihre äußere Erscheinungsform erkannt und beschrieben. Obwohl Kindern auf dieser Ebene zwar *ihre* Sprache zur Beschreibung von Phänomenen zur Verfügung steht, ist der Gebrauch dieser Sprache starken Einschränkungen unterworfen (Van Hiele 1986). Auf die Frage, warum ein besonderer Körper ein Würfel ist, könnte ein Kind bspw. antworten*, dass er ein Würfel ist, da er genauso aussieht, wie ein Würfel*. Ein enger Bezug zum Beobachteten und der dargestellten Ganzheit der Figuren ist auf dieser Ebene deutlich erkennbar. Auf der Grundlage, dass Kinder auch auf dieser Ebene bereits einfaches beschreibendes Wissen zur Identifikation von geometrischen Figuren hinzunehmen, treffen Clements et al. (1999) eine weitere Unterteilung: Es wird die Existenz eines *pre-recognitive levels* angenommen, auf welchem (Vorschul-)Kinder bspw. einen Kreis/ ein Dreieck/ ein Quadrat nicht von Gegenbeispielen der jeweiligen Begriffsklasse unterscheiden können. Kinder, denen eine solche Unterscheidung gelingt „should be considered in *transition to*, instead of *at*, the visual level" (S.205). Nutzen Kinder einfaches beschreibendes Wissen befinden sie sich auf einem *syncretic level*.

Die zweite Ebene nach Van Hiele (1986, 1967) ist geprägt durch die Fähigkeiten der Kinder zunehmend auf beschreibender Basis mathematische Eigenschaften eines geometrischen Objekts für dessen Kategorisierung in Betracht zu ziehen (*geometrisch-räumliches Denken* bzw. *descriptive level*). Geometrische Figuren werden nun zu Trägern ihrer Eigenschaften, die zunehmend Bedeutung erhalten. Sind die Schüler und Schülerinnen in der Lage, ein Beziehungsnetz zwischen den Eigenschaften von geometrischen Figuren aufzubauen, befinden sie sich auf der Ebene des *mathematisch-geometrischen Denkens* (*theoretical level*). Geometrische Figuren können nun nach logischen Gesichtspunkten geordnet und klassifiziert werden und mathematische Definitionen werden bedeutungsvoll für die Formulierung von Erkenntnissen und Beobachtungen. Auf der Ebene des *logisch-mathematischen Denkens* (*formal logic*) erfolgt die innere Erkenntnis über die Wichtigkeit von Axiomen, Sätzen und Definitionen in der Welt der Mathematik, sodass darauf aufbauend Beweise geführt werden können. Schüler und Schülerinnen können nun theoretische Ideen auch auf neue Inhalte übertragen. Ist ein rein formales Arbeiten im Axiomen-System der Mathematik möglich, ist die Ebene des *streng abstrakt-mathematischen Denkens* (*the nature of logical laws*) erreicht. Es kann allerdings hinreichend angezweifelt werden, dass ein Großteil der Schüler und Schülerinnen in ihrer Schullaufbahn diese (und vermutlich in der vollen Ausprägung auch die vorherige) Ebene jemals erreichen.

Crowley (1987) weist darauf hin, dass die Sprache auf jeder Ebene eine besondere Bedeutung hat. Schüler und Schülerinnen sprechen auf jeder Ebene in gewisser Weise anders über mathematische Objekte, da sie diese von einem anderen *Ideenbereich* (Van Hiele & Van Hiele-Geldorf 1978, S.130) aus betrachten. Genauso bedingt die Beherrschung der für die Ebene angemessenen Sprache den Übergang von einer Ebene zur nächsthöheren (Van Hiele 1986). Nach Szinger (2008) sind für Kinder im Grundschulalter zunächst nur die ersten drei Ebenen des Modells relevant, da logische Beziehungen zwischen den Eigenschaften von geometrischen Objekten von einem Großteil der Grundschulkinder noch nicht erkannt werden können. Auch Merschmeyer-Brüwer (1994) zufolge können Schüler und Schülerinnen der Primarstufe entwicklungsbedingt höchstens die Ebene des mathematisch-geometrischen Denkens erreichen. Viele Drittklässler befinden sich demzufolge im Hinblick auf die Betrachtung geometrischer Körper sogar erst auf der Ebene des räumlichen Denkens (*visual level*) und weisen durch die Hinzunahme mathematisch orientierter Beschreibungen der Körper eine Tendenz zur nächsthöheren Ebene auf.

Konzeptuelles Begriffsverständnis von Kindern über geometrische Körper

Schwerpunkte des Projektes und abgeleitete Forschungsfragen

Auf Grundlage der bisherigen Überlegungen ist es folglich ein Anliegen innerhalb des Projektes, das konzeptuelle Begriffsverständnis (also sowohl die Vorstellungen über Begriffsinhalt, -umfang und -netz) als auch die individuellen Vorstellungsbilder über Bauaktivitäten zu erfassen. Den befragten 8- bis 11-Jährigen werden dafür Holzbausteine (Abb. 1) zur Verfügung gestellt, die sie für ihre Aktivitäten zum Bauen geometrischer Körper nutzen können. In diesem Material konkretisieren sich teilweise bereits gewisse Eigenschaften des Quaders (Würfels), wie bspw. *Anzahl der Ecken, Kanten und Flächen, gleich lange Kanten* (bei Würfelbausteinen) oder *der entstehende Winkel zwischen zwei Flächen, die in einer Kante zusammentreffen.* Diese Konkretisierungen können die Kinder während des Leitfadeninterviews nutzen, um ihre individuellen Vorstellungen greifbar und nutzbar für ihre sprachlichen Artikulationen zu machen. In einer begleitenden Studie wird darüber hinaus der Frage nachgegangen, welche konzeptuellen Vorstellungen der Kinder sich in der Nutzung und Erstellung von Kantenmodellen bzw. unter Verwendung von Knete/ Papier, etc. äußern.

Abb. 1: Würfel- und Quaderbausteine, Dreiecksprismen, Keile und Fröbels 6. Spielgabe

Der Schwerpunkt des Projektes liegt zum aktuellen Zeitpunkt auf der Erfassung individueller Vorstellungen der Kinder zu den geometrischen Körpern *Würfel* und *Quader*. In einer anderen das Projekt begleitenden Studie werden ebenso kindliche Vorstellungen über weitere im schulischen Kontext relevante geometrische Körper (wie *Pyramide, Kugel, Kegel, Zylinder* und *Tetraeder*) mittels Bauaktivitäten untersucht.[1]

---

[1] Ergebnisse der begleitenden Studien werden zu einem späteren Zeitpunkt mit den aktuell vorliegenden Ergebnissen in Beziehung gesetzt.

Da allerdings nicht nur die Bauaktivitäten über das subjektiv gefärbte Begriffsverständnis Aufschluss geben, sondern ebenso die sprachlichen Artikulationen der Kinder, werden während des Leitfadeninterviews zusätzlich die verbalen Äußerungen während des Bauens zur weiteren Analyse hinzugezogen. Auf diese Weise können möglichst vielfältige Facetten des individuellen Begriffsverständnisses von 8- bis 11-Jährigen (3., 4. und 5. Klasse) zu geometrischen Körpern abgebildet werden. Ein Augenmerk wird daher während des Interviews u. a. darauf liegen, inwieweit sich die Äußerungen der Kinder in ihren Bauaktivitäten widerspiegeln. Diesbezüglich gibt die Literatur darüber Aufschluss, dass eine Diskrepanz zwischen *concept image* und *concept definition* besteht (Tall & Vinner 1981, Vinner 1983): Die sprachlichen Äußerungen der Kinder zu den mathematischen Objekten müssen schließlich nicht zwingend mit ihren individuellen Vorstellungen, die sich in den Bauaktivitäten zeigen, übereinstimmen. Demzufolge kann es sein, dass ein Kind sich sprachlich nur schwach zu den geometrischen Körpern äußern kann, dafür aber in seinen Bauaktivitäten zeigt, dass es prinzipiell tragfähige Vorstellungen besitzt. Andererseits kann es sein, dass ein Kind eine mögliche Begriffsdefinition und Eigenschaften des Begriffes angeben kann, dafür aber in seinen Bauaktivitäten aufweist, dass dieses Wissen nicht anwendbar ist auf konstruktive Bauaktivitäten.

Welche individuellen Vorstellungen über geometrische Begriffe 8- bis 11-Jährige schließlich in ihren Bauaktivitäten zeigen, soll im dargestellten Forschungsprojekt analysiert werden. Für den vorliegenden Beitrag können demnach folgende Forschungsschwerpunkte zusammengefasst werden:

- Erhebung des konzeptuellen Begriffsverständnisses von 8- bis 11-Jährigen über die Begriffe *Würfel* und *Quader* durch Bauaktivitäten mit vorgegebenem Material,
- Erhebung sprachlicher Äußerungen von 8- bis 11-Jährigen vor und während ihrer Bauaktivitäten,
- Erfassung individueller Entwicklungsverläufe geometrischer Vorstellungskonzepte in Bezug auf die Begriffe *Würfel* und *Quader* bei Kindern im Alter von 8 bis 11 Jahren.

Aus diesen Schwerpunkten konstruiert sich die leitende Forschungsfrage:

Über welches konzeptuelle Begriffsverständnis von geometrischen Körpern verfügen Kinder im Alter von 8 bis 11 Jahren?

Strukturiertere Analyseschritte gewähren die ausdifferenzierten Forschungsfragen:
1. Wie artikuliert sich das Verständnis von 8- bis 11-Jährigen hinsichtlich der Begriffe *Würfel* und *Quader* über Bauhandlungen? Welche prototypischen und besonderen Bauwerke werden erstellt?
2. Wie artikuliert sich das Verständnis von 8- bis 11-Jährigen hinsichtlich der Begriffe *Würfel* und *Quader* über sprachliche Äußerungen?
3. Wie entwickelt sich das geometrische Begriffsverständnis bei 8- bis 11-Jährigen?[2] Welche für das jeweilige Alter tragenden Vorstellungen lassen sich erkennen? Inwieweit können die Ergebnisse mit dem *Modell der Entwicklung geometrischen Begriffswissens* nach Van Hiele und Van Hiele-Geldorf in Verbindung gesetzt werden bzw. inwieweit lässt sich das Modell durch spezifische Aspekte konstruktiver Aktivitäten bereichern?

Methodologie und methodisches Vorgehen

Im Diskurs der gegenstandsbegründeten Theoriebildung lässt sich die Methodologie der *Grounded Theory* nach Corbin & Strauss (2015) verorten. Theorien werden hierbei nicht an einen Forschungsgegenstand herangetragen, sondern in wechselseitiger Auseinandersetzung mit empirischen Daten generiert (Flick 2002). In diesem Sinne werden theoretische (Vor-)Annahmen im Feld überprüft und weiterentwickelt, wobei den Daten im Kontext des Feldes Priorität gegenüber bestehenden Theorien eingeräumt wird. Die Auseinandersetzung mit der gegebenen Literatur legt der Forscherin bspw. nahe, dass unterschiedliche Ausprägungen des Begriffsverständnisses hinsichtlich geometrischer Körper bei 8- bis 11-Jährigen zu verzeichnen sein werden (vgl. u. a. Van Hiele 1986, 1967, Van Hiele & Van Hiele-Geldorf 1978). Dies kann sich z. B. darin zeigen, dass die befragten jüngeren Kinder vermutlich dazu tendieren, geometrische Körper *partitional* (de Villiers 1994, S.12) und nicht hierarchisch zu klassifizieren. Ebenso lässt sich ver-

---

[2] Auf die konkrete Entwicklung individueller Vorstellungskonzepte der ausgewählten Dritt-, Viert- und Fünftklässler kann im vorliegenden Beitrag nicht eingegangen werden, da sich die (zumindest teilweise) im Längsschnitt vorliegenden Daten noch in der Auswertung befinden.

muten, dass die Kinder, die im Alter von 10 bis 11 Jahren in Sachsen die Sekundarstufe besuchen, über zunehmend ausdifferenziertes und mathematisch orientiertes Wissen zu den geometrischen Körpern *Würfel* und *Quader* verfügen. Weiterhin werden als theoretische Bezugspunkte die Modelle von Weigand (2014) und Vollrath (1984) herangezogen, die den Horizont für mögliche Indikatoren eines tragfähigen Begriffsverständnisses eröffnen. Diese und weitere Theorien, Modelle und Erfahrungen aus der Praxis bilden den Ausgangspunkt für eine Beschäftigung im Feld und führen zu einem Vorverständnis vom Forschungsgegenstand.

Das Vorgehen nach der Grounded Theory eröffnet diverse Methoden der Datenauswertung: Die in den Daten liegende Vielfalt wird im Prozess des offenen Codierens „aufgebrochen". Dabei wird versucht, Phänomene zu benennen und zu konzeptualisieren, um somit in einem ersten Schritt möglichst breit die individuellen Vorstellungen der Kinder zu den geometrischen Körpern *Würfel* und *Quader* zu erfassen. Anschließend werden die gebildeten Kategorien und Konzepte im Prozess des axialen und selektiven Codierens zueinander in Beziehung gesetzt und Kernkonzepte herausgearbeitet. Dienlich sind dabei die Methoden fortwährenden Vergleichens und Kontrastierens einzelner Fälle bzw. Typen. Zwingend notwendig bei der Handhabung dieser Methoden sind zum einen die Einnahme einer hinreichend offenen Grundeinstellung zum erhobenen Datenmaterial und zum anderen die fortwährende Rückkopplung der aus den Daten gewonnenen Erkenntnisse zu vorhandenen Theorien und Modellen. Flick (2002) beschreibt diesen Prozess der Datenauswertung treffend:

> *„Es geht nicht um die Reduktion von Komplexität durch Zerlegung in Variablen, sondern um die Verdichtung von Komplexität durch Einbeziehung von Kontext."* *(Flick 2002, S.69)*

Sampling, Methoden der Datenerhebung und Auswertung

Theoretical Sampling (Corbin & Strauss 2015)

Insgesamt ergibt sich ein Sampling, das es ermöglicht, breit gefächert das konzeptuelle Begriffsverständnis von 8- bis 11-Jährigen hinsichtlich der Begriffe *Würfel* und *Quader* in den jeweiligen Klassenstufen zu beschreiben (Tab. 1). Im Hinblick auf die Erfassung individueller Entwicklungsverläufe geometrischer Vorstellungskonzepte weist das Sampling in Bezug auf eine

Konzeptuelles Begriffsverständnis von Kindern über geometrische Körper

Auswahl von insgesamt 30 Kindern aus zwei verschiedenen Leipziger Schulen ein Längsschnittdesign auf (siehe Pfeildarstellung in Tab. 1).

Schulen und deren Besonderheiten \ Schuljahr der Schüler und Schülerinnen	Kl. 3 (N=52) (8;11-10;11)	Kl. 4 (N=30) (9;1-11;10)	Kl. 5 (N=9) (10;11-11;9)
1. Grundschule, Leipzig (teilweise Kinder mit Migrationshintergrund mit *Deutsch als Zweitsprache*)	Juni/ Juli 2015 (n=10)	März/ Apr 2016 (n=10)*	Sommer 2017
2. Primary School, Penang, Malaysia (engl.-sprachig)	Okt 2015 (n=12)*	---	---
3. Grundschule, Vorort Leipzigs (mit Diagnose *LRS*, Lebensalter entspricht teilweise der 4. Kl.)	Jan 2016 (n=11)	---	---
4. Grundschule, Vorort Leipzigs	März 2016 (n=5)*	---	---
5. Städtische Grundschule, Leipzig	Apr 2016 (n=14)*	---	---
6. Schule in freier Trägerschaft 1, Leipzig	---	Aug 2016 (n=20)*	Juni 2017 / Sommer 2018
7. Schule in freier Trägerschaft 2, Leipzig	---	---	Juni 2016 (n=9)

Tab. 1: Geplantes Sampling bis zum Ende des Projektes in Bezug auf die Hauptstudie (mit * sind Datenerhebungen von Teilprojekten gekennzeichnet, die im Rahmen von unveröffentlichten Staatsexamensarbeiten an der Universität Leipzig entstanden sind)

Leitfadeninterview und verwendetes Material

Es wurde ein teilstandardisiertes leitfadenbasiertes Interview (Hopf 2013, Kruse 2015) geführt. Der dazu eigenständig entwickelte Leitfaden bezieht sich auf vorliegende Ergebnisse aus Studien zur Entwicklung geometrischen Denkens bei Kindern (vgl. u. a. Van Hiele 1986, Crowley 1987, Gutiérrez et al. 1991, Burger & Shaughnessy 1986, Clements et al. 1999). Im Verlauf einer explorativen Studie im Sommer 2015 und anschließender Befragungszeitpunkte wurde der Leitfaden im Sinne der Grounded Theory (Corbin &

Strauss 2015) abgewandelt und an den Forschungsgegenstand angepasst. Ebenso wurde das für das Interview genutzte Material während der Anwendung mit den befragten Kindern getestet und teilweise verändert: Die Kinder erstellten bspw. im Sommer 2015 mithilfe vorgegebener Würfelbausteine (mit der Kantenlänge 3 x 3 x 3cm), Quaderbausteine (6 x 3 x 3cm) und der 5. und 6. Spielgabe Friedrich Fröbels Würfel- und Quaderbauwerke. Während bei Interviews zu späteren Zeitpunkten zusätzlich Dreiecksprismen (3 x 3 x 3cm) und Keile (6 x 3 x 1,5cm) hinzukamen (Abb. 1) und die 5. Spielgabe wieder aus dem Interview entfernt wurde.

Im ersten Teil des offenen Leitfadeninterviews werden die Kinder in einer Eins-zu-Eins-Situation (zunächst ohne Material) dazu angeregt zu beschreiben, was ein Würfel bzw. Quader ist. Dafür schließen sie ihre Augen, stellen sich den Körper vor und erklären dem Interviewer, was sie sehen. Anschließend erhalten sie päckchenweise unterschiedliches Material und erstellen unter sprachlicher Begleitung Würfel- und Quaderbauwerke. Konsequent werden sie ermutigt, mit den jeweiligen Bausteinen auch andere Repräsentanten für Würfel und Quader zu erstellen. Die unten stehende Tabelle (Tab. 2) gibt Aufschluss über die genutzten Fragen bzw. Impulse in den jeweiligen Teilen des Interviews und das verwendete Material.

	Fragentyp	Frage	Material
Würfel	Beschreiben	Stell dir einen Würfel vor. Beschreibe, was du siehst.	-
		Beende den Satz: "Ein Würfel ist..."	
	Bauen und Beschreiben	Baue aus den Bausteinen einen Würfel. Kannst du noch einen anderen Würfel bauen? ...	Würfel, Quader, Dreiecksprismen, Keile, Fröbels 6. SG
		Erkläre, was du machst.	
		Und woher weißt du, dass das ein Würfel ist?	
Quader	Beschreiben	Stell dir einen Quader vor. Beschreibe, was du siehst.	-
		Beende den Satz: "Ein Quader ist..."	
	Bauen und Beschreiben	Baue aus den Bausteinen einen Quader. Kannst du noch einen anderen Quader bauen? ...	Würfel, Quader, Dreiecksprismen, Keile, Fröbels 6. SG
		Erkläre, was du machst.	
		Und woher weißt du, dass das ein Quader ist?	
Würfel/ Quader	Umbauen	Baue aus dem Würfel einen Quader.	Würfel/ Quader/ Dreiecksprismen/ Keile/ Fröbels 6. SG
		Baue aus dem Quader einen Würfel.	
	Erklären	Erkläre, was du machst.	
	Vergleichen und Erkennen	Vergleiche diesen Würfel mit diesem Quader. Welche Gemeinsamkeiten und Unterschiede gibt es? Kennst du noch welche? ...	
		Sind diese Bauwerke für dich Würfel/ Quader?	

Tab. 2: Kurzfassung des Interviewleitfadens mit zu verwendendem Material

Durchführung mit dem Wortschatz- und Wortfindungstest (WWT 6-10)

Für die Feststellung standardisierter Daten der interviewten Schüler und Schülerinnen wurde ein computergestützter Wortschatz- und Wortfindungstest für Kinder im Alter von 6- bis 10 Jahren (im Folgenden genannt: *WWT 6-10*, Glück 2011) durchgeführt. Dieser wurde auf alle deutschsprachigen Kinder im Sampling angewendet. Der *WWT 6-10* ist ein Einzeltest, der in zwei Subtests zum einen den expressiven Wortschatz und zum anderen den rezeptiven Wortschatz des Kindes testet. In empfohlener Langform trifft der Test Aussagen über die Qualität der Speicherung, besondere Auffälligkeiten in der Ausbildung einzelner Wortarten, die Nutzung besonderer Antworttypen bei Falschantworten (im expressiven Subtest), die Nutzung von Ablenkern und Auffälligkeiten in der Antwortzeit bei Richtig-Antworten.

Aufbauend auf einem vorgegebenem Schema (vgl. Glück 2011, S.89) kann das befragte Kind hinsichtlich seines Wortschatz- und Wortfindungsvermögens diagnostiziert werden. Bei Kindern, die Deutsch als Zweitsprache lernen, wird die Antwortgenauigkeit über das Erwerbsalter normiert. Die zu bestimmenden differentialdiagnostischen Kategorien sind dabei: unauffälliger Wortschatz, evtl. Wortverständnisstörung, Abrufstörung und Wortschatzdefizit (fehlende Einträge, mangelnde Speicherqualität, Abrufqualität).

Methoden der Datenaufbereitung und -auswertung

Die Daten aus dem *WWT 6-10* wurden qualitativ nachbereitet und interpretiert, sodass zu allen deutschsprachigen Kindern eine Diagnose zum Wortschatz- und Wortfindungsvermögen vorliegt (Tab. 3). Da der *WWT 6-10* nur unzureichende Aussagen über eine Wortverständnis- oder Abrufstörung zulässt, kann das Sampling in Bezug auf das Sprachvermögen zusammenfassend in drei Gruppen eingeteilt werden:

- Schüler und Schülerinnen mit unauffälligem Wortschatz (1)
- Schüler und Schülerinnen mit Wortschatzdefizit (2)
- Schüler und Schülerinnen in der Gruppe *Sonstiges* (3)

Es ist ein Anliegen zu untersuchen, wie sich das artikulierte konzeptuelle Begriffsverständnis über geometrische Körper in den jeweiligen Gruppen (1) und (2) äußert. Es wurde folglich untersucht, *ob* und *inwieweit* mathematisches Verständnis über geometrische Begriffe zum Sprach- bzw. Wortschatzvermögen des jeweiligen Kindes in Beziehung steht.

Diagnose	Prozentrang (PR) nach Altersnorm		Anzahl der Kinder aus dem dt.-sprach. Sampling (N=69)
	WWT expressiv	WWT rezeptiv	
Unauffälliger Wortschatz	PR > 16	PR > 16	39
Abrufstörung	PR < 16	PR > 16	10
Wortverständnisstörung	PR > 16	PR < 16	6
Wortschatzdefizit	PR < 16	PR < 16	14

Tab. 3: Einordnung in differentialdiagnostische Kategorien durch den *WWT 6-10*

Anknüpfend an bisherige Vorannahmen fand zu Beginn der Datenauswertung eine Zuordnung der zu diesem Zeitpunkt befragten Kinder in die *Ebenen der Entwicklung geometrischen Wissens* nach Van Hiele (1986, 1967) und Van Hiele & Van Hiele-Geldorf (1978) statt. Hinsichtlich dieser Zuordnung sollten sowohl die sprachlichen als auch die in Bauaktivitäten geäußerten Facetten geometrischen Begriffsverständnisses Berücksichtigung finden. Dafür wurden, in Anlehnung an bereits vorhandene Indikatoren für eine Zuordnung befragter Kinder zu den Ebenen (u. a. Van Hiele 1986, 1967, Van Hiele & Van Hiele-Geldorf 1978, Burger & Shaughnessy 1986, Gutiérrez et al. 1991), eigene Kategorien erstellt, die dieses Ziel abzubilden versuchen. Während des Analyseprozesses wurden diese Kategorien in Anwendung auf neues Datenmaterial einer Ausdifferenzierung unterworfen, die zum aktuellen Zeitpunkt noch nicht abgeschlossen ist.

Die Daten wurden außerdem in *Atlas.ti* (Datenauswertungssoftware) im Sinne der Grounded Theory (Corbin & Strauss 2015) codiert. Dazu wurde u. a. im Hinblick auf das Erstellen von Quadern (und im Besonderen von Würfeln) nach möglichen Auffälligkeiten und besonderen Vorgehensweisen in den kindlichen Bauaktivitäten Ausschau gehalten, die Rückschlüsse auf das konzeptuelle Begriffsverständnis zulassen. Die Bauaktivitäten der Kinder wurden wiederum mit deren sprachlichen Äußerungen in Beziehung gesetzt. Die dargebotene Datenfülle wurde mittels *Atlas.ti* mit analytischen Begriffen versehen. Diese Phänomene des Interviews wurden gemeinsam mit einer Forschergruppe diskutiert und interpretiert (vgl. Steinke 2013) und wurden zur Grundlage eines Codierleitfadens, der wiederum auf weitere

Kinder angewendet wurde und sich in einem Prozess der zunehmenden Ausdifferenzierung befindet. Die gesetzten analytischen Begriffe werden in der Konsequenz fortwährend abstrahiert und erzeugen letztendlich den Kern einer Theorie, die das in Bauaktivitäten geäußerte geometrische Begriffsverständnis von 8- bis 11-Jährigen beschreibt. Es ist zweifelsohne erkennbar, dass dieser Prozess in enger Beziehung zur Betrachtung des *Modells der Entwicklung geometrischen Begriffswissens* und der damit einhergehenden Ausdifferenzierung der vorgelegten Indikatoren steht.

Zusätzlich zu diesen qualitativen Auswertungen erfolgte eine quantitativ ausgerichtete Auszählung der von den Kindern erstellten Bauwerke, um Aussagen über (proto-)typische Würfel- und Quaderbauwerke treffen zu können. Hierbei wurde u. a. betrachtet, welche expliziten Repräsentanten für den Begriff *Quader* erstellt wurden und ob sich mögliche Typen bzw. Gruppen von gebauten Quadern identifizieren lassen. Ebenso erfolgte eine Auszählung fehlerhaft konstruierter Würfelbauwerke, die jedoch in der weiteren Analyse nicht mehr zielführend für den Forschungsgegenstand war und somit abgebrochen wurde. Nachfolgend werden Ergebnisse der beschriebenen Auswertungsprozesse vorgestellt. Zukünftig wird im Sinne des Forschungsgegenstandes der Fokus auf der Ausdifferenzierung und Konkretisierung des bisher erstellten Kategoriensystems (Codierleitfadens) und der in enger Verbindung stehenden Betrachtung des *Modells der Entwicklung geometrischen Begriffswissens* für konstruktive Bauaktivitäten liegen.

Einblicke in vorliegende Ergebnisse und Diskussion der Ergebnisse

Die Auswertung der Daten zeigt eine große Vielfalt an individuellen Vorgehensweisen der befragten deutschen und malaysischen Kinder beim Bauen (und Umbauen) geometrischer Körper und an erstellten Repräsentanten für die Begriffe *Quader* und *Würfel* (vgl. bzgl. der Analyse der 1. und 2. Gruppe des Samplings: Reinhold & Wöller 2016, Wöller & Reinhold 2016). Nachfolgende Bilder verdeutlichen exemplarisch diese große Vielfalt (Abb. 2 und Abb. 3).

Abb. 2: Gebaute Quader von Drittklässlern aus der 1. und 2. Gruppe des Samplings

Abb. 3: Gebaute Würfel von Drittklässlern aus der 1. und 2. Gruppe des Samplings

Konzeptuelle Vorstellungen von Kindern zum Quader

Es zeigt sich, dass 8- bis 11-Jährige dazu tendieren, prototypische Vorstellungsbilder hinsichtlich des Begriffes *Quader* in ihren Bauaktivitäten umzusetzen: So werden vorwiegend „kompakte" Quader gebaut, deren Schichten relativ zum Gesamtobjekt ausgewogen sind (bspw. 2x3x2-Quader oder 3x4x3-Quader). Lange und dünne Quader in Form einer Reihenanordnung oder die Repräsentation in Form eines einzelnen Bausteins, der bereits die notwendigen geometrischen Eigenschaften veranschaulicht, werden dahingegen von den deutschen und malaysischen Kindern selten gebaut (Tab. 4).

Die Tendenz „kompakte" Bauwerke mit den vorgegebenen Bausteinen als Repräsentanten für einen Quader anzubieten, setzt sich bis in die 5. Klasse fort. Allerdings werden nicht nur diese besonderen Kantenverhältnisse beim *Erstellen* konkreter Bauwerke gewählt, ebenso scheinen die Kinder insbesondere durch die Bausteine der 6. Spielgabe beim *Erkennen* der geometrischen Körper herausgefordert zu werden. So zeigt sich, dass der Baustein 3 (Abb. 4) für das Mädchen *Anna* keinen Quader darstellt, da er „*viel zu lang ist*" (K1, 16.06.2015, #00:16:08-4#), wohingegen ihr das Erkennen des Bausteins 2 (Abb. 4) als geläufigen Repräsentanten für diese Begriffskate-

Konzeptuelles Begriffsverständnis von Kindern über geometrische Körper

gorie keine Probleme bereitet. Die Vorstellung eines Prototyps, der sich durch eine lange (jedoch nicht zu dünne) Form kennzeichnet, spiegelt sich ebenso im Nicht-Erkennen des Bausteins 1 (Abb. 4) als Quader wider. Dieser Baustein wurde von vielen der im Sommer 2015 befragten Kinder durch die Eigenschaft der quadratischen Grundfläche als *Würfel* identifiziert.

Typ des gebauten Repräsentanten für den *Quader*	Klasse 3 (N=52) (8;11-10;11)	Klasse 4 (N=30) (9;1-11;10)	Klasse 5 (N=9) (10;11-11;9)	Beispiele
„Kompakter" Quader (bestehend aus mehreren Schichten)	188	116	37	
Flacher Quader (bestehend aus einer Schicht)	110	93	28	
Reihenanordnung	58	34	25	
Flache Mauer	25	17	25	
Einzelner Baustein (bei zutreffendem Material)	22	19	20	
Würfel (als besonderer Quader)	10	7	0	

Tab. 4: Typen an gebauten Repräsentanten für den Begriff *Quader* bei 8- bis 11-Jährigen, zugeordnet zur Klassenstufe

Abb. 4: Die einzelnen Elemente der 6. Spielgabe Friedrich Fröbels

Die Begegnung mit diesem Phänomen rief das explizite Aufgreifen dieser Thematik während der nachfolgenden Leitfadeninterviews hervor. Demnach wurden die Kinder gefragt, ob ein Bauwerk aus vier Würfelbausteinen für sie ebenso einen Quader darstellt. Beispielhaft wird ein kurzer Ausschnitt eines im Sommer 2016 erhobenen Interviews (6. Gruppe) mit der 9-jährigen *Julia* (am Beginn der 4. Klasse) angeführt:

Int. ((legt die rechts abgebildete Figur)) Ist das ein Quader?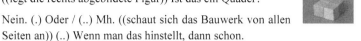
Julia Nein. (.) Oder / (..) Mh. ((schaut sich das Bauwerk von allen Seiten an)) (..) Wenn man das hinstellt, dann schon.
Int. Du kannst das gern mal hinstellen. Da ändert sich ja die Figur nicht, na? ((Julia stellt die Figur hochkant)) (.) Okay. Jetzt ist es ein Quader?
Julia Ja.
Int. Warum?
Julia Weil (.) / Mh. ((schaut sich die Figur wieder von einer Seite an)) (.) Weil das, ähm (.) sonst ((schaut sich die Figur von der anderen Seite an)) (..) ähm, zu kurz war, wenn man es hinlegt (.) oder zu lang.
Int. Okay, und woran erkennst du, dass das JETZT ein Quader ist?
Julia Mh. Das hat jetzt, also / Wenn man das hinlegt, ähm (..) / Also (.) ((schaut sich die Figur von der Seite an)) / Wenn man es hinlegt, ist es oben (..) mh, ein / ein Quadrat und jetzt ist oben ((zeigt auf die oberen beiden Würfelbausteine)) ein Rechteck.

(K57, 06.09.2016, #00:16:58-6# bis #00:18:02-8#)

In diesem Ausschnitt wird deutlich, dass keine eindeutige Zuordnung des anfangs abgebildeten Bauwerks zur Begriffskategorie Quader gelingt, da die Draufsicht auf das Bauwerk eine quadratische Fläche erkennen lässt. Diese wiederum deutet Julia als Zugehörigkeit für die Begriffskategorie Würfel. Erst das Umkippen des Bauwerks auf eine rechteckige Grundfläche erzeugt wiederum die Vorstellung eines langen Quaders, da nun von oben ein Rechteck zu sehen ist.

Konzeptuelle Vorstellungen von Kindern zum Würfel

Die vorherigen Ausführungen lassen bereits vermuten, dass sich 8- bis 11-jährige Kinder beim Bauen von Würfeln größtenteils an der quadratischen Grundfläche orientieren. In den Interviews äußert sich dies v. a. bei Drittklässlern insofern, dass einige Kinder beim Bauen von Würfeln zum Teil das Einhalten der gleichen Kantenlänge (in Höhe, Breite und Tiefe) nicht berücksichtigen und bspw. einen 4x4x2-Quader (Abb. 5, li) bereits als Würfel bezeichnen. Einige Kinder bauen sogar nur *eine* quadratische Schicht (Abb. 5, re) und benennen diese als Würfel.

Konzeptuelles Begriffsverständnis von Kindern über geometrische Körper

Abb. 5: Gebaute Repräsentanten für einen Würfel von *Anna* (9;7)

In der Weise geht auch die im Sommer 2015 befragte *Anna* vor: Auf die Frage, was für sie ein Würfel ist, antwortet sie, dass *„ein Würfel quadratisch [ist]"* (K1, 16.06.2015, #00:01:16-6#). In ihren Bauaktivitäten zeigt sich zudem, dass ihre gebauten Würfel in der Draufsicht die quadratische Fläche erkennen lassen und die Einhaltung der gleichen Kantenlänge in die Höhe dabei keine Berücksichtigung findet (Abb. 5). Besonders deutlich wird das Vermischen ihrer Vorstellungskonzepte zum *Würfel* und zum *Quadrat* in der folgenden Sequenz. Die Interviewerin fragt *Anna* nach den Gemeinsamkeiten der beiden Körper *Quader* und *Würfel*:

Anna (..) Dass die gleiche Ecken haben und (10) ((betrachtet einen Würfelbaustein)) / Daraus kann man auch ein Quadrat und / Also, daraus kann man ein Quadrat bauen.

Int. Mh. (.) Wie meinst du das „ein Quadrat bauen"?

Anna Äh. (.) Also ich, äh / Wenn ich eins weg lege ((nimmt die oberen beiden Quaderbausteine der rechts abgebildeten Figur weg)), dann sieht das schon aus wie ein Quadrat ((lässt die rechts unten abgebildete Figur entstehen)).

Int. Mhm. (bejahend) (..) Du meinst WÜRFEL? Oder meinst du Quadrat?

Anna Quadrat / oder Würfel.

Int. Was ist denn ein Quadrat?

Anna Das hat gleich lange (.) Ecken und Seiten und Flächen.

Int. Mhm. (bejahend) (..) Und was ist denn der Unterschied zwischen Würfel und Quadrat?

Anna (...) ((betrachtet nochmal einen einzelnen Würfelbaustein)) Eigentlich gar nichts.   (K1, 16.06.2015, #00:18:55-3# bis #00:19:59-0#)

Auch die Betrachtung der Daten aus Malaysia führt zu ähnlichen Beobachtungen (Abb. 6). Daraus wird ersichtlich, dass insgesamt die Beachtung der quadratischen Grundfläche als Indikator für den Begriff *Würfel* ein stark ausgebildetes Konzept bei 8- bis 11-Jährigen darstellt.

Abb. 6: Gebaute Repräsentanten für einen Würfel von 8- bis 9-Jährigen aus Malaysia

Während des Analyseprozesses stellte sich unmittelbar die Frage, ob dieses Konzept auch bei anderen Kindern (höherer Klassenstufen) ähnlich ausgebildet ist und inwieweit sich dieses möglicherweise weiter ausdifferenziert bzw. neue Phänomene hinzutreten (Tab. 5).

Klasse	Beispiele aus dem Sampling	Vorgehensweise der Kinder beim Bauen von Würfeln
3. Kl. (N=52) (8;11-10;11)		• Vorrangige Beachtung der quadratischen Grundfläche, nur teilweise Beachtung der Höhe • Häufig werden Quader anstatt Würfel gebaut • Verwechslungen von Begriffen der ebenen und räumlichen Geometrie, bspw. *Quader – Rechteck, Würfel – Quadrat, Dreiecksprismen – Dreieck, Quader – Quadrat* • Bezüge zum Spielwürfel werden hergestellt • Vorrangige Verortung auf der Ebene des räumlichen Denkens (*visual level*) mit Tendenz zur Ebene des geometrisch-räumlichen Denkens (*descriptive level*)
4. Kl. (N=30) (9;1-11;10)		• Abnahme der Strategie mit dem Bauen einer quadratischen Grundfläche zu beginnen • Zunehmend differenzierte Vorgehensweisen • Häufig werden Quader anstatt Würfel gebaut • Positive Entwicklung des sprachlich geäußerten Begriffsverständnisses, d. h. zunehmend sichere Nutzung von bspw. Eigenschaftsbegriffen • Bezüge zum Spielwürfel werden hergestellt • Verortung auf der Ebene des räumlichen Denkens (*visual level*) mit stärkerer Tendenz zur Ebene des geometrisch-räumlichen Denkens (*descriptive level*)

Konzeptuelles Begriffsverständnis von Kindern über geometrische Körper

5. Kl. (N=9) (10;11-11;9)		• Zunehmend differenzierte und flexible Vorgehensweisen beim Bauen • Die Idee des Abmessens und Nachprüfens der korrekten Kantenlänge erhält eine zentrale Bedeutung bei der Begründung • Teilweise Bezüge zum Spielwürfel • Vorrangige Verortung auf der Ebene des geometrisch-räumlichen Denkens (*descriptive level*) mit geringer Tendenz (bei einem kleinen Teil der Fünftklässler) zur Ebene des mathematisch-geometrischen Denkens (*theoretical level*)

Tab. 5: Vorgehensweise von 8- bis 11-Jährigen beim Bauen von Würfeln

Das Modell der Entwicklung geometrischen Begriffswissens nach Van Hiele

In Reinhold & Wöller (2016) wurde bereits dargelegt, wie die deutschen und malaysischen Kinder aus der 1. und 2. Gruppe des Samplings, basierend auf ihrem sprachlich geäußertem Wissen, den Stufen des Modells nach Van Hiele (1986, 1967) und Van Hiele & Van Hiele-Geldorf (1978) zugeordnet werden können und welche Probleme während der Anwendung des Modells auf das vorliegende Datenmaterial auftraten. Neben der Einbeziehung des sprachlich artikulierten Wissens sind im Projekt allerdings ebenso die über Bauaktivitäten artikulierten kindlichen Vorstellungen über die geometrischen Begriffe *Würfel* und *Quader* bedeutsam für eine umfassende Beschreibung des konzeptuellen Begriffsverständnisses von 8- bis 11-Jährigen. In diesem Zusammenhang wurde in den Daten danach Ausschau gehalten,

(1) ob das Kind einen Würfel bzw. Quader (im mathematischen Sinne) bauen kann,

(2) wie das Kind beim Bauen vorgeht und inwieweit es sich an mathematischen Eigenschaften der Objekte orientiert,

(3) welche Bauwerke es konstruiert und wie es diese wahrnimmt,

(4) ob das Kind auch untypische Vertreter der jeweiligen Begriffskategorie als zugehörigen Vertreter identifizieren kann und

(5) inwieweit Vorstellungen über ein zugrundeliegendes Beziehungsnetz zwischen den betrachteten Körpern vorhanden sind.

Im Sinne des empirisch fundierten Van Hiele-Modells wurde zunächst betrachtet, ob das Kind die Objekte bzw. Bauwerke als Ganzheit wahrnimmt und rein anschauungsgebunden in seinen Äußerungen argumentiert (*visual level*). Eine Orientierung an den mathematischen Eigenschaften, wie bspw. die Berücksichtigung der quadratischen Begrenzungsflächen in allen Dimensionen, wurde als Zugehörigkeit zur Ebene des geometrisch-räumlichen Denkens (*descriptive level*) gedeutet. Ist das Kind außerdem dazu in der Lage, beim Vergleichen und Umbauen der Körper zu beachten, dass es sich bei einem Würfel um einen besonderen Quader handelt, der folglich auch die Eigenschaften eines Quaders teilt, kann eine Zugehörigkeit zur Ebene des mathematisch-geometrischen Denkens (*theoretical level*) angenommen werden.

Die befragten 8- bis 11-Jährigen in der beschriebenen Weise den Van-Hiele-Kategorien zuzuordnen, erwies sich in der Konsequenz aber als äußerst schwierig. Die meisten Kinder des ersten Befragungszeitpunktes (im Juni/ Juli 2015) wurden der Kategorie *Level 1 (visual level) mit Tendenz zu Level 2 (descriptive level)* zugeordnet. Dass diese Zuordnung allerdings nicht immer eindeutig vollzogen werden kann, verdeutlichen die Fallbeispiele *Nele* und *Leon*, die beide der Gruppe (2) „Kinder mit Wortschatzdefizit" zugeordnet werden können.

Bei *Nele* (K3, 30.06.2015) kann im sprachlich geäußerten Wissen durch die Verwendung mathematischer Eigenschaften zur Beschreibung des Würfels und des Quaders eine starke Tendenz zu Level 2 (*descriptive level*) ausgemacht werden, wohingegen sie ihre erstellten Bauwerke auf einer rein anschaulichen Ebene beschreibt. Zudem kann *Nele* zu diesem Zeitpunkt kaum vielseitige Repräsentanten für einen Quader bauen. Ihre Bauwerke bilden mit allen verwendeten Bausteinen einen prototypischen Quader ab. In Bezug auf den Würfel kann sie lediglich mit Würfelbausteinen einen 2x2x2-Würfel bauen. Mit Quaderbausteinen bezieht sie sich auf die quadratische Grundfläche und beendet den Bau ihres Würfels mit einer 2x2-Schicht, bei der die Einhaltung der Höhe keine Berücksichtigung findet. Auf dieser Basis kann eine Zugehörigkeit zur Ebene des räumlichen Denkens (*visual level*) angenommen werden, was jedoch den sprachlich geäußerten Vorstellungen nicht angemessen zu sein scheint. Die Vorstellungen über den Begriffsinhalt, die *Nele* zu Beginn des Interviews über den Würfel bzw. Quader äußert, kann sie in ihren Bauaktivitäten nicht zur Anwendung bringen.

Im Gegensatz dazu äußert sich *Leon* zu Beginn des Interviews rein anschauungsgebunden zum Würfel:

„Er ist ein Würfel. (.) Es macht gar nichts. Es tut gar nichts. Man kann es da / Man kann den Würfel irgendwohin schmeißen. Man kann (.) äh / Man kann es (.) *((prustet))* / Man kann es als Deko verwenden. Man kann es damit etwas bauen. Man kann damit etwas (.) ähm (.) stapeln, also Würfel stapeln. Man kann damit (..) äh (..) so ein (..) / Wenn es ein Großer wäre, hätte / wäre das so ein Tisch geworden." (K7, 30.06.2015, #00:02:31-2# bis #00:03:13-5#)

Auch während seiner Bauaktivitäten begründet *Leon* die Gestalt und Form des gebauten Würfels folgendermaßen:

Int. Und woher weißt du jetzt, dass das Würfel sind?

Leon (..) Erstens, man kann es sehen. (..) Es wird immer größer *((tippt auf unterschiedlich große Würfel))*, also dann kann man erstmal so erkennen, dass es ein Würfel ist.

Int. (.) Woran SIEHST du das denn, dass das ein Würfel ist?

Leon Hier *((legt die Hand auf den 3x3x3-Würfel))* ist ein richtiger Würfel. (.) Das ist erstmal ein kleiner Würfel *((nimmt 2x2x2-Würfel hoch))*. (.) Und das ist eigentlich nur ein (.) Viereck *((nimmt einzelnen Würfelbaustein in die Hand))*. (K7, 30.06.2015, #00:06:15-1# bis #00:06:47-5#)

Seine Bauaktivitäten und seine Vorgehensweise beim Erstellen konkreter Bauwerke indizieren allerdings ein fundiertes und flexibles Verständnis des Begriffes *Würfel*. So geht *Leon* bspw. beim Bauen sehr strukturiert vor und baut seine Würfel mit den unterschiedlichen Bausteinen immer vom kleinsten zum größtmöglichen Würfel. Als einziges Kind der ersten Gruppe des Samplings (3. Klasse) baut er auf diese Weise mit Quaderbausteinen (und einem Würfelbaustein) einen 3x3x3-Würfel. Ebenso berücksichtigt er bei allen gebauten Würfeln überwiegend die Höhe. Daraus wird deutlich, dass seine individuellen Vorstellungen über den Würfel nicht nur an das Konzept der quadratischen Grundfläche gebunden sind.

Beim *Vergleichen* der Körper kann wiederum beobachtet werden, dass *Leon* auf einer anschaulichen Ebene die Unterschiede und Gemeinsamkeiten der Körper beschreibt. Allerdings nimmt er sich von den gebauten Repräsentanten, die miteinander verglichen werden sollen, je einen einzelnen Würfel- und Quaderbaustein und betrachtet diese:

„(...) Dass ein Quader *((nimmt Quaderbaustein in die Hand und betrachtet diesen von allen Seiten))* lange (..) Seiten hat. (...) Und *((nimmt Würfelbaustein in die Hand und betrachtet diesen von allen Seiten))* (...) / Und bei dem Würfel hat es kurze. (...) Mh. (...) Ähm, und dann hat es noch (...) / Sonst hat es noch lange Flächen *((tippt auf die rechteckigen Begrenzungsflächen des Quaderbausteins))* / lange vier Flächen. (...) Sonst wenn man auf die (.) / Wenn man DAS jetzt sieht *((tippt auf die quadratische Begrenzungsfläche des Quaderbausteins))*, sieht es gleich aus (.) wie bei einem (..) Würfel. (...) Mh."

(K7, 30.06.2015, #00:38:33-5# bis #00:39:56-5#)

An den Beispielen *Nele* und *Leon* wird eine Diskrepanz zwischen den Vorstellungen über geometrische Körper deutlich, die Kinder auf einer *sprachlichen* und auf einer *konstruktiv-handelnden* Ebene (beim Erstellen konkreter Repräsentanten) artikulieren. In der Konsequenz wurde im *Modell der Entwicklung geometrischen Begriffswissens* für konstruktive Bauaktivitäten die Stetigkeit der Ebenen aufgebrochen und eine Diskontinuität angenommen (vgl. auch Van Hiele 1986), da sich die befragten Kinder zuweilen auf mehreren Ebenen befinden können – je nachdem, ob sie sich sprachlich zu den geometrischen Körpern äußern oder Material zur Verfügung haben, um einen Quader bzw. Würfel zu bauen. Es sind mitunter sogar Unterschiede in der Nutzung der verschiedenen Bausteine erkennbar: So visualisieren die Würfelbausteine bereits Eigenschaften eines Würfels und es fällt den Kindern leichter aus diesen einen zusammengebauten Würfel entstehen zu lassen. Dahingegen scheinen die Kinder teilweise in einen kognitiven Konflikt zu geraten, wenn sie bspw. aus quaderförmigen Bausteinen oder Dreiecksprismen einen Würfel bauen sollen.

Zugleich kann angenommen werden, dass Kinder je nach betrachtetem mathematischen Objekt und individueller Problemstellung bzw. genutztem Material Tendenzen zu einer nächsthöheren oder niedrigeren Ebene (Gutiérrez et al. 1991, Burger & Shaughnessy 1986) aufweisen können. Eine weitere Ausdifferenzierung der Ebenen und zugehöriger Tendenzen in Anwendung auf konkrete Bauaktivitäten wird perspektivisch im Projekt weiter verfolgt, sodass die Facetten individuellen Begriffsverständnisses von 8- bis 11-Jährigen hinsichtlich geometrischer Körper zunehmend detaillierter herausgearbeitet werden können. Zusammenfassend kann für die Anwendung des Van Hiele-Modells auf das vorliegende Datenmaterial festgehalten werden,

- dass sich die meisten Dritt- und Viertklässler (8;11-11;10) auf der Ebene des räumlichen Denkens *(visual level)* mit leichter Tendenz zum geometrisch-räumlichen Denken *(descriptive level)* verorten lassen.
- dass sich kein Kind aus der 3. und 4. Klasse (nach den vorgegebenen Kategorien der Van Hieles) auf der Ebene des geometrisch-räumlichen Denkens *(descriptive level)* bzw. des mathematisch-geometrischen Denkens *(theoretical level)* befindet.
- dass sich die meisten Fünftklässler (10;11-11;9) auf der Ebene des räumlichen Denkens *(visual level)* mit starker Tendenz zur Ebene des geometrisch-räumlichen Denkens *(descriptive level)* ansiedeln lassen.

Verbindung von Sprachvermögen und mathematischem Begriffsverständnis

Im Rahmen einer Teilstudie[3] wurde untersucht, wie sich das sprachlich artikulierte Begriffsverständnis über geometrische Körper in den jeweiligen Gruppen (1) und (2) äußert. Im Sinne der *bewusst kontrastierenden Fallauswahl* (Kruse 2015, Kelle & Kluge 2010) wurden je sechs Drittklässler ausgewählt, die der Gruppe „Kinder ohne Wortschatzdefizit" und „Kinder mit Wortschatzdefizit" (nach *WWT 6-10*) angehören. Zu Ungunsten der Repräsentativität der Stichprobe wurden folglich insgesamt zwölf Kinder gewählt, die im Sinne der Methode eine breite Heterogenität abbilden, aber dennoch mindestens drei Jahre Deutsch lernen. So wurden gleichermaßen Jungen und Mädchen von verschiedenen Schulen aus dem Stadtkern und dem Umland Leipzigs in das Sampling aufgenommen, die aus unterschiedlichen schulischen Kontexten stammen (Tab. 6).

Ergebnisse aus dieser Arbeit legen offen, dass Kinder mit defizitären Bereichen im Sprachvermögen bspw. selten fachlich-mathematische Nomen (z. B. Eigenschaftsbegriffe wie *Flächen, Ecken, Kanten*) nutzen und zudem häufig dazu tendieren teilweise fehlerhafte Bezüge zu zweidimensionalen Konzepten herzustellen (*Quader als Rechteck, Würfel als Quadrat, ...*). Bei den befragten Kindern der Gruppe (2) ist weiterhin zu erkennen, dass sich

---

[3] Ein Dank gebührt an dieser Stelle Nicola Spitzner, die sich im Rahmen ihrer Staatsexamensarbeit an der Universität Leipzig mit diesem in das Projekt eingebetteten Thema beschäftigt hat.

Begründungen zu den gebauten Körpern auf einer zunehmend gegenstandsgebundenen und anschaulichen Ebene verorten lassen.

	1. Grundschule, Leipzig	3. Grundschule, Vorort Leipzig (LRS-Klasse)	5. Städtische Grundschule, Leipzig
(1) Kinder **ohne** Wortschatzdefizit (im *WWT 6-10*)	K10 (9;6, m)	K11 (9;10, w) K16 (10;0, m) K21 (10;11, m)	K33 (9;10, w) K37 (9;0, w)
(2) Kinder **mit** Wortschatzdefizit (im *WWT 6-10*)	K3 (10;10, w) K4 (9;9, m) K7 (10;4, m)	K13 (10;0, m)	K28 (9;6, w) K29 (9;7, m)

Tab. 6: Ausgewähltes Sampling für die Gruppe (1) und (2)

In den nachfolgenden Beispielen werden *Mia* aus der Gruppe (2) und *Sophie* aus der Gruppe (1) Würfel- und Quaderbauwerke während des Interviews angeboten (Abb. 7), zu denen Gemeinsamkeiten und Unterschiede benannt werden sollen.

Abb. 7: Für *Mia* (li) und *Sophie* (re) erstellte Bauwerke zum Benennen von Gemeinsamkeiten und Unterschieden zum Würfel und Quader

Mia bezieht sich in ihren Ausführungen vordergründig auf die visuell wahrnehmbare Größe der Bauwerke. So sagt sie bspw.:

„Ähm, (.) der Unterschied ist nichts daran, weil die beide, wenn man den *((nimmt den einzelnen Quaderbaustein in die Hand))* so hinstellt *((stellt den Baustein neben den 2x2x2-Würfel))*, dann sind die nämlich gleich groß und wenn man den jetzt *((nimmt einen Quaderbaustein vom Würfelbauwerk weg))* auch (.) / wenn man das so wie eine Treppe macht, dann ist ja der untere *((zeigt auf den vorne liegenden Quaderbaustein der „Treppe"))* ein bisschen kleiner, weil ich den einen weggenommen habe (.) und das ist ja (..) klar, dass der eine kleiner ist." (K28, 29.04.2016, #00:32:52-8# bis #00:33:20-2#)

Dahingegen sind bei den Kindern der Gruppe (1) zumindest Ansätze einer zunehmend mathematischen Orientierung bei deren Begründungen zu beobachten. Nur beispielhaft soll dies durch die nachfolgende Sequenz von *Sophie* verdeutlicht werden:

„(.) Mh, es war (..), ähm (...) / Die Gemeinsamkeit ist *((nimmt den einzelnen Quaderbaustein in die Hand))*, die haben gleich viele Flächen, Ecken und Kanten, weil es wie gesagt nur (..) *((tippt mehrmals mit der Handfläche auf die lange Seitenfläche des Quaderbausteins))* ähm, flachgepresst ist und hier *((berührt mit beiden Händen die quadratischen Seitenflächen des Quaderbausteins))* dann noch zusammengeschoben."

(K37, 03.05.2016, #00:33:05-1# bis #00:33:35-9#)

Weiterhin kann festgehalten werden, dass die im Rahmen der Teilstudie befragten Drittklässler vordergründig alltagssprachliche Ausdrücke zur Beschreibung geometrischer Körper verwenden, die zumindest von den Kindern der Gruppe (1) vereinzelt mit Bezügen zu mathematischen Fachtermini durchzogen werden. Grundsätzlich wurde beobachtet, dass geometrische Eigenschaftsbegriffe häufig von den Kindern der Gruppen (1) und (2) unsicher bzw. fehlerhaft zur Beschreibung der Körper verwendet wurden. Bezüge zu begriffsbildenden Eigenschaften der Körper, wie bspw. *dass bei einem Quader gegenüberliegende Flächen gleich groß sind* oder *bei einem Würfel alle Flächen gleich groß sind* werden bei den Kindern der Gruppe (2) häufig in deren sprachlichen Äußerungen nicht sichtbar. Ebenso können nur wenige Kinder der Gruppe (1) etwaige Bezüge herstellen. Der Sprachstil aller Kinder ist zumeist fragmentarisch gehalten. Vor allem während des Bauens äußern sich die Kinder nur sporadisch zu ihren Aktivitäten, da sie vermutlich ihre Vorstellungen auch mit Hilfe des vorhandenen Materials und der Bauwerke zum Ausdruck bringen können und somit keine Notwendigkeit in der sprachlichen Begleitung ihrer Aktivitäten sehen.

Als Ergebnis dieser kleinen qualitativen Studie konnte für die untersuchten sechs Drittklässler (mit Sprachdefizit) ein Zusammenhang zwischen den sprachlich geäußerten mathematischen Vorstellungen über geometrische Begriffe (Würfel und Quader) und dem allgemeinen Sprach- bzw. Wortschatzvermögen festgestellt werden. Perspektivisch wird es daher im Projekt weiterhin ein Anliegen sein, Facetten individueller Vorstellungskonzepte von 8- bis 11-Jährigen zu geometrischen Körpern in Beziehung zu deren Sprach- bzw. Wortschatzvermögen zu betrachten. Zugleich sollen diese Beziehungen auch für weitere Kinder höherer Klassenstufen untersucht werden.

Impulse für unterrichtsdidaktische Implikationen und Diskussion des Forschungsgegenstandes

Aufbauend auf den im Beitrag beschriebenen Ergebnissen können erste unterrichtsdidaktische Implikationen abgeleitet werden, wenngleich diese von der Verfasserin nur als *Impulse* zu verstehen sind. So ist es doch das Besondere an einem Forschungsparadigma wie der *Grounded Theory*, sich in einen konstant iterativ-zyklischen Erkenntnis- bzw. Forschungsprozess (Kruse 2015) zu begeben, dessen abgeleitete Ergebnisse gleichwohl angezweifelt und anhand weiterer empirischer Daten überprüft werden müssen. In diesem Beitrag konnten folglich Einblicke in einen Forschungs*prozess* gewährt werden, der bislang nicht als abgeschlossen zu verstehen ist.

„Es gibt eine zarte Empirie, die sich mit dem Gegenstand innigst identisch macht, und dadurch zur eigentlichen Theorie wird. [...]"
(Goethe, zit. nach Hoyer 1953, S. 96)

Die ersten Ergebnisse des Forschungsprojektes unterstreichen die Relevanz der Thematisierung konstruktiver Bauaktivitäten in der Grundschule. In den Interviews wurde z. B. das zur Verfügung stehende Material von den Kindern genutzt, um Vorstellungskonzepte zu geometrischen Körpern explizit zu machen – gerade wenn abstrakte Begriffe der mathematischen Fachsprache für Kinder nicht zugänglich sind bzw. diese nur unverstanden rezipiert werden konnten. So sollte es ein Ziel des Mathematikunterrichts sein, das geometrische Begriffsverständnis von 8- bis 11-Jährigen in *vielseitigen* mathematischen Kontexten zu fördern. Nach- und Umbauaktivitäten mit konkretem Material können dabei wichtige Tätigkeiten sein, an denen Kinder ihre individuellen Vorstellungen zu geometrischen Körpern vertiefen und mit der zur Verfügung stehenden Sprache besser vernetzen können. Handeln und Konstruieren stehen damit in enger Verbindung zur mathematischen Fachsprache und begünstigen möglicherweise den Aufbau flexibler Vorstellungen und anwendungsfähigen Wissens. Auch Tätigkeiten, die das Beschreiben und Begründen mathematischer Phänomene in den Blick nehmen, sollten im Mathematikunterricht der Grundschule implementiert werden, um Kinder beim Aufbau *ihrer* mathematischen Fachsprache zu unterstützen. Im Sinne des Van Hiele-Modells können etwaige Tätigkeiten den *teaching-learning*-Prozess (Van Hiele 1986, S.50) des Kindes erleichtern, sodass folglich der Übergang auf eine nächsthöhere Denkebene gelingen kann.[4]

Es ließ sich ebenso beobachten, dass selbst Schülern und Schülerinnen der 5. Klasse eine Verknüpfung der Eigenschaften der betrachteten Körper (bspw. *der Würfel als besonderer Quader*) nur teilweise gelingt. So stellt sich der Verfasserin an dieser Stelle unmittelbar die Frage, ob die hierarchische Klassifikation geometrischer Figuren überhaupt den Stellenwert verdient, den sie einnimmt (vgl. dazu die Möglichkeit der *partition classification of concepts* in: de Villiers 1994, S.11ff und ebenso: Heinze 2002) und ob der gegenwärtige Mathematikunterricht in der Grundschule in der Lage ist, einem Aufbau dieser Vorstellungskonzepte Rechnung zu tragen.

Literatur

Battista, M. T. & Clements, D. (1996). Students' Understanding of Three-dimensional Rectangular Arrays of Cubes. In: Journal for Research in Mathematics Education, 27(3), S. 258-292.

Battista, M. T. & Clements, D. (1998). Finding the Number of Cubes in Rectangular Cube Buildings. In: Teaching Children Mathematics, 4/5, S. 258-264.

Bender, P. (1991). Ausbildung von Grundvorstellungen und Grundverständnissen – ein tragendes didaktisches Konzept für den Mathematikunterricht – erläutert an Beispielen aus den Sekundarstufen. In: mathematik lehren und lernen: Festschrift für Heinz Griesel, S. 48-60.

Burger, W. F. & Shaughnessy, J. M. (1986). Characterizing the Van Hiele Levels of Development in Geometry. In: Journal for Research in Mathematics Education, 17(1), S. 31-48.

Clements, D. H., Swaminathan, S., Zeitler, Hannibal, M. A. & Sarama, J. (1999). Young Children´s Concept of Shape. In: Journal for Research in Mathematics Education, 30(2), S. 192-212.

Corbin, J. & Strauss, A. (2015). Basics of Qualitative Research: Techniques and Procedures for Developing Grounded Theory. Thousand Oaks: Sage.

Crowley, M. (1987). The Van Hiele Model of the Development of Geometric Thought. In: M. M. Lindquist (Hrsg.), Learning and Teaching Geometry, K-12

---

[4] An dieser Stelle sei allerdings darauf hingewiesen, dass eine Interventionsstudie zur Überprüfung dieser Hypothese im Rahmen des Projektes nicht stattgefunden hat.

(Yearbook of the National Council of Teachers of Mathematics, S. 1-16), Reston, VA: NCTM.

De Villiers, M. (1994). The Role and Function of a Hierarchical Classification of Quadrilaterals. In: For the Learning of Mathematics, 14(1), S. 11-18.

Dörfler, W. (1988). Rolle und Mittel von Vergegenständlichung in der Mathematik. In: BzMU (S. 110-113), Hildesheim: Franzbecker.

Elkin, Ch. M. (1984). The implications for teachers of the thinking children employ during block play. In: International Journal of Research and Development, 4(2), S. 26-37.

Fischbein, E. (1993). The Theory of Figural Concepts. In: Educational Studies in Mathematics, 24(2), S. 139-162.

Flick, U. (2002). Qualitative Sozialforschung. Eine Einführung. Reinbek bei Hamburg: Rowohlt.

Franke, M. (1999). Was wissen Grundschulkinder über geometrische Körper? In: H. Henning (Hrsg.), Mathematik lernen durch Handeln und Erfahrung. Festschrift zum 75. Geburtstag von Heinrich Besuden (S. 151-163), Oldenburg: Bültmann und Gerriets.

Franke, M. & Reinhold, S. (2016). Didaktik der Geometrie in der Grundschule. Wiesbaden: Springer.

Glück, Ch. W. (2011). Wortschatz- und Wortfindungstest für 6- bis 10-Jährige, WWT 6-10. München: Urban & Fischer.

Guanella, L. (1935). Block building activities in young children. New York: Archives of Psychology, Vol. 174, Columbia University.

Gutiérrez, J., Jaime, A. & Fortuny, J. M. (1991). An Alternative Paradigm to Evaluate the Acquisition of the van Hiele Levels. In: Journal for Research in Mathematics Education, 22/3, S. 237-251.

Hasegawa, J. (1997). Concept Formation of Triangles and Quadrilaterals in the Second Grade. In: Educational Studies in Mathematics, 32(2), S. 157-179.

Heinze, A. (2002). „ ...aber ein Quadrat ist kein Rechteck" – Schülerschwierigkeiten beim Verwenden einfacher geometrischer Begriffe in Jahrgang 8. In: ZDM, 34(2), S. 51-55.

Hopf, Ch. (2013). Qualitative Interviews – ein Überblick. In: U. Flick, E. von Kardorff & I. Steinke (Hrsg.), Qualitative Forschung. Ein Handbuch (S. 349-360), Reinbek bei Hamburg: rowohlts enzyklopädie.

Hoyer, W. (Hrsg.) (1953). Maximen und Reflexionen. (Sammlung Dieterich, Band 149), Leipzig: Dieterich'sche Verlagsbuchhandlung.

Kelle, U. & Kluge, S. (2010). Vom Einzelfall zum Typus. Fallvergleich und Fallkontrastierung in der qualitativen Sozialforschung. 2. Aufl., Wiesbaden: Springer.

Kietz, G. (1950). Das Bauen des Kindes. Ravensburg: Otto Maier Verlag.

Krötzsch, W. (1917). Rhythmus und Form in der freien Kinderzeichnung: Beobachtungen und Gedanken über die Bedeutung von Rhythmus und Form als Ausdruck kindlicher Entwicklung. Leipzig: Schulwissenschaftlicher Verlag U. Haase.

Kruse, J. (2015). Qualitative Interviewforschung. Ein integrativer Ansatz. 2. überarb. Aufl., Weinheim, Basel: Beltz Juventa.

Lewis, H. P. (1963). Spatial Representation in Drawing as a Correlate of Development and a Basis for Picture Preference. In: Journal of Genetic Psychology, 102, S. 95-107.

Lorenz, J. H. (1998). Anschauung und Veranschaulichungsmittel im Mathematikunterricht. Göttingen: Hogrefe.

Maier, A. S. & Benz, C. (2014). Children's Conceptual Knowledge on Triangles Manifested in their Drawings. In: P. Liljedahl et al. (Hrsg.), Proceedings of the Joint Meeting of PME 38 and PME-NA36 (Vol. 4, S. 153-160), Vancouver, Canada: PME.

Merschmeyer-Brüwer, C. (1994). Kindliche Verstehensprozesse, geometrische Denkentwicklung und Raumvorstellungsvermögen am Beispiel einer Unterrichtsreihe zu geometrischen Körpern in der Primarstufe. In: K. P. Müller (Hrsg.), BzMU (S. 235-239), Hildesheim: Franzbecker.

Milbath, C. & Trautner, H. M. (Hrsg.) (2008). Children's Understanding and Production of Pictures, Drawings and Art. Göttingen: Hogrefe.

Mitchelmore, M. C. (1978). Developmental Stages in Children's Representation of Regular Solid Figures. In: The Journal of Genetic Psychology, 133(2), S. 229-239.

Mitchelmore, M. C. & White, P. (2000). Development of Angle Concepts by Progressive Abstraction and Generalisation. In: Educational Studies in Mathematics, 41/3, S. 209-238.

Rasch, R. (2011). Geometrisches Wissen in der Grundschule. In: R. Haug & L. Holzäpfel (Hrsg.), BzMU (S. 651-654), Münster: WTM.

Reinhold, S. (2015). Baustrategien von Vor- und Grundschulkindern: Zur Artikulation räumlicher Vorstellungen in konstruktiven Arbeitsumgebungen. In: M. Ludwig, A. Filler & A. Lambert (Hrsg.), Geometrie zwischen Grundbegriffen und Grundvorstellungen (S. 57-74), Wiesbaden: Springer Spektrum.

Reinhold, S., Beutler, B. & Merschmeyer-Brüwer, C. (2013). Preschoolers Count and Construct: Spatial Structuring and its Relation to Building Strategies in Enumeration-Construction Tasks. In: A. Lindmeier & A. Heinze (Hrsg.), Proceedings of the 37th Conference of the IGPME (Vol. 4, S. 81-88), Kiel: PME.

Reinhold, S. & Wöller, S. (2016). Third Graders' Block-Building: How do they express their knowledge of Cubes and Cuboids? In: C. Csíkos, A. Rausch & J. Szitányi, (Hrsg.), Mathematics Education - How to solve it? (Vol. 4, S. 123-130), Szeged, Hungary: PME.

Rembowski, V. (2015). Begriffsbilder und -konventionen in Begriffsfeldern: Was ist ein Würfel? In: M. Ludwig, A. Filler & A. Lambert (Hrsg.), Geometrie zwischen Grundbegriffen und Grundvorstellungen (S. 129-154), Wiesbaden: Springer Spektrum.

Seiler, T. B. (1984). Begriffsentwicklung und die Veränderung des Verstehens. In: J. Engelkamp (Hrsg.), Psychologische Aspekte des Verstehens (S. 55-74), Berlin: Springer.

Sinclair, N. & Bruce, C. D. (2015). New Opportunities in Geometry Education at the Primary School. In: ZDM Mathematics Education, 47(3), S. 319-329.

Steinke, I. (2013). Gütekriterien qualitativer Forschung. In: U. Flick, E. von Kardorff & I. Steinke (Hrsg.), Qualitative Forschung. Ein Handbuch (S. 319-331), Reinbek bei Hamburg: rowohlts enzyklopädie.

Szagun, G. (2011). Sprache und Kognition. In: G. Szagun (Hrsg.), Sprachentwicklung beim Kind. Ein Lehrbuch. 4. Aufl. (S. 131-170), Weinheim, Basel: Beltz.

Szinger, I. S. (2008). The Evolvement of Geometrical Concepts in Lower Primary Mathematics. In: Annales Mathematicae et Informaticae, 35, S. 173-188.

Tall, D. & Vinner, S. (1981). Concept Image and Concept Definition in Mathematics with Particular Reference to Limits and Continuity. In: Educational Studies in Mathematics, 12/2, S. 151–169.

Thom, J. S. & McGarvey, L. M. (2015). The Act and Artifact of Drawing(s): Observing Geometric Thinking with, in, and through children's drawings. In: ZDM Mathematics Education, 47(3), S. 465-481.

Van Hiele, P. M. (1967). Piagets Beitrag zu unserer Einsicht in die kindliche Zahlbegriffsentwicklung. In: H. Abel, L. Froese, H. H. Groothoff, W. Klafki, K. Odenbach & C. Schietzel (Hrsg.), Rechenunterricht und Zahlbegriff. 4. Aufl. (S. 105-131), Braunschweig: Westermann.

Van Hiele, P. M. (1986). Structure and Insight: A Theory of Mathematics Education. Orlando: Academic Press.

Van Hiele, P. M. & Van Hiele-Geldorf, D. (1978). Die Bedeutung der Denkebenen im Unterrichtssystem nach der deduktiven Methode. In: H.-G. Steiner (Hrsg.), Didaktik der Mathematik. Wege der Forschung (S. 127-139), Darmstadt, Wissenschaftliche Buchgesellschaft.

Vinner, S. (1983). Concept definition, concept image and the notion of function. In: International Journal of Mathematical Education in Science and Technology, 14/3, S. 293-305.

Vogel, M. & Wittmann, G. (2010). Mit Darstellungen arbeiten – tragfähige Vorstellungen entwickeln. In: PM Praxis der Mathematik in der Schule, 52, S. 1-8.

Vollrath, H.-J. (1984). Methodik des Begriffslehrens im Mathematikunterricht. Stuttgart: Klett.

Vom Hofe, R. (1996). Arithmetische Grundvorstellungen und funktionales Denken. In: Mathematica Didactica, 19(2), S. 28-42.

Weigand, H.-G. (2014). Begriffslernen und Begriffslehren. In: H.-G. Weigand, A. Filler, R. Hölzl et al., Didaktik der Geometrie für die Sekundarstufe I. (S. 99-122), Berlin, Heidelberg: Springer Spektrum.

Wellhousen, K. & Kieff, J. E. (2001). A constructivist approach to block play in early childhood. Albany, NY: Delmar.

Wöller, S. & Reinhold, S. (2016). Konzeptionelles Begriffsverständnis von Drittklässlern zu den Begriffen Würfel und Quader, In: BzMU (S. 1077-1080), Münster: WTM-Verlag.

Förderung mathematischen Problemlösens in der Sek I – Theoretische Grundlagen und ein Unterrichtsversuch zum Problemlösenlernen im Mathematikunterricht (MU) anhand geometrischer Denkaufgaben

Katharina Wilhelm

Zusammenfassung. Das Lösen eines mathematischen Problems stellt für viele Schüler oft eine scheinbar nicht zu bewältigende Herausforderung dar, die bei ihnen womöglich auch Angst erzeugt, da sie keine Idee haben, wie sie an das Problem herangehen sollen. Jedoch kann man einen rechten Umgang mit Problemen und deren Bearbeitung nur durch das Lösen von selbigen erlernen. Um den Schülern also die Chance zu geben, ihr Problemlösepotential zu entwickeln und zu entfalten und damit Chancengleichheit zu gewähren, ist Problemlösenlernen ein explizites und wesentliches Ziel des MU (vgl. Bruder et al. 2011, S. 7; Haas 2000, S. 1). Doch wie sieht es in der Realität mit der Problemlösekompetenz der Schüler aus? Es besteht Bedarf an Untersuchungen, wie man den MU so gestalten kann, dass die Problemlösekompetenzen der Schüler gefördert werden und sie ein erhöhtes Interesse bzw. eine erhöhte Anstrengungsbereitschaft entwickeln. Ausgangspunkt des Beitrages ist eine Zusammenschau einiger theoretischer Fakten zum Problemlösen. Dieser erste, theoretische Teil gibt dem Leser zum einen einen Überblick über die vorhandene Literatur zum Problemlösen. Zum anderen bildet er die Grundlage des durchgeführten Unterrichtsversuches. Daran anschließend wird im zweiten Teil des Artikels eine konkrete Lernsituation zur Explizierung von Heurismen vorgestellt. Der Beitrag basiert auf einer Examensarbeit, im Rahmen derer in zwei Klassen eine dreistündige Unterrichtseinheit zum Problemlösenlernen durchgeführt wurde, vergleichsweise mit und ohne Explizierung von Heurismen.

Problemlage und Ausgangssituation

Internationale Vergleichsstudien wie TIMSS oder PISA machen auf eine mangelnde fachspezifische Problemlösefähigkeit deutscher Schüler aufmerksam. Der MU nutzt – neben der Vermittlung von Faktenwissen und dem Erlernen von algorithmischen Verfahren – kaum die Chance, heuristische Fähigkeiten zu schulen (vgl. Baumert et al. 1997, S. 31; Haas 2000, S. 11).

In der PISA Studie des Jahres 2003 steht neben der Erhebung bereichsspezifischer Kompetenzen wie Mathematik, Lesen und Naturwissenschaften die fächerübergreifende Kompetenz des Problemlösens im Fokus der Untersuchungen (vgl. Prenzel et al. 2003, S. 3). Hierbei bezieht sich das Problemlösen nicht speziell auf die Mathematik, sondern orientiert sich an alltäglichen

Anforderungen außerhalb der Schule. Der Wert Deutschlands liegt beim Problemlösen deutlich über dem OECD-Durchschnitt. Auffällig ist, dass die deutschen Teilnehmer im internationalen Vergleich im Bereich des Problemlösens (515 Punkte) ein deutlich höheres Durchschnittsniveau erreichen als im Bereich Mathematik (503 Punkte). Damit zählt Deutschland zu den wenigen Staaten, in denen die mathematische Kompetenz geringer ausgeprägt ist als die Problemlösekompetenz. Daraus lässt sich folgern, dass die Jugendlichen zwar ein großes kognitives Potential aufweisen und durchaus fächerübergreifende Problemlösekompetenz besitzen, diese im MU jedoch nicht ausreichend gefördert und ausgeschöpft wird (vgl. Prenzel et al. 2003, S. 15f.).

Da sich diese Untersuchungen auf die fächerübergreifende Kompetenz des Problemlösens beziehen, scheint es interessant, sich speziell mit der mathematischen Problemlösefähigkeit deutscher Schüler zu beschäftigen und die Untersuchung darauf zu konzentrieren.

Theoretische und didaktische Grundlagen zum Problemlösen

Problem(lösen)

In der Literatur findet man keine einheitliche Definition mathematischen Problemlösens. Exemplarisch soll hier die Definition nach Dörner (1979, S. 10) aufgezeigt werden. Demnach steht

„[e]in Individuum [...] einem Problem gegenüber, wenn es sich in einem inneren oder äußeren Zustand befindet, den es aus irgendwelchen Gründen nicht für wünschenswert hält, aber im Moment nicht über die Mittel verfügt, um den unerwünschten Zustand in den wünschenswerten Zielzustand zu überführen."

Gemeinsam ist allen Definitionen aus Psychologie und Mathematikdidaktik, dass sie unter einem Problem eine Aufgabe verstehen, welche durch einen gegebenen Anfangszustand, einen gesuchten Endzustand und einen unbekannten Lösungsweg gekennzeichnet ist (vgl. u. a. Collet 2009, S. 18; Scheu 2003, S. 39). Wichtig hierbei ist die Betonung der Personenspezifität, d. h. ein Problem an sich gibt es im eigentlichen Sinne nicht, es ist immer abhängig vom jeweiligen Problemlöser, seinem Vorwissen, seiner Motivation u. v. m. (vgl. Bruder et al. 2011, S. 11).

Die Anforderungen beim Problemlösen im MU sind für die Schüler also höher als gewöhnlich, sie müssen sich mit einer unbekannten Situation auseinandersetzen, für deren Bewältigung sie wenig Vorerfahrung haben und auf Anhieb keine Ideen zur Lösungsfindung kennen (vgl. Bruder 1992, S. 6).

Probleme und Aufgaben

Der Begriff Problem ist nicht mit dem der Aufgabe zu verwechseln. Laut Dörner (1979, S. 10) sind

> *„Aufgaben [...] geistige Anforderungen, für deren Bewältigung Methoden bekannt sind. [...] Aufgaben erfordern nur reproduktives Denken, beim Problemlösen muss etwas Neues geschaffen werden."*.

Bei einer Aufgabe existiert also keine Barriere, dem Aufgabenlöser ist der Weg zur Lösung klar, bekannte Vorgehensweisen können durchlaufen werden (vgl. Hussy 1993, S. 20).

Bruder (1992, S. 6f.) unterscheidet drei Möglichkeiten bzw. Stellen, an denen eine Aufgabe für einen Lernenden zu einem Problem werden kann: Zunächst können bereits Schwierigkeiten beim Durchlesen oder Hören der Aufgabenstellung auftreten, beispielsweise aufgrund abstrakter oder komplexer Darstellung. Auch wird eine Aufgabe häufig beim Finden einer Lösungsidee für den Schüler zu einem Problem, da beispielsweise Kreativität fehlt oder mathematische Begriffe/ Zusammenhänge nicht abrufbar sind. Des Weiteren kann die Ausführung des Lösungsplans für den Lernenden ein Problem darstellen, da er seine Ideen aufgrund mangelnder mathematischer Fertigkeiten nicht realisieren kann.

Heurismen und Heuristik

Entsprechend der obigen Ausführungen lässt sich nun Problemlösenlernen definieren als

> *„das Kennen- und Anwendenlernen von Methoden und Techniken zum Lösen individuell schwieriger Aufgaben."* (Bruder et al. 2011, S. 14).

Diese fachspezifischen und allgemeinen Methoden zum Lösen von Problemen bezeichnet man als Heurismen oder Heuristiken (vgl. Bruder et al. 2011, S. 14; Leuders 2010, S. 133). Denn es ist nicht ausreichend, den Lernenden Aufgaben verschiedener Typen vorzulegen, sondern sie müssen auch zu deren Umgang befähigt werden (vgl. Bruder 2000a, S. 72). Rott et al. (2014, S. 193) verstehen unter dem Begriff Heurismen

„weichere mathematische Tätigkeiten, die helfen können, Problemsituationen besser zu verstehen und Fortschritte auf dem Weg zur Lösung zu machen ".

Im Gegensatz zu Algorithmen haben Heurismen ein sehr viel breiteres Anwendungsgebiet und müssen nicht zwangsläufig zu einer Lösung führen. Sie sind weitestgehend unabhängig vom Inhalt der Aufgabe, erleichtern lediglich die Lösungssuche, indem sie Anstöße zum Weiterdenken geben und so die Chancen zur Lösungsfindung erhöhen. Im Gegensatz zu Beweisen, welche der Offenlegung von Zusammenhängen und der Sicherung von Erkenntnissen dienen, zielen Heurismen primär auf das Finden von Ideen und Lösungsansätzen ab (vgl. Bruder 2000a, S. 73; Bruder 2002, S. 6; Haas 2000, S. 15ff.; König 1992, S. 24; Rott et al. 2014, S. 192f.).

Prozess der Lösung eines Problems nach G. Polya

Polya, einer der Wegbereiter reflektierenden mathematischen Problemlösens, führte zahlreiche Untersuchungen zu mathematischen Denkweisen durch, deren Grundlagen er u. a. 1945 in seinem bekannten Buch *How to solve it – Schule des Denkens* (Polya 1995 – Deutsche Erstausgabe 1949) veröffentlichte.

Da das Lösen eines Problems selten in einem Zug verläuft, hat Polya versucht, das Vorgehen in natürliche Stadien zu gliedern, wobei eine scharfe Abgrenzung der einzelnen Schritte nicht möglich ist (vgl. Schreiber 2011, S. 94). Er beschreibt ein vierphasiges Vorgehen zur Lösung eines einzelnen Problems (vgl. Bruder et al. 2011, S. 18; Polya 1995, S. 18f.):[1]

1. Phase: Verstehen der Aufgabe
2. Phase: Ausdenken eines Plans
3. Phase: Ausführen des Plans
4. Phase: Rückschau

Implizites und explizites Heurismentraining

Die zum Lösen von Problemen erforderlichen Heurismen können auf zwei verschiedene Arten trainiert werden: implizit und explizit (vgl. u. a. Brockmann-Behnsen 2014, S. 20).

---

[1] Für die Tabelle mit den Leitfragen und weiteren Informationen sei auf Polya 1995, insbesondere die inneren Umschlagsseiten, verwiesen.

Polya (1995, S. 18) vertritt die Position, dass heuristisches Training **implizit** stattfinden soll, indem der Lehrer den Schülern die Fragen und Anregungen seiner Tabelle so oft vorlegt,

> *„wie er dies ungezwungen tun kann. [...] Dank solcher Führung wird der Schüler schließlich hinter den rechten Gebrauch dieser Fragen und Anregungen kommen [...]."* (Polya 1995, S. 18).

Das bedeutet, dass ein bestimmter Heurismus implizit in das Unterrichtsgeschehen eingeflochten und anhand des aktuellen Schulstoffes mittrainiert wird (vgl. Brockmann-Behnsen 2014, S. 20f.). Schoenfeld (1985, S. xi) stellt diese Variante des Heurismentrainings in Frage: Fraglich ist der Erfolg des Einsatzes der Tabelle von Polya, da die Fragen und Anregungen sehr allgemein formuliert sind und so beispielsweise unerfahrenen Problembearbeitern Schwierigkeiten bereiten können (vgl. Schoenfeld 1992, S. 353).

Im Gegensatz zu Polya vertritt König (1992, S. 24) die Auffassung, dass ein implizites Training allein nicht ausreichend ist. Er postuliert:

> *„Ausgewählte heuristische Vorgehensweisen sollten [...] im Prozeß [sic] der Tätigkeit bewußt [sic] vermittelt werden. Das heißt, es geht um ein zielgerichtetes Aneignen und Anwenden im Unterricht und um ein **explizites** Abheben von methodologischen Erkenntnissen."* (König 1992, S. 24).

Demzufolge sollen die Heurismen in separaten Unterrichtseinheiten ausdrücklich vermittelt und trainiert werden. Hierbei werden nicht nur stofflich aktuelle Beispiele zum Üben herangezogen, sondern auch Probleme aus anderen Themengebieten mithilfe des Heurismus bearbeitet (vgl. Brockmann-Behnsen 2014, S. 20f.; Rott et al. 2014, S. 194).

Heuristische Hilfsmittel, Strategien und Prinzipien

Heurismen ist ein Sammelbegriff für heuristische Prinzipien, Strategien und Hilfsmittel, wobei diese Begriffe nur schwer voneinander abgrenzbar sind (vgl. Bruder et al. 2011, S. 36f, 45; König 1992, S. 26). Bruder et al. (2011, S. 44f.) geben in ihrer Mindmap einen Überblick über verschiedene Heurismen, die eine Orientierungshilfe beim Lösen mathematischer Probleme darstellen und die geistige Beweglichkeit schulen (s. Abb. 1).

Förderung mathematischen Problemlösens in der Sek I

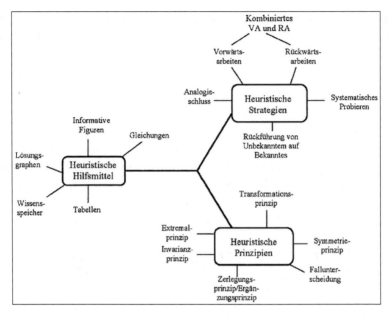

Abb. 1: Überblick über für den MU bedeutsame Heurismen (Bruder et al. 2011, S.45)

Diese müssen nicht isoliert eingesetzt werden, häufig erfordern Probleme eine Kombination von mehreren (vgl. Grieser 2013, S. 119). An dieser Stelle sollen lediglich die für den beschriebenen Unterrichtsversuch (siehe Teil zwei des Beitrages) relevanten Heurismen erläutert werden.

Unter dem Hilfsmittel **Informative Figur** versteht man eine Skizze, die möglichst viele wichtige Informationen, Beziehungen und Bezeichnungen enthält. Sie dient dem besseren Verständnis sowie der Veranschaulichung eines Problems und kann zu einem Zugang bzw. zu einer Lösungsidee führen (vgl. Abels 2002, S. 27; Bruder 2000c, S. 6; Bruder et al. 2011, S. 46f.). Beispiele für informative Figuren sind elementare geometrische Figuren und Muster, die u. a. algebraische Zusammenhänge verdeutlichen können, sowie Koordinatensysteme zur Visualisierung von funktionalen Zusammenhängen (Bruder et al. 2011, S. 52f.). Eine Schwierigkeit in der Anwendung dieses heuristischen Hilfsmittels besteht in einer angemessenen Abstraktion des Sachverhaltes. Die Skizze muss informativ genug sein, um eine mathematische Bearbeitung ersichtlich zu machen (vgl. Bruder 2000c, S. 6).

Tabellen weisen vielfältige Einsatzmöglichkeiten auf: Man kann sie verwenden, um sich einer Lösung systematisch anzunähern, um alle Möglichkeiten strukturiert aufzulisten (im kombinatorischen Verständnis) oder mittels Zeilen- und Spaltenbeziehungen eine Gleichung aufstellen zu können. Damit kann ein Schüler sein Vorgehen dokumentieren und den Überblick behalten. Tabellen bieten darüber hinaus die Chance, dass der Lernende keine Möglichkeiten vergisst und durch die übersichtliche Darstellung leichter eine Systematik erkennen kann (vgl. Bruder et al. 2011, S. 56f./187; Dolan et al. 1983, S. 15).

Gleichungen dienen v. a. dazu, den gegebenen Sachverhalt zu reduzieren, zu mathematisieren sowie Beziehungen und Zusammenhänge herauszustellen. Dieses Hilfsmittel gilt als eines der schwierigsten für Schüler, da es abstrahierendes Denken voraussetzt. Es bietet jedoch die Chance, zu kurzen und eleganten Lösungen zu gelangen (vgl. Bruder et al. 2011, S. 67f.).

Systematisches Probieren zählt zu den einfachsten heuristischen Strategien, wird jedoch häufig in seiner Bedeutung unterschätzt (vgl. Bruder et al. 2011, S. 70f.; Sewerin 1982, S. 153). Ziel ist ein strategisches Durchlaufen aller denkbaren Fälle bzw. Möglichkeiten anhand gewisser Kriterien – im Gegensatz zum unsystematischen Herumprobieren (vgl. Bruder et al. 2011, S. 70f.; König 1992, S. 28; Sewerin 1982, S. 153). Nachteil dieser Strategie ist, dass bei Problemen mit vielen Fällen bzw. Möglichkeiten der Aufwand schnell sehr hoch werden kann (vgl. Tücke 2003, S. 222). Die Phase der Rückschau und Reflexion ist bei dieser Strategie sehr wichtig: Nachdem der Schüler eine Lösung gefunden hat, gilt es sich zu fragen, ob es eventuell noch mehrere Lösungen gibt, ob man Zusammenhänge noch nicht herausgefunden hat oder wie man schneller zu einer Lösung gelangen kann (vgl. Bruder et al. 2011, S. 72f./187).

Das **Vorwärtsarbeiten** ist eine weitere heuristische Strategie. Hierbei geht der Problemlöser vom Gegebenen aus (Start) und arbeitet sich vorwärts zum Gesuchten (Ziel) (vgl. Abels 2002, S. 26; Bruder et al. 2011, S. 76). Schlüsselfragen zu dieser Strategie könnten lauten: „Was ist gegeben? Was weiß ich über das Gegebene? Was kann ich daraus ermitteln?" (Abels 2002, S. 26). Eine wesentliche Chance des Vorwärtsarbeitens liegt darin, dass die Schüler selbst spannende Fragen zu der Situation entwickeln können und so die Kreativität gefördert wird (vgl. Bruder 2002, S. 5).

Die Strategie des **Rückwärtsarbeitens** bildet die Umkehrung zum Vorwärtsarbeiten. Sie beginnt am Ende, beim Gesuchten, und arbeitet sich von dort aus zum Gegebenen oder den Voraussetzungen vor (vgl. Abels 2002,

S. 33; Bruder et al. 2011, S. 79; Sewerin 1982, S. 151). Ähnlich wie beim Vorwärtsarbeiten kann sich der Problembearbeiter folgende Fragen stellen: „Was ist gesucht? Was weiß ich über das Gesuchte? Was benötige ich, um das Gesuchte zu ermitteln?" (Abels 2002, S. 34).

Bei den beiden eng verwandten Prinzipien **Zerlegen** und **Ergänzen** geht es um das Finden von bekannten Elementen durch Zergliedern oder Zusammensetzen von Informationen. Die Prinzipien zielen somit darauf ab, Unbekanntes auf Bekanntes zurückzuführen. Unter **Zerlegen** werden verschiedene Aspekte wie das Separieren des Sachverhaltes, das Aufteilen des Objektes oder das Unterteilen in Sinneinheiten verstanden (vgl. Bruder 2002, S. 7; Bruder et al. 2011, S. 88f.). Man bedient sich diesem heuristischen Prinzip, wenn das Problem in seiner Gesamtheit zu komplex erscheint und es durch die Zerlegung in kleinere Teilprobleme oder Sequenzen, die nacheinander bearbeitet werden können, besser zu bewältigen wird (vgl. Bruder et al. 2011, S. 193; Dolan et al. 1983, S. 92). Ein typisches Beispiel aus der Geometrie, bei dem das Zerlegungsprinzip zum Tragen kommt, ist die Berechnung von Flächeninhalten von Vielecken durch geschickte Untergliederung in bekannte geometrische Figuren. Dieses Beispiel lässt sich aber auch mit dem **Ergänzungsprinzip** angehen, indem die Figur zu einer bekannten geometrischen Figur erweitert wird, wobei die Berechnung der umgebenden Figur nun leichter fällt (vgl. Bruder et al. 2011, S. 89).

Ziel des **Invarianzprinzips** ist – wie man bereits mit dem Wort Invariante assoziiert – eine unveränderliche Eigenschaft im Problem zu finden, trotz Veränderung anderer Größen in der Situation (vgl. Sewerin 1982, S. 141). Es geht also um das

> „Erkennen, die Suche nach oder die Konstruktion von Konstanten, Bezugsgrößen oder Gemeinsamkeiten in den Informationen der Aufgabenstellung"
> (Bruder et al. 2011, S. 96).

Laut Sewerin (1982, S. 141) ist es jedoch meist für die Lernenden schwierig zu sehen, bei welchen Problemstellungen es lohnenswert ist, die Situation unter Beachtung dieses Prinzips genauer zu untersuchen. Eine Möglichkeit, einen Zugang zum Invarianzprinzip zu finden, sehen Peter et al. (2002, S. 10) in der Verwendung des Hilfsmittels Tabelle:

> „Um die Zeilen- und Spaltenköpfe sinnvoll und nützlich zu beschriften, muss man die Invarianten des Problems erkennen und ausnutzen.".

Lernhilfen beim Problemlösen – Das Prinzip der minimalen Hilfe

Eine Bedingung erfolgreichen Problemlösens ist, dass die Lehrperson nur so viele Hilfen gibt, wie unbedingt erforderlich sind und dabei nicht vorschnell die Lösungsidee verrät (vgl. Vollrath et al. 2012, S. 78). Zech (2002, S. 315) formuliert dies folgendermaßen:

> *„Gewinnt der Lehrer den Eindruck, daß [sic] ein Schüler bzw. eine Schülergruppe bei der Lösung eines Problems (in >>vertretbarer<< Zeit) nicht weiterkommt, gibt er ihm bzw. ihr die seiner Einschätzung nach geringste Hilfe, die den Problemlösungsprozeß [sic] vermutlich weiterbringt".*

An dieser Beschreibung kann man feststellen, dass die Einschätzung für den Lehrer keine leichte Aufgabe ist. Ihm gehen womöglich Fragen durch den Kopf wie *Soll ich jetzt schon helfen?* oder *Wie soll ich am besten helfen, ohne zu viel zu verraten?*. Daher stellt Zech (2002, S. 315ff.) eine hierarchische Taxonomie von Hilfen zusammen, die dem Lehrer als Orientierung dienen kann. Er unterscheidet:

- Motivationshilfen
- Rückmeldungshilfen
- allgemein-strategische Hilfen
- inhaltsorientierte strategische Hilfen
- inhaltliche Hilfen

Die geringsten Hilfen sind die Motivationshilfen. Diese sollen dem Schüler bei Schwierigkeiten Mut zusprechen und ihn zum Weitermachen und Durchhalten anregen. Die nächsthöhere Stufe in der Hierarchie bilden die Rückmeldungshilfen. Diese liefern dem Lernenden Informationen darüber, ob er auf dem richtigen Weg ist, d. h. ob die bisherigen Lösungsschritte zielführend sind. Unter allgemein-strategischen Hilfen versteht man Unterstützungen in Form allgemeiner Heurismen. So kann der Lehrer an allgemeine Problemlösemethoden, Vorgehensweisen oder an den Fragenkatalog von Polya erinnern. Im Gegensatz hierzu sind inhaltsorientierte strategische Hilfen stärker auf das Fach selbst bezogen. Sie beziehen sich konkret auf den Inhalt der Aufgabe, indem sie beispielsweise heuristische Strategien, Hilfsmittel oder Prinzipien aufgreifen und diese mit einem inhaltlichen Aspekt verknüpfen. An der Spitze der Hierarchie stehen inhaltliche Hilfen. Diese beinhalten spezielle Anreize und Hinweise bzgl. Regeln, Zusammenhängen, Formeln, Hilfslinien etc. Hierbei wird dem Schüler beim Problemlösen sehr stark geholfen, wobei sogar Teillösungen vorgegeben werden. Mit solchen Hilfen sollte sehr sparsam umgegangen werden, da hierdurch der Mehrwert des problemlösenden Unterrichts verloren geht (vgl. Zech 2002, S. 316f.).

Im Schulalltag sind die Hilfen offensichtlich nicht starr voneinander abzugrenzen, da meist mehrere Hilfen miteinander verflochten werden. Falls die Lehrperson im Umgang mit solchen Hilfen noch nicht vertraut ist, ist es sinnvoll, sich im Vorfeld des Unterrichts mögliche Hilfestellungen unterschiedlicher Art zu überlegen, welche dann beim Problemlösen flexibel eingesetzt werden können (vgl. Zech 2002, S. 318).

Grundlagen der Unterrichtsgestaltung

Zur Förderung und Erhebung der Problemlösekompetenz von Schülern gibt es bereits zahlreiche Studien und Konzepte. Die meisten dieser Studien führen ein Problemlösetraining mit Schülern oder Studenten durch, inklusive eines Vor- und Nachtests, und ziehen darauf aufbauend Schlussfolgerungen bzgl. Lernleistung bzw. Leistungsfortschritt. Gängig ist des Weiteren, dass zwischen explizitem und implizitem Training unterschieden und verglichen wird. In den Studien sind meist (leichte) Vorteile für das explizite Training erkennbar. Man stellt fest, dass sich die meisten Studien, v. a. die älteren, auf Leistungen, Ergebnisse und Kompetenzzuwächse beschränken. Affektive Komponenten wie erhöhtes Interesse, Anstrengungsbereitschaft usw. durch die Explizierung der Heurismen bleiben außer Acht. Lediglich aktuellere Projekte wie LEMAMOP machen in dieser Hinsicht erste Schritte (vgl. Bruder et al. 2014a, S. 30; Bruder et al. 2014b, S. 264).

Aufgrund dieser Tatsache scheint es interessant, die Problemlösekompetenz von Schülern in den Blick zu nehmen und sich dabei vornehmlich auf affektive Aspekte zu konzentrieren: Wird die Explizierung von Heurismen als positiv und hilfreich wahrgenommen? Womit haben die Schüler die größten Schwierigkeiten? Fallen ihnen die Aufgabenbearbeitungen durch die Explizierung der Heurismen leichter? usw.

Anlage der Untersuchung und Stichprobe

Um die Problemlösekompetenz von Schülern der Sek I zu erheben und gleichzeitig zu fördern, findet eine Felduntersuchung in Form einer dreistündigen Unterrichtseinheit zum Thema Problemlösen in der Klassenstufe zehn eines Gymnasiums statt. Die Felduntersuchung im natürlichen Umfeld ohne Veränderung störender Einflüsse durch den Untersuchenden spiegelt die natürliche Lernsituation am besten wider und erfasst dabei die Problemlösefähigkeiten der Schüler in ihrem gewohnten Lernumfeld (vgl. Bortz et al. 2010, S. 8). Um eine Aussage über den Einfluss der Explizierung von Heurismen treffen zu können, bietet es sich – angelehnt an zahlreiche Studien – an, zwischen einer Experimental- und einer Kontrollgruppe zu unterscheiden: Während in der Experimentalgruppe die Heurismen expliziert werden (in Form von heurismenspezifischen Informationen sowie eines sich darauf beziehenden Lösungsbeispiels, s. Arbeitsblätter Anhang), werden in der Kontrollgruppe die gleichen Problemstellungen bearbeitet, ohne jedoch die Heurismen explizit zu thematisieren.

Dieses Untersuchungsdesign bezeichnet man als Quasiexperiment oder quasi-experimentelle Untersuchung. Aufgrund der Zugehörigkeit der Untersuchungsteilnehmer zu den beiden Klassen und aus organisatorischen Gründen kann keine Randomisierung durchgeführt werden. Die Teilnehmer werden also in ihrer natürlichen und bereits existierenden Gruppierung (Klasse) untersucht. Dadurch besteht allerdings die Gefahr, dass man in den Gruppen zu systematischen Unterschieden gelangt, welche jedoch nicht auf die unterschiedlichen Vorgehensweisen in Experimental- und Kontrollgruppe zurückgeführt werden können (vgl. Bortz et al. 2010, S. 8f.). Diese Art der Validitätsbedrohung bezeichnen Sarris et al. (2005, S. 73) als „Auswahlverzerrung". Das bedeutet, dass Quasiexperimente eine geringere interne Validität haben (vgl. Bortz et al. 2010, S. 9).

Für die vorliegende Untersuchung lässt sich daraus folgern, dass die Explizierung der Heurismen aufgrund bestehender Leistungsunterschiede der zwei Klassen nicht vornehmlich auf Leistungseffekte bezogen wird, sondern eher auf affektive Komponenten wie Motivation, Einstellung gegenüber Problemlösen etc. Hierdurch kann man ein gewisses Maß an interner Validität erreichen, was für jede wissenschaftliche Untersuchung notwendig ist (vgl. Bortz et al. 2010, S. 8f.).

Aufgaben: geometrische Denkaufgaben von P. Eigenmann

Die Problemlösefähigkeit der Schüler wird in beiden Klassen anhand geometrischer Denkaufgaben von Paul Eigenmann (1992) erfasst und gefördert. Die Aufgaben lassen sich nicht nach einem bestimmten Schema lösen, sondern regen die Phantasie und logische Denkfähigkeit der Schüler an – man könnte sie also auch als geometrische Denk*probleme* bezeichnen. Dadurch bieten sie die Chance, Zusammenhänge eines Sachverhaltes zu entdecken, Wissen nachhaltig zu vernetzen und produktives Denken zu schulen. Sie eignen sich somit hervorragend, um die Problemlösefähigkeit zu testen bzw. zu fördern und um Heurismen explizit herauszuarbeiten (vgl. Eigenmann 1992, S. 3).

Methode: Stationenlernen

Die gewählte Unterrichtsmethode zur Erfassung der Problemlösefähigkeit ist in beiden Klassen das Stationenlernen. Dies eignet sich insbesondere in der Experimentalgruppe, da zu dem übergeordneten Thema Heurismen einzelne Teilaspekte wie heuristische Hilfsmittel, Strategien und Prinzipien thematisiert werden können, die nicht aufeinander aufbauen (vgl. Mattes 2011, S. 168; Müller 2010, S. 89). Im Sinne der Individualisierung und Differenzierung gibt es in beiden Klassen vier Pflichtstationen und zwei Wahlstationen als Zusatzangebot für schnelle und leistungsstarke Schüler (vgl. Mattes 2011, S. 168)[2]. Die Lernenden können frei wählen, mit welcher Pflichtstation (P1 bis P3) sie beginnen, die vierte Pflichtstation (G) setzt jedoch als gemischte Übung die Bearbeitung der drei ersten Stationen voraus.

Die Auswahl der Heurismen stützt sich auf die Ergebnisse der Untersuchung von Komorek et al. (2004, S. 59), welche zu dem Schluss kommen, dass v. a. die Heurismen Tabelle (hier in Verbindung mit dem systematischen Probieren), informative Figur und Gleichung, das Vorwärts- und Rückwärtsarbeiten sowie das Zerlegung- und Invarianzprinzip zu positiven Effekten bzgl. der Schülerleistungen führen (vgl. Perels 2003, S. 93/122/251, zitiert nach Komorek et al. 2004, S. 59). Das Material in Form von Arbeitsblättern inklusive der Aufgabenstellungen liegt an den Gruppentischen bereit (vgl. Mattes 2011, S. 168). Dabei ist zur Vermeidung von Chaos oder überfüllten Gruppentischen jede Station zweimal im Klassenraum aufgebaut. Zur besseren Übersicht erhält jede Station eine andere Farbe und ein passendes Tischkärtchen. Die Lernenden können die Statio-

---

[2] **Pflichtstationen**: P1=systematisches Probieren und Gleichung, P2=Vorwärtsarbeiten, P3=Rückwärtsarbeiten, G=gemischte Übung; **Wahlstationen**: W1=Zerlegungsprinzip, W2= Invarianzprinzip

nen wahlweise in Einzel- oder Partnerarbeit bearbeiten. Ein Laufzettel, welchen die Schüler parallel zur Stationenarbeit ausfüllen, dokumentiert ihren Lernfortschritt (vgl. Mattes 2011, S.168). Dieser Laufzettel dient als eine Grundlage der Ergebnisauswertung.

Während der Bearbeitungsphase sollen sich die Schüler im Sinne eines Helfersystems vermehrt gegenseitig unterstützen (vgl. Müller 2010, S. 90). Die Lehrperson muss darauf achten, ein Mindestmaß an Hilfen zu geben und Lösungsideen nicht vorschnell zu verraten, sondern vielmehr Motivations- und Rückmeldungshilfen zu benutzen (vgl. Zech 2002, S. 315f.). Zusätzlich zum gegenseitigen Unterstützen liegen am Pult gestaffelte Hilfskärtchen in Form von Schlüsseln zu den einzelnen Problemen bereit (vgl. Leuders et al. 2010, S. 16f.) (s. Abb. 2). Die Tipps auf den Kärtchen beziehen sich eher auf die Metaebene, d. h. konkrete *inhaltliche* Hilfen werden dosiert und selten verwendet. Vielmehr werden allgemein-strategische und inhaltsorientierte strategische Hilfen eingesetzt (vgl. Zech 2002, S. 315f.).

Abb. 2: Hilfskärtchen

In der Experimentalgruppe liegt darüber hinaus an jedem Gruppentisch der reduzierte Problemlösekatalog von Polya aus, welcher in Form eines stummen Impulses als implizite Hilfe benutzt werden kann und ebenfalls zu den allgemein-strategischen Hilfen zu zählen ist (vgl. Polya 1995, Buchdeckel; Zech 2002, S. 315f.). Die Selbstkontrolle erfolgt ebenfalls über ein Kärtchen am Pult (vgl. Müller 2010, S. 90).

Die Schüler der Experimentalgruppe sind nach der Aufgabenbearbeitung aufgefordert, in der Tischgruppe über ihre Irrwege und Fehler zu diskutieren sowie Lösungswege zu vergleichen. Durch diese Form der Reorganisation wird der Lernertrag gesteigert, die Phase der Reflexion korrespondiert mit der von Polya beschriebenen vierten Phase des Problemlösens (Polya 1995, Buchdeckel).

Medien: Arbeitsblätter (s. Anhang)

Sowohl bei der Konzeption der Unterrichtsreihe als auch bei der Erstellung der Arbeitsblätter hat sich die Autorin am *Cognitive Apprenticeship* orientiert (vgl. Collins 2006, S. 48f.). Das Sichtbarmachen kognitiver Prozesse zieht sich durch die gesamte Unterrichtsreihe, in der es stets darum geht, nicht nur die Lösung zu dokumentieren, sondern auch den Lösungsweg und die Gedanken in Form eines Protokolls (*Was ich mir dabei gedacht habe...*) zu externalisieren. Dieses Vorgehen entspricht dem prozessorientierten Forschungsansatz, bei dem es darum geht, wie man bei der Problembearbeitung vorgeht und wie die einzelnen Lösungsschritte zustande kommen (vgl. Hussy 1984, S. 120).

In der durchgeführten Stationenarbeit und an den Arbeitsblättern lassen sich in beiden Klassen in etwas unterschiedlicher Weise die sechs Schritte der Dimension *Methode* erkennen: Das Beispiel – in der Kontrollgruppe ein allgemeines, in der Experimentalgruppe eins zu jedem Heurismus – repräsentiert den ersten Schritt, das Modeling. Die Lehrperson löst in diesem Beispiel eine Eigenmann-Aufgabe und macht dabei in Form eines Gedankenprotokolls für den Schüler sichtbar, was sie sich dabei gedacht hat. Zu jedem Rechenschritt werden parallel in einer Tabelle Gedanken artikuliert, Ideen geäußert und in der Experimentalgruppe Heurismen explizit angesprochen, wodurch der Schüler die Denkschritte des Experten nachvollziehen kann (vgl. Collins 2006, S. 50; Lambert 2011, S. 11) (s. Abb. 3).

Der zweite Schritt, das *Coaching*, betrifft die Anfangsphase der aktiven Stationenarbeit, in der die Schüler eine der beiden zur Verfügung gestellten Aufgaben bearbeiten. Im Zuge der Differenzierung haben die Lernenden an jeder Station die Wahlmöglichkeit zwischen zwei Problemen mit unterschiedlichem Anforderungsniveau (Ein-Stern- bzw. Zwei-Sterne-Aufgabe) (s. Abb. 4).

Hierbei fungiert die Lehrperson als Unterstützer, wobei sie sich entsprechend des *Fading*-Prinzips immer mehr zurücknimmt und die Schüler die Aufgaben zunehmend selbstständig und kooperativ bewältigen (vgl. Collins 2006, S. 51; Lambert 2011, S. 12; Reich 2008, S. 1).

Lösungsweg	„Was ich mir dabei gedacht habe …"
$\beta = ?$ w Winkelhalbierende	„… Ich sehe auf der Skizze ein Dreieck, welches in drei kleine Dreiecke unterteilt ist. Zwei rechte Winkel sind gegeben. Des Weiteren sehe ich eine Winkelhalbierende und die beiden Winkel δ und β. β ist gesucht. Aus dem Gegebenen muss ich jetzt auf das Winkelmaß von β kommen.
	Dazu versuche ich erst einmal, einige Winkel zu berechnen. Vielleicht sehe ich dann, wie ich auf β komme…
$\alpha = \dfrac{90°}{2} = 45°$	Zunächst nutze ich die Eigenschaft aus, dass w die Winkelhalbierende ist, welche den rechten Winkel teilt (gegeben). Daraus berechne ich $\alpha = 45°$.
$\varepsilon = 180° - 90° = 90°$	Des Weiteren kenne ich den zweiten rechten Winkel (gegeben), wodurch sich für den Nebenwinkel ε an der Geraden ebenfalls ein rechter Winkel ergibt.

Abb. 3: Ausschnitt aus einem Lösungsbeispiel der EXP

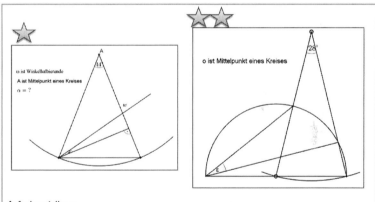

Aufgabenstellung:

Wähle zur Bearbeitung dieser Station **eine** der oben abgebildeten Aufgaben!

a) Bearbeite die Aufgabe mit Hilfe der Strategie **Vorwärtsarbeiten**. Dabei sollst du nicht nur deinen Lösungsweg protokollieren, sondern auch deine Ideen/ Gedanken/ Vorgehensweise/ Irrwege/ Vermutungen/ Strategien etc. formulieren (→„Was ich mir dabei gedacht habe …").
Wichtig ist nämlich nicht nur die Lösung an sich, sondern **dein Weg** dorthin!!

Lösungsweg	„Was ich mir dabei gedacht habe …"

Abb. 4: Aufgaben und Arbeitsauftrag zum Vorwärtsarbeiten in der EXP

Die Phase des *Scaffolding* wird durch Hilfestellungen seitens Mitschüler, des Lehrers und der Hilfskärtchen bewältigt (vgl. Collins et al. 1989, S. 482). Wie bereits erwähnt, ist die *Articulation* sehr wichtig und bildet einen Hauptbestandteil der Aufgabenlösung (*Was ich mir dabei gedacht habe...*). Ebenso wie im Beispiel sind die Schüler dazu aufgefordert, ihr Gedanken und Ideen zu beschreiben (s. Abb. 4). Die sich anschließende *Reflexion*, in der die Schüler ihr Vorgehen kontrollieren und es mit Mitschülern vergleichen sollen, wird lediglich in der Experimentalgruppe in einem Aufgabenteil b) gefordert (vgl. Collins 2006, S. 51; Lambert 2011, S. 14f.; Lehmann 1990, S. 23) (s. Abb. 5).

b) Reflektiere dein Vorgehen, kontrolliere dabei jeden Teilschritt. Hast du einen **Fehler** gemacht? Wenn ja, welchen und warum? Hattest du Ideen/ Ansätze, die nicht zum Ziel führten? Wenn ja, beschreibe deinen Irrweg kurz. Vergleiche deinen Lösungsweg mit dem eines Mitschülers an der Station. Hat dieser ein anderes Vorgehen gewählt? Welches bevorzugst du und warum? Notiere deine/ eure Beobachtungen stichwortartig.

Abb. 5: Arbeitsauftrag Reflexion in der EXP

Wäre ein größerer zeitlicher Rahmen der Unterrichtsreihe möglich gewesen, hätte sich letztlich die *Exploration* angeschlossen, in der die Schüler – v. a. die der Experimentalgruppe – dazu aufgefordert wären, eigene Problemstellungen zu finden und sie mit einem Heurismus bzw. einer Kombination mehrerer Heurismen zu lösen (vgl. Collins 2006, S. 50).

Erfassung affektiver Komponenten des Problemlösens

Zur Erfassung affektiver Komponenten des Problemlösens wird ein Schülerfragebogen eingesetzt. Ziel der schriftlichen Präsenzbefragung ist, Aussagen über ganze Gruppen (die Klassen), nicht über einzelne Individuen, machen zu können (vgl. Van de Loo 2010, S. 132.). Der Fragebogen besteht in beiden Klassen überwiegend aus geschlossenen Fragen bzw. Aussagen, die von den Schülern anhand einer fünfstufigen Skala beantwortet bzw. bewertet werden. Diesen Teil bezeichnet man als „vollstandardisierte" (Van de Loo 2010, S. 131) Befragung. An das geschlossene Format schließen sich mehrere offene Fragestellungen an, die individuelle Meinungen, Wünsche, positiv bzw. negativ Aufgefallenes erfassen und Raum für weitere Anmerkungen geben. Dieser zweite Teil des Fragebogens wird als teilstandardisiert definiert (vgl. Van de Loo 2010, S. 132).

Im ersten Teil des Fragebogens für die Experimentalgruppe (s. Abb. 6) werden einige allgemeine Aspekte bzgl. des Unterrichts, dessen Gestaltung und damit verbundene affektive Komponenten wie Spaß, Interesse oder Motivation erfasst. Es folgen Fragen bzgl. der gestellten Probleme, des Gedankenprotokolls, der Heurismen und deren empfundener Nützlichkeit, bzgl. der Gestaltung der Arbeitsblätter (Frage, Beispiel ...) sowie der Art der Hilfestellungen. Hierbei geht es ebenfalls stets um affektive Komponenten, und nicht um Fakten oder Wissen. Einige Fragen, welche zukünftige Aspekte des Problemlösenlernens im Unterricht erfassen, d. h. Wünsche und Interessen diesbezüglich, runden den ersten Teil des Fragebogens ab.

	stimme voll und ganz zu	stimme eher zu	stimme eher nicht zu	stimme gar nicht zu	weiß nicht
22. Mir hat das *Beispiel* zu den einzelnen Strategien geholfen, die Strategie zu verstehen und das Problem zu bearbeiten.	☐	☐	☐	☐	☐
23. Bei dem *Beispiel* hätte mir auch der Lösungsweg gereicht, „Was ich mir dabei gedacht habe..." fand ich wenig hilfreich.	☐	☐	☐	☐	☐
24. Ich fand die Art der Hilfestellungen (Mitschüler, Lehrer, Hilfskärtchen) abwechslungsreich und sinnvoll.	☐	☐	☐	☐	☐
25. Mir haben die Hilfestellungen geholfen.	☐	☐	☐	☐	☐
26. Ich denke, dass das erworbene Wissen über Heurismen mir zukünftig bei Aufgabenbearbeitungen helfen wird und ich diese zukünftig bewusster einsetzen werde.	☐	☐	☐	☐	☐
27. Ich denke, dass ich durch das erlernte Wissen über Problemlösestrategien nun motivierter und mit erhöhter Anstrengung an schwierigere Aufgaben herangehe.	☐	☐	☐	☐	☐

Abb. 6: Ausschnitt aus dem ersten Teil des Fragebogens der EXP

Der zweite Teil, welcher offene Fragestellungen beinhaltet, bezieht sich auf Gesichtspunkte, die vielfältige und flexible Antwortmöglichkeiten zulassen (s. Abb.7). Beispielsweise werden Fragen nach dem persönlich empfundenen größten Nutzen von Heurismen, nach dem am hilfreichsten empfundenen Heurismus, nach aufgetretenen Schwierigkeiten in der Unterrichtsreihe, nach Unterschieden zum alltäglichen MU und nach Wünschen bzgl. des Problemlösenlernens gestellt.

> 31. Was ist deiner Meinung nach der größte Nutzen/ Vorteil der Problemlösestrategien? Erkläre kurz.
>
> _____
>
> _____
>
> 32. Welche Problemlösestrategie empfindest du am sinnvollsten und hilfreichsten? Nenne sie und begründe kurz.
>
> _____
>
> _____

Abb. 7: Ausschnitt aus dem zweiten Teil des Fragebogens der EXP

Der Fragebogen für die Kontrollgruppe, in der die Heurismen nicht explizit thematisiert werden, ist ähnlich aufgebaut wie der der oben beschriebenen Experimentalgruppe. Lediglich auf Fragen, welche sich speziell auf den Gebrauch der heuristischen Strategien beziehen, wird verzichtet. Im offenen Teil wird die Frage nach dem größten Nutzen von Heurismen durch die Frage nach der Kenntnis bestimmter Heurismen ersetzt.

Quantitative und qualitative Auswertung

Um die Problemlösekompetenz und damit verbundene affektive Aspekte zu erfassen, dienen im Gegensatz zu vielen anderen Studien nicht nur die Schülerlösungen als Grundlage. Neben diesen sind der Laufzettel und der Fragebogen Gegenstand der Ergebnisauswertung. Sowohl der erste Teil des Fragebogens als auch des Laufzettels erlauben eine **quantitative Analyse**, wobei die statistische Bearbeitung dieser Daten mit den Softwarepaketen Microsoft Excel 2010 sowie IBM SPSS Statistics 22 erfolgt.

Die Schülerlösungen inklusive der Gedankenprotokolle, die Reflexionen der Experimentalgruppe und der Teil des Fragebogens mit offenem Antwortformat eignen sich zur **qualitativen Analyse**. Ziel ist, einen Überblick über die Schülerlösungen und –reflexionen sowie Schülerantworten im Fragebogen zu geben, Auffälligkeiten zu beschreiben sowie Lösungswege und Vorgehensweisen exemplarisch darzustellen. Hierzu wird das Verfahren der qualitativen Inhaltsanalyse nach Mayring (2000, o. S.) angewendet, welches aufgrund seiner Regelgeleitetheit hervorsticht.

Diskussion der Ergebnisse

Auffällig ist, dass die Mehrheit aller Schüler (beider Gruppen) (92,5%) die **Wahlmöglichkeit zwischen zwei Aufgabenniveaus** zwar generell als positiv einschätzt, die Lernenden aber bei lediglich sieben von 129 Bearbeitungen das zweite Aufgabenniveau wählen. Dies kann mehrere Ursachen haben: Eine Möglichkeit besteht darin, dass die Schüler Schwierigkeiten haben, sich und ihre Fähigkeiten einzuschätzen, da diese Kompetenz im regulären Unterricht möglicherweise nicht häufig gefordert wird. Somit tendiert die Mehrheit aus Unsicherheit bzw. fehlender Vertrautheit mit der Wahlmöglichkeit dazu, die leichtere Aufgabe zu bearbeiten. Dies korrespondiert mit häufigen Bewertungssituationen und -druck im Unterricht, wodurch die Schüler die leichtere Aufgabe bevorzugen, um ein *besseres Ergebnis* zu erzielen. Sie sind nicht gewohnt, dass der Weg das Ziel ist und nicht ausschließlich das richtige Ergebnis zählt. Die Probanden wollen Fehler vermeiden, da diese womöglich oftmals als Mangel eigener Fähigkeiten statt als Lerngelegenheiten gesehen werden (vgl. Bromme et al. 1990, S. 10f.). Eine andere Erklärungsmöglichkeit könnte das mangelnde Selbstvertrauen vieler Schüler sein, die sich zu wenig zutrauen und dadurch zur Ein-Stern-Aufgabe greifen. Ein dritter Grund zur leichteren Problemstellung zu greifen könnte mangelnde Anstrengungsbereitschaft oder mangelnder Ehrgeiz sein. Dies entspricht einigen Beobachtungen während des Unterrichts, in dem Schüler dem Anschein nach nicht aufgrund ihrer Leistungen im Fach Mathematik zur leichteren Aufgabe tendieren, sondern durch Aussprüche wie „Warum soll ich denn die schwerere machen, wenn ich auch die leichtere machen kann?" ihre Einstellung diesbezüglich deutlich machen. Darüber hinaus ist zu erwägen, dass die Bearbeitung der Zwei-Sterne-Aufgabe mehr Zeit benötigt und die Schüler sich somit in der Klasse oder Gruppe unwohl fühlen, da sie unter Umständen viel länger an einer Station verbringen. *Gruppenzwang* kann so zur Folge haben, dass ein Lernender die Ein-Stern-Aufgabe bevorzugt, um im *normalen Tempo* die Stationen durchlaufen zu können.

Es kann kein signifikanter Unterschied zwischen der **Anzahl bearbeiteter Probleme** in Experimental- und Kontrollgruppe festgestellt werden (EXP:

∅3,15; KOG: ∅3,36). Dieses Ergebnis ist verwunderlich, da das Leistungsniveau beider Klassen nicht signifikant unterschiedlich ist, die Experimentalgruppe aber erhöhten Anforderungen ausgesetzt ist: Neben der Lösung des Problems inklusive des Gedankenprotokolls müssen sich die Schüler der Experimentalgruppe zusätzlich mit expliziten Strategieanweisungen mit je einem Beispiel sowie der abschließenden Reflexion beschäftigen. Dies muss eigentlich eine gewisse Zeit in Anspruch nehmen, wodurch die Versuchsleiterin erwartet hatte, dass die Schüler der Experimentalgruppe im Mittel signifikant weniger Probleme bearbeiten als die der Kontrollgruppe. In Verbindung mit den untersuchten Reflexionen, welche zum Großteil sehr kurz oder unvollständig ausfallen, und dem seltenen expliziten Verwenden der Heurismen in der Experimentalgruppe lässt dies vermuten, dass sich die Lernenden wenig mit diesen Anforderungen der Stationen auseinandergesetzt haben. Dies entspricht auch den Beobachtungen, die zeigen, dass einige Schüler unmittelbar bzw. nach sehr kurzer Zeit zur Aufgabenbearbeitung schreiten, ohne den Heurismus oder das Beispiel ernsthaft bearbeitet haben zu können. Eine Erklärungsmöglichkeit ist, dass die Schüler eine solche Art des Lernens und Umgangs mit der Mathematik nicht gewohnt sind. Dementsprechend kann man auch den großen Anteil an Schülerantworten der Experimentalgruppe (42,3%) erklären, die denken, dass ihnen die **Heurismen bei der Problembearbeitung nicht geholfen** haben. Eine weitere mögliche Ursache ist, dass die Explizierung der Heurismen eine derart große Unterstützung für die Schüler der Experimentalgruppe darstellt, dass sie schneller auf einen Lösungsansatz gelangen und weniger Zeit bei der Problembearbeitung benötigen. Die Tatsache, dass 38,5% der Schüler der Meinung sind, dass die Heurismen ihnen bei der Problembearbeitung geholfen haben und sie ohne diese die Probleme nicht so gut hätten bearbeiten können, unterstützt die Aussage.

Fragt man die Schüler, ob sie der Meinung sind, dass sie ihre **Problemlösefähigkeiten durch die Unterrichtsreihe verbessert haben**, so stimmt die Mehrheit beider Klassen zu (EXP: 76,9%; KOG: 64,2%). In der Experimentalgruppe ist der Anteil etwas höher, was zu der Vermutung veranlasst, dass die Explizierung der Heurismen zu einem größeren Fortschritt der Problemlösekompetenz führt. Damit lässt diese Beobachtung – entsprechend des hypothesengenerierenden Explorierens – zur ersten Hypothese gelangen. Die Abweichung ist jedoch nicht so hoch, dass man zu einer eindeutigen Schlussfolgerung aufgrund der vorliegenden Untersuchung gelangen kann.

Um die Tendenz zu manifestieren, bedarf es größer angelegter Untersuchungen mit mehreren Klassen.

H1: *Es besteht ein Unterschied zwischen Experimental- und Kontrollgruppe bzgl. der Selbsteinschätzung zum Problemlösen, wobei die Schüler der Experimentalgruppe (durch die Explizierung der Heurismen) vermehrt der Meinung sind, ihren Fortschritt bzgl. ihrer Problemlösekompetenz vergrößert zu haben.*

Bzgl. der **eingeschätzten Schwierigkeit** der bearbeiteten Probleme durch beide Gruppen ist erkennbar, dass von der Experimentalgruppe im Mittel zwei der vier Stationen leichter (P2, G), eine annähernd gleichschwer (P3) und nur eine (P1) schwerer eingestuft werden. Dass die Hälfte der Stationen als leichter eingeschätzt wird, kann an der expliziten Behandlung der Heurismen liegen, welche zum Verständnis der Problemstellung beitragen. Dadurch, dass sich bei einer Station sogar ein sehr signifikanter Unterschied ergibt, gelangt die Autorin zu Hypothese 2.

H2: *Es besteht ein Unterschied in der Einschätzung der Experimental- und Kontrollgruppe bzgl. der Aufgabenschwierigkeit, d. h. die Schüler der Experimentalgruppe schätzen die Aufgaben (aufgrund der Explizierung) leichter ein als die Schüler der Kontrollgruppe.*

In der Experimentalgruppe stimmt etwas mehr als ein Drittel der Schüler zu, dass sie ohne die explizite Behandlung der Heurismen **schon früher aufgegeben** hätten. Die Heurismen nehmen den Schüler sozusagen *an die Hand*, geben ihm Sicherheit bei der Bearbeitung und reduzieren die Angst vor mathematischen Problemstellungen. Diese Argumentation wird durch die Aussagen der Schüler bzgl. des **Spaßes am Problemlösen** unterstützt: Im Vergleich zur Experimentalgruppe positionieren sich deutlich mehr Schüler der Kontrollgruppe dazu, eher keinen Spaß am Problemlösen zu haben. Die Heurismen können womöglich positive Auswirkungen auf das persönliche Empfinden und die Einstellung der Schüler gegenüber dem Problemlösen haben. Polya (1995, S. 7) erkannte bereits, dass man sich bei Erfolgen beim Problemlösen wie ein triumphierender Entdecker fühlt. Von nachhaltigen Effekten auf Lernmotivation und Leistungsbereitschaft berichten auch Komorek et al. (2004, S. 66) in den ersten Ergebnissen ihres Projekts. Dass jedoch in der vorliegenden Untersuchung 61,6% der Schüler der Experimentalgruppe der Aussage, dass sie ohne die Explizierung schon früher aufgegeben hätten, nicht zustimmen, zeigt, dass die Unterrichtseinheit viel zu kurz ist, um über (nachhaltige) Effekte bzgl. Leistungsbereitschaft o. ä. Schlussfolgerungen zu ziehen.

In beiden Klassen stimmen ca. 75% der Schüler zu, dass es für sie eine **neue Erfahrung** im MU ist, nicht nur die Lösungen aufzuschreiben, sondern auch ihr Vorgehen zu artikulieren. Damit bestätigt sich das Ergebnis des Projekts LEMAMOP: Das bewusste Argumentieren bei der Lösungsfindung ist für viele Schüler eine neue Erfahrung (vgl. Bruder et al. 2014a, S. 30; Bruder et al. 2014b, S. 264). Daraus lässt sich ableiten, dass dieses Vorgehen einen zu geringen Stellenwert im MU hat und viel zu selten über Mathematik gesprochen wird. Oftmals stehen ausschließlich Rechnungen bzw. formale Operationen oder der Vergleich von Ergebnissen im Fokus. Baptist (2000, S. 9) beschreibt diese Anforderung an den MU, einen veränderten Umgang mit Aufgaben, folgendermaßen: „Weg vom bloßen Lösen der Aufgaben, hin zu einem Beschäftigen mit den Aufgaben." In der Experimentalgruppe wird die eben beschriebene Tatsache durch die Ergebnisse der Reflexion unterstützt. Die Schüler sprechen beim Vergleich der Problembearbeitungen häufig über ein gleiches Vorgehen oder lediglich über das gleiche Ergebnis, obwohl von dem Auswerter durchaus unterschiedliche Vorgehensweisen festgestellt werden konnten. Dies lässt deutlich werden, dass die Schüler eine solche Art der Wissensreflexion nicht gewohnt sind, und es ihnen schwer fällt, sich in andere Denkweisen hineinzuversetzen und Unterschiede zu ihrem eigenen Vorgehen herauszufiltern.

In diesem Zusammenhang ist verwunderlich, dass die Hälfte der Schüler der Kontrollgruppe das Vorgehen *Was ich mir dabei gedacht habe...* **als gut und hilfreich** einschätzen, während es in der Experimentalgruppe nur 11,5% sind. Es ist klar, dass man den Vorteil dieses Verfahrens als Schüler erst im Laufe der Zeit erkennt, wenn es an vielerlei Stellen im Unterricht Einzug erhält. Jedoch rechtfertigt dies nicht die großen Meinungsunterschiede zwischen den beiden Klassen. Diesbezüglich müssen weitere Forschungen angestellt werden, um genaue Gründe zu erfassen. Einen möglichen Grund sieht die Autorin darin, dass die Schüler der Experimentalgruppe mit mehreren neuen *Inhalten* konfrontiert wurden (Heurismen, Reflexion und Gedankenprotokoll), sodass einige Schüler diese Fülle überfordert haben könnte, wodurch es zu der oben beschriebenen Bewertung kommt.

Auffällig ist, dass einige Schüler der Kontrollgruppe sowohl während des Unterrichts als auch in dem Fragebogen anmerken, dass sie die **Hilfskärtchen nicht als hilfreich** empfinden. Dies liegt m.E. daran, dass die Lernenden wohl eher fachspezifische und inhaltliche Hilfen erwartet haben; und mit allgemeineren, strategischen Hilfen weniger vertraut sind (s. Abb. 8).

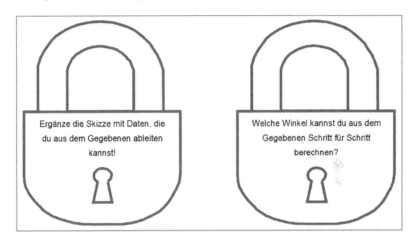

Abb. 8: Beispiele für Hilfskärtchen

Bzgl. der **Häufigkeit** der in Anspruch genommenen **Hilfen** stellt man fest, dass in der Experimentalgruppe zwar mehr einmalige Hilfen benötigt werden, jedoch deutlich weniger zweimalige und mehrmalige. Ein möglicher Grund hierfür liegt in der Explizierung der Heurismen, welche bereits als eine Art Hilfestellung für die Schüler anzusehen sind. Durch sie können die Lernenden die Problemstellungen selbstständiger oder mit geringer Hilfe – sei es ein kleiner Lehrerimpuls oder ein Anstoß durch einen Mitschüler – bewältigen. Aufgrund dieser Ergebnisse lässt sich Hypothese 3 formulieren.

H3: *Es besteht ein Unterschied zwischen Experimental- und Kontrollgruppe bzgl. der in Anspruch genommenen Hilfestellungen, wobei die Schüler der Experimentalgruppe (durch die Explizierung der Heurismen → andere Art von Hilfe) bei der Problembearbeitung deutlich weniger Hilfestellungen benötigen.*

Mehr als die Hälfte der Schüler der Experimentalgruppe ist der Ansicht, dass ihnen das erworbene Wissen über **Heurismen zukünftig bei der Aufgabenbearbeitung helfen** wird und sie dieses bewusster einsetzen werden.

Das ist ein erfreuliches Ergebnis und deutet auf den Bedarf eines häufigeren Thematisierens von Heurismen im Unterricht hin, da sie die Schüler bei Aufgabenbearbeitungen unterstützen. Bei der Ergebnisauswertung fällt besonders der hohe Anteil derjenigen auf, die sich bzgl. obiger Aussage nicht sicher sind. Diese Unsicherheiten resultieren womöglich aus der Kürze der Unterrichtseinheit zu diesem neuen *Gegenstand* der Mathematik und deuten auf weiteren Übungsbedarf hin. Heurismen sollten zudem langfristiger, d. h. nicht nur in einer einzelnen Unterrichtseinheit eingesetzt werden, damit die Schüler in vielfältigen Situationen den spezifischen Nutzen der Herangehensweisen für sich erfahren. Die Ansicht von Bruder (2000a, S. 73) und Schreiber (2011, S. 93), dass heuristische Bildung ein langfristiger Prozess ist, findet sich also in der Einschätzung der Schüler wieder.

Der Aussage, dass das erlernte Wissen über **Heurismen Motivation und Anstrengungsbereitschaft** bei künftigen schwierigen Aufgaben steigert, stimmen lediglich 23% der Schüler zu, während über die Hälfte der Lernenden diese Aussage verneinen. Diese Ergebnisse stehen im Gegensatz zu denen der Untersuchung von Komorek et al. (2004, S. 67), die durch das Training eine erhöhte Bereitschaft vieler Schüler feststellen, schwierige Aufgaben in Angriff zu nehmen. Es ist m.E. jedoch die Frage, wie man den Ausdruck *viele Schüler* interpretiert. Nichtdestotrotz führt dieses Ergebnis zur Formulierung von Hypothese 4. Es gilt auch hier, weitere Untersuchungen über einen längeren Zeitraum anzustellen, um ein eindeutigeres Bild diesbezüglich zu gewinnen.

H4: *Die Explizierung von Heurismen hat keine Auswirkungen auf die künftige Bereitschaft der Schüler, schwierige Aufgaben in Angriff zu nehmen, d. h. die meisten Schüler fühlen sich jetzt nicht sicherer und sind bei künftigen Problembearbeitungen nicht zuversichtlicher.*

Die Untersuchung ergibt, dass sich die Mehrheit der Schüler beider Klassen in den regulären Unterricht eingebettete **Problemlösetrainings wünscht**. 57,7% der Schüler der Experimentalgruppe würden laut Fragebogen gerne mehr über **explizites** Problemlösen erfahren. Auch ca. die Hälfte der Schüler der Kontrollgruppe wünscht sich eine **explizite** Behandlung von Problemlösestrategien. Angelehnt an den Ausspruch von Bruder et al. (2011, S. 7) „Schön wär's also, wenn man es könnte..." zeigen die Beobachtungen, welches Interesse die Unterrichtseinheit am Problemlösen zumindest bei der Hälfte der Schüler ausgelöst hat. Die vorliegende Arbeit kann die

Untersuchung von Komorek et al. (2004, S. 73) somit nicht bestätigen, die feststellen, dass das Interesse der Schüler am Problemlösenlernen der Schüler gering ist. Dies lässt die Autorin zu Hypothese 5 gelangen.

H5: *Das Interesse der Schüler am Problemlösenlernen ist groß.*

Bei der Analyse der Schülerlösungen stellt man fest, dass kein Schüler der Kontrollgruppe einen **Heurismus explizit** verwendet. Wenn in dieser Klasse Heurismen benutzt werden, dann in impliziter Weise. Sehr dominant ist die Strategie des Vorwärtsarbeitens, da sie bei vielen Aufgaben angewendet werden kann und für die Schüler sehr intuitiv ist. In diesem Zusammenhang steht die Tatsache, dass 50% der Schüler der Kontrollgruppe angeben, Heurismen zu kennen. Da aber kein einziger explizit genannt werden kann, ist unklar, was sie darunter verstehen. Auch in der Experimentalgruppe kann man trotz der Explizierung der Heurismen feststellen, dass bei nur insgesamt 6% der Problembearbeitungen ein Heurismus explizit benannt wird. Diese Explizierung beschränkt sich sogar auf die Station des *systematischen Probierens*. Eine mögliche Erklärung hierfür liefert die gesplittete Aufgabenstellung, in der im ersten Teil explizit gefordert wird, mit Hilfe einer Tabelle das Ergebnis zu ermitteln. An der Station zum *Rückwärtsarbeiten* ist besonders auffällig, dass in 92,3% der Fälle dieser Heurismus weder explizit noch implizit zur Problembewältigung genutzt wird. Dies bestätigt die oben angestellte Vermutung, dass sich viele Schüler nicht ernsthaft mit den Heurismen beschäftigen und vorschnell zur Problembearbeitung schreiten. Aufgrund der hier beschriebenen Ergebnisse gelangt die Autorin zu Hypothese 6. Dieses Resultat bestätigt die Ergebnisse der Studie von Perels (2003, S. 251), welche zu dem Schluss kommt, dass die meisten Schüler die heuristischen Strategien zwar anwenden können, jedoch nicht explizit in der Artikulation ihres Vorgehens benennen können.

H6: *Die Schüler nutzen die Heurismen vorwiegend implizit.*

Analysiert man den **Einsatz der Heurismen** in der Experimentalgruppe, so kann man beispielsweise an Station P3 (Rückwärtsarbeiten) Schülerlösungen (92,3%) analysieren, welche den vorgegebenen Heurismus in keiner Weise bei der Problembearbeitung beinhalten. Dies bestätigt die Ergebnisse der *Explict Heuristic Training* Studie von Schoenfeld (1979, S. 183), welche zu dem Schluss kommt, dass das reine Wissen über den Heurismus noch keine Garantie für dessen Anwendung liefert. Kritisch anzumerken ist jedoch, dass in der vorliegenden Untersuchung die Problemstellung an der

Station P3 im Nachhinein wohl nicht überaus geeignet erscheint, um das Rückwärtsarbeiten zu erlernen. Eine Eigenmann-Aufgabe, welche die Strategie ausschließlich und zwingend zur Lösungsfindung erfordert, wäre womöglich die bessere Wahl gewesen.

Es stellt sich m.E. die Frage, ob es wirklich einen überaus großen **Mehrwert** darstellt, wenn die Schüler die **Problemlösestrategien explizit benennen** können. Reicht es nicht aus, wenn ihnen die Vorgehensweisen klar sind?! Denn Heurismen sind keine auswendig zu lernenden Rezepte – was bringt es also, wenn Schüler diese explizit nennen, jedoch nicht damit umgehen können. Die Bezeichnungen der einzelnen Heurismen können den Lernenden aber helfen, sich die Vorgehensweisen, welche hinter den einzelnen Heurismen stehen, zu merken[3]. Nichtsdestotrotz stimmt die Autorin der Position von König (1992, S. 24) zu, dass ein bloßes Üben nicht ausreichend ist, sondern Heurismen in irgendeiner Form, wenn auch nicht in separaten Unterrichtseinheiten, sondern immer wieder im Laufe des Unterrichtsgeschehens an passenden Stellen thematisiert werden sollten, um die Schüler zu einem Umgang mit ihnen zu befähigen und ihre Problemlösekompetenz nachhaltig zu verbessern.

An Reaktionen von Schülern der Experimentalgruppe auf den ersten Aufgabenteil an Station P1 – wie beispielsweise „Hä? Sollen wir das nur Probieren? Also dürfen wir das?" – kann man erkennen, dass das **systematische Probieren** in seiner Bedeutung unterschätzt wird und im Unterricht zu selten eingesetzt wird. Es scheint doch eigentlich wünschenswert, mit Schülern Vorteile und Grenzen dieser Methode bei entsprechenden Aufgabenbearbeitungen anzusprechen. Auch iterative Verfahren können hierbei behandelt werden.

Entgegen des Projekts LEMAMOP, welches zu dem Ergebnis kommt, dass die Schüler v. a. in der Universalität von **Heurismen den entscheidenden Vorteil** sehen (vgl. Bruder et al. 2014a, S. 30; Bruder et al. 2014b, S. 264), sehen die Lernenden in der vorliegenden Untersuchung vielfältige und unterschiedliche Vorteile. Am häufigsten wird von den Schülern das Erlernen einer Herangehensweise an Probleme durch die Heurismen genannt. Auf Rang zwei sehen die Probanden in der intensiveren Auseinandersetzung mit

---

[3] **Beispiel**: Invarianzprinzip – Invariante – Suche bzw. Konstruktion eines Unveränderlichen

der Problemstellung, welche zu einem besseren Verständnis der Aufgabe führt, den entscheidenden Nutzen. Dieses Ergebnis führt zur Formulierung von Hypothese 7.

H7: *Die Schüler sehen v. a. das Erlernen eines Umgangs bzw. einer Herangehensweise an Probleme als entscheidenden Vorteil der Heurismen.*

Obwohl heuristische Bildung zu den zentralen Zielen des MUs gehört (vgl. KMK 2012, S. 11), ist es erschreckend, dass nur sehr wenige Schüler der Kontrollgruppe Heurismen nennen oder implizit erklären können. Dies zeigt das derzeit bestehende **Defizit** bzgl. des Problemlösenlernens in der Schule. Es spiegelt in gewisser Art und Weise den vorherrschenden Unterricht wider und macht den Bedarf deutlich, Mathematik in der Schule nicht nur als eine deduzierende und beweisende Wissenschaft aufzufassen, sondern auch als eine experimentelle und heuristische (vgl. MfBuK 2014, S. 7). Des Weiteren zeigen die Antworten vieler Schüler, die angeben, dass die **hohe Selbstständigkeit und Zusammenarbeit** in der Unterrichtsreihe anders als sonst im MU ist, wie notwendig es ist, zunehmend Schlüsselqualifikationen wie Selbstständigkeit oder Teamfähigkeit im Unterricht zu trainieren (vgl. Bruder et al. 2011, S. 20; Vollrath et al. 2012, S. 19f.). Das Statement einiger Lernender der Experimentalgruppe, die es als positiv bewerten, dass die Unterrichtsreihe von selbstständigem und **logischem Denken** geprägt war und weniger von Vorgaben des Lehrers, zeigt, dass sich Lernende eine zunehmende Selbstständigkeit und Unabhängigkeit von den Lösungswegen des Lehrers wünschen – ein Grund für das Problemlösenlernen im MU (vgl. Törner et al. 1992, S. 254f.). In beiden Klassen bereitet das **vergessene Vorwissen** den Schülern die größten Schwierigkeiten, was darauf hindeutet, dass m. E. zu wenige Wiederholungen und Verknüpfungen von Lerninhalten im Unterricht stattfinden, dass Schüler auf Vorrat bis zur nächsten Klassenarbeit lernen und dabei enges bereichsspezifisches Wissen anhäufen. Aus lerntheoretischer Sicht ist also auch hier Problemlösen angebracht, da dadurch Inhalte aufgegriffen, vernetzt und Bedeutungszusammenhänge hergestellt werden können (vgl. Törner et al. 1992, S. 256).

Die von Bruder (1992, S. 6f.) angesprochenen **drei Möglichkeiten, an denen die Herausforderung für Schüler zu einem Problem werden kann**, lassen sich auch in der vorliegenden Untersuchung erkennen: So wird in der Reflexion an der zweiten Station (P2) von einigen Schülern beschrieben, dass sie zunächst Schwierigkeiten hatten, das Problem zu verstehen (I). Des

Weiteren wird die Schwierigkeit, zu einer zündenden Idee zu gelangen, angemerkt; also das Problem der mangelnden Kreativität zur Lösungsidee (z.b. Station P2: „Zu Beginn musste ich länger überlegen, wie ich anfange.") (II). Schließlich ist in der Untersuchung festzustellen, dass die Ausführung des Lösungsplans für viele Schüler zu einem Problem werden kann, da beispielsweise quadratische Gleichungen aufgrund mangelnder mathematischer Fertigkeiten oftmals ungelöst bleiben (z. B. Station P1) (III).

Die bereits angesprochenen und teilweise doch sehr kurzen, unvollständigen **Reflexionen** der Schüler zeigen deutliche Defizite in der Wissensstruktur des **Metawissens** der getesteten Schüler. M. E. fällt es den Schülern schwer, ihr Vorgehen zu reflektieren, zu beurteilen und dies auch noch in schriftlicher Form zu artikulieren. Die vorliegende Untersuchung bestätigt also das Ergebnis des LEMAMOP-Projekts, nämlich dass die Vermittlung von Metakompetenz für viele Schüler neu, ungewohnt oder schwierig ist (vgl. Bruder et al. 2014a, S. 30; Bruder et al. 2014b, S. 264).

Angelehnt an die Forschungsfrage der Untersuchung von Reiss und Renkl (2002) (vgl. Heinze et al. 2006, S. 276f. – eine kritische Auseinandersetzung mit dem Ansatz von Reiss und Renkl findet sich in Führer 2009) wurde in der vorliegenden Arbeit der Frage nachgegangen, wie solche **Lösungsbeispiele** – in der Experimentalgruppe sogar heuristische Lösungsbeispiele – von den Schüler wahrgenommen werden. So ergibt sich, dass über ein Drittel der Schüler der Experimentalgruppe die heuristischen Lösungsbeispiele als hilfreich empfinden, sie zum Verständnis der Heurismen beitragen und bei den Problembearbeitungen helfen. Im Gegensatz dazu stehen die Aussagen der Kontrollgruppe, in der 64,3% der Schüler das Lösungsbeispiel als wenig bzw. gar nicht hilfreich empfinden. Da die hier vorliegende Untersuchung aus bereits genannten Gründen keine Leistungsvergleiche anstellt, kann dieses Ergebnis nicht mit der leistungsbezogenen Bewertung der Studie von Reiss und Renkl (2002) verglichen werden. Es lässt jedoch vermuten, dass die Schüler der Experimentalgruppe von den Beispielen stärker profitieren, da an jeder einzelnen Station das heuristische Vorgehen und die strategischen Erläuterungen der Heurismen verdeutlicht werden. In der Kontrollgruppe hingegen, welcher nur ein allgemeines Beispiel vorliegt, kann dieses womöglich von vielen Schülern *nur* dazu genutzt werden, ihren Lösungsweg und *Was ich mir dabei gedacht habe...* zu strukturieren. Jedoch bleibt evtl. die inhaltliche Verbindung zu einigen Problemen hinter den Erwartungen der Schüler zurück.

Die vorliegende Arbeit bestätigt die Ergebnisse von Komorek et al. (2004, S. 67) bzgl. der **Wahrnehmung** *dieser* Art des Unterrichts durch die Schüler der Experimentalgruppe: Die Mehrheit der Schüler fand den Unterricht interessant, 69,2% hat der Unterricht Spaß gemacht. Auch die Anmerkungen der Schüler im zweiten Teil des Fragebogens bestätigen, dass der Unterricht durchweg positiv wahrgenommen wurde.

Ausgehend von den Ergebnissen der vorliegenden Arbeit lassen sich also zusammenfassend gemäß dem hypothesengenerierenden Explorieren sieben **Hypothesen** ableiten (s. oben), welche in detaillierteren Untersuchungen mit verfeinerten Erhebungsinstrumenten und einer größeren Stichprobe näher analysiert werden müssen.

Die Ergebnisse der vorliegenden Untersuchung sind **kritisch** zu sehen. Einschränkend wirken sich beispielsweise die geringe Stichprobe, das kurze Training von lediglich jeweils drei Sitzungen, die Auswahl der getesteten Heurismen oder der nicht geeichte Fragebogen aus. Dadurch kann man zu keinen gesicherten Ergebnissen oder sicheren Zusammenhängen gelangen. Vorsicht geboten ist bei der Generalisierbarkeit von Aussagen. Nichtsdestotrotz liefern die Ergebnisse interessante Hinweise, zeigen Tendenzen und äußern begründete Vermutungen. Sie bringen Ansatzpunkte für weitere Forschungen hervor, in denen die Untersuchung und das Design optimiert und verfeinert werden können. Problemlösen, die Auswirkungen der Explizierung von Heuristiken und weitere hier geschilderte Aspekte liefern somit weitere Forschungsdesiderate.

Literatur

Abels, L. (2002): Ich hab's – Tipps, Tricks und Übungen zum Problemlösen. In: mathematik lehren – Mathe-Welt, H.115, S. 23-46.

Baptist, P. (2000): Nach TIMSS und vor PISA – Gedanken zum Mathematikunterricht. In: L. Flade & W. Herget (Hrsg.): Mathematik. Lehren und Lernen nach TIMSS. Anregungen für die Sekundarstufen. Berlin, S. 7-12.

Baumert, J., Lehmann, R., Lehrke, M., Schmitu, B., Clausen, M., Hosenfeld, I., Köller, O. & Neubrand, J. (1997): TIMSS – Mathematisch-naturwissenschaftlicher Unterricht im internationalen Vergleich. Deskriptive Befunde. Opladen.

Bortz, J. & Schuster, C. (2010^7): Statistik für Human- und Sozialwissenschaftler. Berlin, Heidelberg.

Brockmann-Behnsen, D. (2014): Explizites und implizites Heurismentraining im Unterricht. In: Der Mathematikunterricht, H.5, S. 19-23.

Bromme, R., Seeger, F. & Steinbring, H. (1990): Aufgaben, Fehler und Aufgabensysteme. In: Institut für Didaktik der Mathematik der Universität Bielefeld (Hrsg.): Aufgaben als Anforderungen an Lehrer und Schüler. Köln, S. 1-30.

Bruder, R. (1992): Problemlösen lernen – aber wie?. In: mathematik lehren, H.52, S. 6-13.

Bruder, R. (2000a): Akzentuierte Aufgaben und heuristische Erfahrungen – Wege zu einem anspruchsvollen Mathematikunterricht. In: Flade, L. & W. Herget (Hrsg.): Mathematik. Lehren und Lernen nach TIMSS. Anregungen für die Sekundarstufen. Berlin, S. 69-78.

Bruder, R. (2000c): Problemlösen im Mathematikunterricht – ein Lernangebot für alle. In: Mathematische Unterrichtspraxis, Bd.21, S. 2-11.

Bruder, R. (2002): Lernen, geeignete Fragen zu stellen. In: mathematik lehren, H.115, S. 4-9.

Bruder, R. & Collet, C. (2011): Problemlösen lernen im Mathematikunterricht. Berlin.

Bruder, R. & Krüger, U.-H. (2014a): Explizit mathematisches Argumentieren, Modellieren und Problemlösen lernen – das Projekt LEMAMOP. Kassel. URL: http://nline.nibis.de/ma-mut-lemamop/forum/upload/public/moderator/lemamopmnu2014.pdf [Stand: 6.11.2015].

Bruder, R., Krüger, U.-H. & Bergmann, L. (2014b): LEMAMOP – ein Kompetenzentwicklungsmodell für Argumentieren, Modellieren und Problemlösen wird umgesetzt. In: J. Roth & J. Ames (Hrsg.): Beiträge zum Mathematikunterricht 2014. Band 1. Beiträge zur 48. Jahrestagung der Gesellschaft für Didaktik der Mathematik vom 10. bis 14. März 2014 in Koblenz. Münster, S. 261-264.

Collet, C. (2009): Förderung von Problemlösekompetenzen in Verbindung mit Selbstregulation. Wirkungsanalysen von Lehrerfortbildungen. Wirkungsanalysen von Lehrerfortbildungen. Münster, Diss. (= Empirische Studien zur Didaktik der Mathematik, Bd.2).

Collins, A. (2006): Cognitive Apprenticeship. In: R. K. Sawyer (Hrsg.): The Cambridge Handbook of the Learning Sciences. Cambridge, S. 47-60.

Collins, A., Brown, J.S. & Newmann, S. E. (1989): Cognitive Apprenticeship: Teaching the Crafts of Reading, Writing, and Mathematics. In: L. B. Resnick (Hrsg.): Knowing, Learning, and Intruction. Hillsdale, New Yersey, S. 453-494.

Dörner, D. (1979^2): Problemlösen als Informationsverarbeitung. Stuttgart, Berlin, Köln, Mainz.

Dolan, D.T. & Williamson, J. (1983): Teaching Problem-Solving Strategies. California, Massachusetts, London, Amsterdam, Ontario, Sydney.

Eigenmann, P. (1992): Geometrische Denkaufgaben. Stuttgart.

Führer, L. (2009): Vom Begründensollen zum Vermutenwollen – Heinrich Winter zum 80. Geburtstag. In: Ludwig, M. et al (Hrsg.): Argumentieren, Beweisen und Standards im Geometrieunterricht. AK Geometrie 2007/08. Hildesheim, Berlin.

Grieser, D. (2013): Mathematisches Problemlösen und Beweisen. Eine Entdeckungsreise in die Mathematik. Wiesbaden.

Haas, N. (2000): Das Extremalprinzip als Element mathematischer Denk- und Problemlöseprozesse. Untersuchungen zur deskriptiven, konstruktiven und systematischen Heuristik. Berlin, Diss. (=D 82 RWTH Aachen).

Heinze, A., Reiss, K. & Groß, C. (2006): Learning to prove with heuristic worked-out examples. In: J. Novontná, H. Moraová, M. Krátká & N. Stehlíková (Hrsg.): Proceedings 30th Conference of the International Group for the Psychology of Mathematics Education. Volume 3. Prag, S. 273-280.

Hussy, W. (1984): Denkpsychologie. Ein Lehrbuch. Band 1. Geschichte, Begriffs- und Problemlöseforschung, Intelligenz. Stuttgart.

Hussy, W. (1993): Denken und Problemlösen. Stuttgart.

KMK – Sekretariat der Ständigen Konferenz der Kultusminister der Länder in der Bundesrepublik Deutschland (Hrsg.) (2012): Bildungsstandards im Fach Mathematik für die Allgemeine Hochschulreife. Berlin. URL: http://www.kmk.org/fileadmin/veroeffentlichungen_beschluesse/2012/2012_10_1 8-Bildungsstandards-Mathe-Abi.pdf [Stand: 24.10.15].

König, H. (1992): Einige für den Mathematikunterricht bedeutsame heuristische Vorgehensweisen. In: Der Mathematikunterricht, H.3, S. 24-38.

Komorek, E., Bruder, R. & Schmitz, B. (2004): Integration evaluierter Trainingskonzepte für Problemlösen und Selbstregulation in den Mathematikunterricht. In: J. Doll & M. Prenzel (Hrsg.): Bildungsqualität von Schule: Lehrerprofessionalisierung, Unterrichtsentwicklung und Schülerförderung als Strategien des Qualitätsverbesserung. Münster, S. 54-76.

Lambert, A. (2011): Weiterentwicklung der Hochschullehre in Mathematik – Teil-Modul 3. Cognitive Apprenticeship. Vortragsfolien. Saarbrücken (unveröffentlicht).

Lehmann, G. (1990): Die Vermittlung heuristischer Strategien im Mathematikunterricht. In: M. Glatfeld (Hrsg.): Finden, Erfinden, Lernen – Zum Umgang mit Mathematik unter heuristischem Aspekt. Frankfurt am Main, S. 19-37.

Leuders, T. (2010): Problemlösen. In: T. Leuders (Hrsg.): Mathematik-Didaktik. Praxishandbuch für die Sekundarstufe I und II. Berlin, S. 119-135.

Mattes, W. (2011): Methoden für den Unterricht. Kompakte Übersichten für Lehrende und Lernende. Paderborn.

Mayring, P. (2000): Qualitative Inhaltsanalyse. In: Forum Qualitative Sozialforschung, Bd.1, H.2, Art.20.

MfBuK – Ministerium für Bildung und Kultur des Saarlandes (Hrsg.) (2014): Lehrplan Mathematik Gymnasium Erprobungsphase. Saarbrücken. URL: http://www.saarland.de/dokumente/thema_bildung/LP_Ma_Gym_Vorwort_2014.pdf [Stand: 24.10.15].

Müller, F. (20104): Selbstständigkeit fördern und fordern. Handlungsorientierte und praxiserprobte Methoden für alle Schularten und Schulstufen. Weinheim, Basel.

Perels, F. (2003): Ist Selbstregulation zur Förderung von Problemlösen hilfreich? Entwicklung, Durchführung sowie längsschnittliche und prozessuale Evaluation zweier Trainingsprogramme. Frankfurt am Main (=Diss. Technische Universität Darmstadt, Reihe VI Psychologie, Bd.709).

Peter, C. & Winklmaier, C. (2002): Zugang zum Invarianzprinzip über Tabellen. In: mathematik lehren, H.115, S. 10-13.

Polya, G. (1995^4): Schule des Denkens. Vom Lösen mathematischer Probleme. Tübingen, Basel.

Prenzel, M., Baumert, J., Blum, W., Lehmann, R., Leutner, D., Neubrand, M., Pekrun, R., Rolff, H.-G., Rost, J. & Schiefele, U. (Hrsg.) (2003). PISA 2003. Ergebnisse des zweiten internationalen Vergleichs. Zusammenfassung. o.O. URL: http://www.bmfsfj.de/doku/Publikationen/genderreport/01-Redaktion/PDF-Anlagen/lit-pisa-ergebnisse-2003,property%3Dpdf,bereich%3Dgenderreport,sprache%3Dde,rwb%3Dtrue.pdf [Stand: 24.10.2015].

Reich, K. (Hrsg.) (2008): Cognitive Apprenticeship. Köln. URL: http://methodenpool.uni-koeln.de/download/cognitive_apprenticeship.pdf [Stand: 30.10.2015].

Reiss, K. & Renkl, A. (2002): Learning to prove: The idea of heuristic examples. In: Zentralblatt für Didaktik der Mathematik, Bd. 34, H.1, S. 29-35.

Rott, B. & Gawlick, T. (2014): Explizites oder implizites Heurismentraining – was ist besser?. In: mathematica didactica, H.37, S. 191-212.

Sarris, V. & Reiß, S. (2005): Kurzer Leitfaden der Experimentalpsychologie. München.

Scheu, G. (2003): Heuristisches Problemlösen nach den Regeln von G. Polya. Ein Zugang zum Lösen von Aufgaben mit und ohne Computer. In: Praxis der Mathematik in der Schule, H.45, S. 39-43.

Schoenfeld, A. H. (1979): Explicit Heuristic Training as a Variable in Problem-Solving Performance. In: Journal for Research in Mathematics Education, Bd.10, H.3, S. 173-187.

Schoenfeld, A. H. (1985): Mathematical Problem Solving. San Diego.

Schoenfeld, A.H. (1992): Learning to think mathematically: problem solving, metacognition, and sense-making in mathematics. In: D. Grouws (Hrsg.): Handbook of Research on Mathematics Teaching and Learning. New York, S. 334-370.

Schreiber, A. (2011): Begriffsbestimmungen. Aufsätze zur Heuristik und Logik mathematischer Begriffsbildung. Berlin.

Sewerin, H. (1982^5): Mathematische Schülerwettbewerbe. Beschreibungen – Analysen – Aufgaben. Trainingsmethoden mit Ergebnissen einer Umfrage zum Bundeswettbewerb Mathematik. München (= Manz mathematische Texte, Bd. 8).

Törner, G. & Zielinski, U. (1992): Problemlösen als integraler Bestandteil des Mathematikunterrichts – Einblicke und Konsequenzen. In: Journal für Mathematik-Didaktik, Bd.13, H.2-3, S. 253-270.

Tücke, M. (2003): Grundlagen der Psychologie für (zukünftige) Lehrer. Münster (= Osnabrücker Schriften zur Psychologie, Bd. 8).

Van de Loo, K. (2010): Befragung. In: H. Holling & B. Schmitz (Hrsg.): Handbuch Statistik, Methoden und Evaluation. Göttingen, S.131-138 (=Handbuch der Psychologie, Bd.13).

Vollrath, H.-J. & Roth, J. (2012^2): Grundlagen des Mathematikunterrichts in der Sekundarstufe. Heidelberg.

Zech, F. (2002^{10}): Grundkurs Mathematikdidaktik. Theoretische und praktische Anleitungen für das Lehren und Lernen von Mathematik. Weinheim, Basel.

Anhang: Kopiervorlagen Arbeitsblätter*

Pflichtstation P1: Systematisches Probieren & Gleichung

*Problemlösen bedeutet auch, sich selbst die richtigen **Fragen** zu stellen, um einen Weg zum Ziel zu finden. Deshalb bekommt jede Strategie nicht nur einen Namen und eine kurze Beschreibung, sondern immer noch ein paar Fragen, die du dir dann beim Lösen einer Aufgabe selbst stellen kannst.*

Systematisches Probieren:

Beim systematischen Probieren versuchst du, alle denkbaren Fälle zu untersuchen. Du hast es also mit Fallunterscheidungen zu tun. Das systematische Vorgehen mittels entsprechender Kriterien ermöglicht dir, einen Überblick über die von dir betrachteten Fälle zu behalten. Dabei ist es notwendig, die Informationen im Vorfeld zu strukturieren (Teilschritte, Fälle, ...).

Fragen:

Wie kannst du die Informationen vorteilhaft ordnen?

Kannst du eine Vorauswahl infrage kommender Lösungen treffen?

Hinweis:

Damit du nicht den Überblick verlierst, verwendest du am besten eine **Tabelle**, um deine Erkenntnisse darzustellen und zu strukturieren. Du kannst Tabellen auch verwenden, um dich einer Lösung systematisch anzunähern.

Beispiel

Folgendes Beispiel soll dir als Hilfe dienen und dir die Strategie und das Vorgehen verdeutlichen! Es soll dir zeigen, wie du deine Lösung strukturieren und kommentieren sollst!

Vorsicht!

Indem du systematisch probierst, erhältst du zwar eine Lösung, probieren liefert jedoch noch keine gesicherte Erkenntnis! Dazu dient ein Beweis! Versuche also, nachdem du durch systematisches Probieren auf die Lösungsidee gekommen bist, dein Ergebnis mittels einer **Gleichung** zu beweisen.

$Q = T$ Q Quadrat, T Trapez
$x = ?$

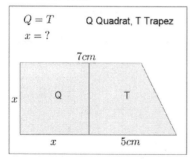

(Quellen: vgl. u. a. ABELS, L. (2002): Ich hab's – Tipps, Tricks und Übungen zum Problemlösen. In: mathematik lehren – Mathe-Welt, H.115, S.23-46.; BRUDER, R. & C. COLLET (2011¹): Problemlösen lernen im Mathematikunterricht. Berlin.; Aufgaben angelehnt an: EIGENMANN, P. (1992): Geometrische Denkaufgaben. Stuttgart.)

* Die Arbeitsblätter stehen in Originalgröße (DIN A4) auf der Internetseite des AK Geometrie (http://www.ak-geometrie.de) zur Verfügung.

Anhang: Kopiervorlagen Arbeitsblätter

Lösungsbeispiel:

Lösungsweg	„Was ich mir dabei gedacht habe …"
systematisches Probieren: | x [cm]	Q [cm²]	T [cm²] | |---|---|---| | 2 | 4 | 10 | | 3 | 9 | 13,5 | | 5 | 25 | 17,5 | | 4 | 16 | 16 |	„… Ich sehe auf der Skizze ein großes Trapez, welches in ein Quadrat und ein Trapez unterteilt ist. Ich weiß, dass der Flächeninhalt des Quadrats laut Aufgabenstellung genauso groß ist wie der des Trapez ($Q = R$). Auch kenne ich zwei Seitenlängen (s. Abb.). Auf der Skizze sehe ich, dass die Seitenlänge x des Quadrats gesucht ist.

Ich weiß, dass man den Flächeninhalt eines Quadrats so berechnet: $Q = x^2$. Naja, und weil dieser Flächeninhalt genauso groß sein soll wie der des kleinen Trapez rechts, stelle ich einfach mal eine Formel für diesen auf: $T = \frac{5+(7-x)}{2} \cdot x$.

Zunächst versuche ich, die Informationen irgendwie in einer Tabelle zu ordnen und zu strukturieren, damit ich den Überblick behalte (s. Tab.). Ich lege drei Spalten an (die Seitenlänge x in cm und die Flächeninhalte Q und T in cm^2).

Jetzt setze ich für x mal einen Wert ein, $x = 2cm$. Hm, das stimmt wohl nicht, Q ist nicht gleich T. Nun probiere ich systematisch, die Seitenlänge x zu variieren und trage dabei die berechneten Flächeninhalte, die ich mit meinen Formeln von eben leicht berechnen kann, in meine Tabelle ein. Dass $x = 2cm$ zu klein ist, habe ich ja schon bemerkt. $x = 3cm$ ist immer noch zu klein. Ich versuche es also mit einem größeren Wert, $x = 5cm$. Das ist jetzt aber leider zu groß. $x = 4cm$, ja, das passt! Beide Flächeninhalte sind jetzt gleichgroß. Ich habe mich also systematisch der Lösung von oben und von unten angenähert *(man sagt auch, man hat sich dem Wert iterativ genähert)*. …"

Lösungsweg	„Was ich mir dabei gedacht habe …"
Beweis durch Gleichung: $Q = x^2, T = \frac{5+(7-x)}{2} \cdot x$ $\Rightarrow x^2 = \frac{5+(7-x)}{2} \cdot x$ $\Leftrightarrow x^2 = \frac{(12-x)}{2} \cdot x \Leftrightarrow x^2 = \frac{12x - x^2}{2}$ $\Leftrightarrow 2x^2 = 12x - x^2 \Leftrightarrow 3x^2 = 12x$ $\Leftrightarrow x^2 = 4x \Leftrightarrow x^2 - 4x = 0$ $\Leftrightarrow x \cdot (x-4) = 0 \Leftrightarrow (x = 0) \vee x = 4$	„…Ich weiß, dass der Flächeninhalt des Quadrats laut Aufgabenstellung genauso groß ist wie der des Trapez ($Q = R$). Auch habe ich schon eine Formel für deren Berechnung aufgestellt. Naja, der Rest ist jetzt eigentlich ganz leicht. Ich setze die beiden rechten Seiten der Gleichungen gleich und forme solange um, bis ich $x = \cdots$ erhalte.

Nach einigen Umformungen erhalte ich die Ergebnisse $x = 0cm$ oder $x = 4cm$.

$x = 0cm$ macht aber keinen Sinn, da dann die Seitenlänge $0cm$ lang wäre und gar kein Quadrat entstehen würde. Also ist damit meine Vermutung des systematischen Probierens bewiesen und $x = 4cm$ das Ergebnis.

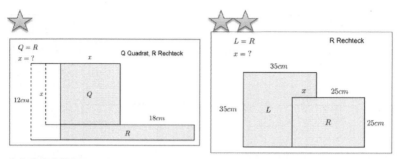

Aufgabenstellung:

Wähle zur Bearbeitung dieser Station eine der oben abgebildeten Aufgaben!

a) Bearbeite die Aufgabe mit Hilfe der Strategie **systematisches Probieren**. Dabei sollst du nicht nur deinen Lösungsweg protokollieren, sondern auch deine Ideen/ Gedanken/ Vorgehensweise/ Irrwege/ Vermutungen/ Strategien etc. formulieren (→ „Was ich mir dabei gedacht habe ...").
Wichtig ist nämlich nicht nur die Lösung an sich, sondern dein Weg dorthin!!

Lösungsweg	„Was ich mir dabei gedacht habe ..."

b) Beweise anschließend dein Ergebnis durch eine formale Rechnung (**Gleichung**).

Lösungsweg	„Was ich mir dabei gedacht habe ..."

c) **Reflektiere** dein Vorgehen, kontrolliere dabei jeden Teilschritt. Hast du einen **Fehler** gemacht? Wenn ja, welchen und warum? Hattest du Ideen/ Ansätze, die nicht zum Ziel führten? Wenn ja, beschreibe deinen **Irrweg** kurz. **Vergleiche** deinen Lösungsweg mit dem eines Mitschülers an der Station. Hat dieser ein anderes Vorgehen gewählt? Welches bevorzugst du und warum? Notiere deine/ eure Beobachtungen stichwortartig.

Anhang: Kopiervorlagen Arbeitsblätter

Pflichtstation P2: Vorwärtsarbeiten

Problemlösen bedeutet auch, sich selbst die richtigen Fragen zu stellen, um einen Weg zum Ziel zu finden. Deshalb bekommt jede Strategie nicht nur einen Namen und eine kurze Beschreibung, sondern immer noch ein paar Fragen, die du dir dann beim Lösen einer Aufgabe selbst stellen kannst.

Vorwärtsarbeiten:

Beim Vorwärtsarbeiten geht man von dem Gegebenen aus (Start) und hangelt sich von dort aus zu dem Gesuchten (Ziel).
Man könnte es also als „Eigenschaften-Rausfinden" oder „Probieren mit Richtung" bezeichnen.

Fragen:

Was ist gegeben?

Was weiß ich über das Gegebene?

Was kann aus dem folgern, was ich schon weiß?

Beispiel

Folgendes Beispiel soll dir als Hilfe dienen und dir die Strategie und das Vorgehen verdeutlichen! Es soll dir zeigen, wie du deine Lösung strukturieren und kommentieren sollst!

Beachte!

Unter sogenannten **informativen Figuren** versteht man Skizzen, die möglichst viele nützliche Informationen und Bezeichnungen enthalten. Sie dienen dem besseren Verständnis und der Veranschaulichung.
Die Aufgabenstellungen an sich bestehen hier schon aus einer Skizze. Du kannst jedoch versuchen, diese in deinen Lösungsprozess miteinzubeziehen und parallel mit Informationen anzureichern!

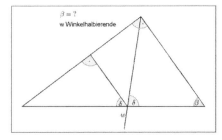

(Quellen: vgl. u.a. ABELS, L. (2002): Ich hab's – Tipps, Tricks und Übungen zum Problemlösen. In: mathematik lehren – Mathe-Welt. H.115, S.23-46.; BRUDER, R. & C. COLLET (2011[1]): Problemlösen lernen im Mathematikunterricht. Berlin.; Aufgaben angelehnt an: EIGENMANN, P. (1992): Geometrische Denkaufgaben. Stuttgart.)

Lösungsbeispiel:

Lösungsweg	„Was ich mir dabei gedacht habe …"
(Skizze: Dreieck mit Winkelhalbierender w, $\beta = ?$)	„… Ich sehe auf der Skizze ein Dreieck, welches in drei kleine Dreiecke unterteilt ist. Zwei rechte Winkel sind gegeben. Des Weiteren sehe ich eine Winkelhalbierende und die beiden Winkel δ und β. β ist gesucht. Aus dem Gegebenen muss ich jetzt auf das Winkelmaß von β kommen.
	Dazu versuche ich erst einmal, einige Winkel zu berechnen. Vielleicht sehe ich dann, wie ich auf β komme…
$\alpha = \dfrac{90°}{2} = 45°$	Zunächst nutze ich die Eigenschaft aus, dass w die Winkelhalbierende ist, welche den rechten Winkel teilt (gegeben). Daraus berechne ich $\alpha = 45°$.
$\varepsilon = 180° - 90° = 90°$	Des Weiteren kenne ich den zweiten rechten Winkel (gegeben), wodurch sich für den Nebenwinkel ε an der Geraden ebenfalls ein rechter Winkel ergibt.
$\gamma = 180° - 90° - \alpha$ $= 180° - 90° - 45°$ $= 45°$	Hieraus kann ich im mittleren Dreieck den dritten Winkel γ berechnen, da die Winkelsumme im Dreieck ja 180° beträgt. Ich arbeite also vorwärts, indem ich aus den gegebenen Winkelmaßen schrittweise neue Winkel berechne, bis ich am Ziel bin.
$\delta = \dfrac{180° - \gamma}{2} = \dfrac{180° - 45°}{2} = 67{,}5°$	Da ich nun den Winkel γ kenne und dieser sich mit den zwei gleichgroßen Nebenwinkeln δ zu 180° ergänzt, kann ich δ berechnen.
$\beta = 180° - \alpha - \delta$ $= 180° - 45° - 67{,}5°$ $= 67{,}5°$	Jetzt habe ich zwei Winkelgrößen im rechten Dreieck. Gott sei Dank, jetzt kann ich den gesuchten Winkel β ganz leicht berechnen. Die Winkelsumme im Dreieck ist ja 180°.
	Ich habe also insgesamt von dem, was gegeben war, auf neue Winkelgrößen geschlossen, mich also gemäß dem Prinzip des Vorwärtsarbeitens von dem Gegebenen zu dem Gesuchten (β) gehangelt. Des Weiteren habe ich zur Lösung neue Bezeichnungen für die Winkel eingeführt und die informative Figur der Aufgabenstellung entsprechend ergänzt…"

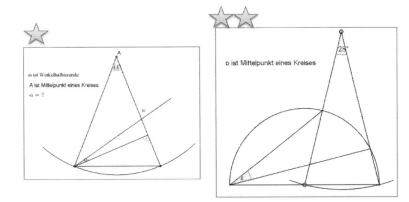

Aufgabenstellung:

Wähle zur Bearbeitung dieser Station <u>eine</u> der oben abgebildeten Aufgaben!

a) Bearbeite die Aufgabe mit Hilfe der Strategie **Vorwärtsarbeiten**. Dabei sollst du nicht nur deinen Lösungsweg protokollieren, sondern auch deine Ideen/ Gedanken/ Vorgehensweise/ Irrwege/ Vermutungen/ Strategien etc. formulieren (→ „**Was ich mir dabei gedacht habe ...**").

Wichtig ist nämlich nicht nur die Lösung an sich, sondern dein Weg dorthin!!

Lösungsweg	„Was ich mir dabei gedacht habe ..."

b) **Reflektiere** dein Vorgehen, kontrolliere dabei jeden Teilschritt. Hast du einen **Fehler** gemacht? Wenn ja, welchen und warum? Hattest du Ideen/ Ansätze, die nicht zum Ziel führten? Wenn ja, beschreibe deinen **Irrweg** kurz. **Vergleiche** deinen Lösungsweg mit dem eines Mitschülers an der Station. Hat dieser ein anderes Vorgehen gewählt? Welches bevorzugst du und warum? Notiere deine/ eure Beobachtungen stichwortartig.

Pflichtstation P3: Rückwärtsarbeiten

*Problemlösen bedeutet auch, sich selbst die richtigen **Fragen** zu stellen, um einen Weg zum Ziel zu finden. Deshalb bekommt jede Strategie nicht nur einen Namen und eine kurze Beschreibung, sondern immer noch ein paar Fragen, die du dir dann beim Lösen einer Aufgabe selbst stellen kannst.*

Rückwärtsarbeiten:

Beim Rückwärtsarbeiten beginnst du am Ende und arbeitest dich langsam nach vorne. Du gehst also von dem Gesuchten aus und hangelst dich von dort aus zu dem Gegebenen.

Fragen:

Was ist gesucht?

Was weiß ich über das Gesuchte?

Was benötige ich, um das Gesuchte zu ermitteln?

Beispiel

Folgendes Beispiel soll dir als Hilfe dienen und dir die Strategie und das Vorgehen verdeutlichen! Es soll dir zeigen, wie du deine Lösung strukturieren und kommentieren sollst!

Beachte!

Unter sogenannten **informativen Figuren** versteht man Skizzen, die möglichst viele nützliche Informationen und Bezeichnungen enthalten. Sie dienen dem besseren Verständnis und der Veranschaulichung.
Die Aufgabenstellungen an sich bestehen hier schon aus einer Skizze. Du kannst jedoch versuchen, diese in deinen Lösungsprozess miteinzubeziehen und parallel mit Informationen anzureichern!

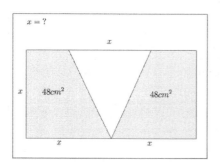

(Quellen: vgl. u.a. ABELS, L. (2002): Ich hab's – Tipps, Tricks und Übungen zum Problemlösen. In: mathematik lehren – Mathe-Welt, H.115, S 23-46.; BRUDER, R. & C. COLLET (2011¹): Problemlösen lernen im Mathematikunterricht. Berlin.; Aufgaben angelehnt an: EIGENMANN, P. (1992): Geometrische Denkaufgaben. Stuttgart.)

Anhang: Kopiervorlagen Arbeitsblätter

Lösungsbeispiel:

Lösungsweg	„Was ich mir dabei gedacht habe …"
$x = ?$ *[Skizze: Rechteck mit Breite $2x$ und Höhe x, unterteilt in Trapez A_1 (48 cm²) links, Dreieck A_2 in der Mitte mit Grundseite x und Höhe x, Trapez A_3 (48 cm²) rechts]*	„…Ich sehe auf der Skizze ein Rechteck, dessen eine Seite doppelt so lang ist wie die andere (x und $2x$). Auch sehe ich, dass das Rechteck in ein Dreieck in der Mitte und links und rechts in ein Trapez unterteilt ist. Der Flächeninhalt der Trapeze beträgt jeweils $48cm^2$, das steht da. Zudem bemerke ich, dass das Dreieck die Grundseite x und auch die Höhe x hat. Gesucht ist x.
$A = x \cdot (x + x) = x \cdot 2x = 2x^2$ $\Leftrightarrow x^2 = \frac{A}{2}$ (I)	Zunächst drücke ich den Flächeninhalt A des Rechtecks in Abhängigkeit von x aus. Da x gesucht ist, forme ich die soeben gebildete Gleichung nach x (bzw. hier x^2, weil das leichter ist) um.
	Ich beginne also gemäß dem **Rückwärtsarbeiten** bei dem Gesuchten und sehe nun in meiner Gleichung (Schritt für Schritt), was ich brauche, um das Gesuchte zu berechnen.
$A = A_1 + A_2 + A_3 = 48 + A_2 + 48 = 96 + A_2$	Als erstes brauche ich also den Flächeninhalt A des Rechtecks. Dieser lässt sich als Summe der Flächeninhalte der beiden Trapeze A_1 und A_3 und des Dreiecks A_2 berechnen. An dieser Gleichung wiederum sehe ich, dass ich jetzt A_2 berechnen muss (Rückwärtsarbeiten).
$A_2 = \frac{1}{2} \cdot x \cdot x = \frac{1}{2}x^2$	Der Flächeninhalt des Dreiecks ergibt sich mit der Formel (Grundseite x, Höhe x).
aus (I) folgt $x^2 = \frac{A}{2} = \frac{96 + A_2}{2} = \frac{96 + \frac{1}{2}x^2}{2}$	Da ich jetzt alle benötigten Größen in Abhängigkeit von x ausgedrückt habe, muss ich diese nur noch Schritt für Schritt wieder rückwärts in meine anfangs aufgestellte Zielgleichung einsetzen.
$x^2 = \frac{96 + \frac{1}{2}x^2}{2}$ $\Leftrightarrow 2x^2 = 96 + \frac{1}{2}x^2$ $\Leftrightarrow \frac{3}{2}x^2 = 96$ $\Leftrightarrow x^2 = 64$ $\Leftrightarrow (x = -8) \lor x = 8$	Nun muss ich nur noch die erhaltene Gleichung nach x auflösen. Das geht wie immer! Die beiden Lösungen der quadratischen Gleichung erhalte ich durch Wurzelziehen. $x = -8cm$ macht aber keinen Sinn als Länge einer Seite, also ist die Lösung $x = 8cm$. …"

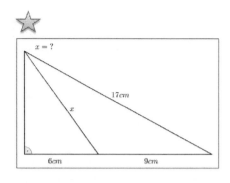
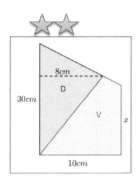

Aufgabenstellung:

Wähle zur Bearbeitung dieser Station eine der oben abgebildeten Aufgaben!

a) Bearbeite die Aufgabe mit Hilfe der Strategie **Rückwärtsarbeiten**. Dabei sollst du nicht nur deinen Lösungsweg protokollieren, sondern auch deine Ideen/ Gedanken/ Vorgehensweise/ Irrwege/ Vermutungen/ Strategien etc. formulieren (→ „Was ich mir dabei gedacht habe ...").
Wichtig ist nämlich nicht nur die Lösung an sich, sondern dein Weg dorthin!!

Lösungsweg	„Was ich mir dabei gedacht habe ..."

b) **Reflektiere** dein Vorgehen, kontrolliere dabei jeden Teilschritt. Hast du einen **Fehler** gemacht? Wenn ja, welchen und warum? Hattest du Ideen/ Ansätze, die nicht zum Ziel führten? Wenn ja, beschreibe deinen **Irrweg** kurz. **Vergleiche** deinen Lösungsweg mit dem eines Mitschülers an der Station. Hat dieser ein anderes Vorgehen gewählt? Welches bevorzugst du und warum? Notiere deine/ eure Beobachtungen stichwortartig.

Pflichtstation G: Ihr seid jetzt Profis im Problemlösen!

Endspurt! Du hast nun einige Problemlösestrategien kennen- und an einzelnen Aufgaben anwenden gelernt.

Erinnere dich an die dir bekannten Strategien (und deren Fragestellungen) und überlege, welche dir bei der Lösung des Problems helfen könnten. Viele Aufgaben erfordern meist nicht nur eine Strategie alleine, sondern eine Kombination mehrerer. Vielleicht bringt dich ja das zum Ziel ☺

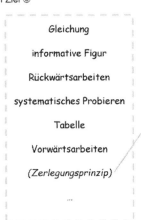

Zerlegen:

Das Zerlegungsprinzip verwendest du, wenn das Problem in seiner Gesamtheit zu gewaltig ist oder die Möglichkeit bietet, in kleine Teile zergliedert zu werden. Löse also das gesamte Problem, indem du dessen Teilprobleme löst. Beispielsweise kann dies bedeuten, dass du die Aufgabe in Sinneinheiten unterteilst oder das Objekt geschickt aufteilst.

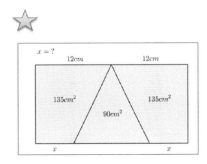

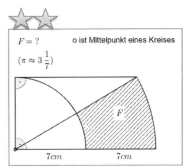

(Quellen: vgl. u.a. ABELS, L. (2002): Ich hab's – Tipps, Tricks und Übungen zum Problemlösen. In: mathematik lehren – Mathe-Welt, H.115, S.23-46.; BRUDER, R. & C. COLLET (2011¹): Problemlösen lernen im Mathematikunterricht. Berlin.; Aufgaben angelehnt an: EIGENMANN, P. (1992): Geometrische Denkaufgaben. Stuttgart.)

Aufgabenstellung:

Wähle zur Bearbeitung dieser Station eine der oben abgebildeten Aufgaben!

a) Bearbeite die Aufgabe mit Hilfe heuristischer Strategien. Dabei sollst du nicht nur deinen Lösungsweg protokollieren, sondern auch deine Ideen/ Gedanken/ Vorgehensweise/ Irrwege/ Vermutungen/ Strategien etc. formulieren (→ „**Was ich mir dabei gedacht habe** …").
Wichtig ist nämlich nicht nur die Lösung an sich, sondern **dein Weg** dorthin!!

Lösungsweg	„Was ich mir dabei gedacht habe …"

b) **Reflektiere** dein Vorgehen, kontrolliere dabei jeden Teilschritt. Hast du einen **Fehler** gemacht? Wenn ja, welchen und warum? Hattest du Ideen/ Ansätze, die nicht zum Ziel führten? Wenn ja, beschreibe deinen **Irrweg** kurz. **Vergleiche** deinen Lösungsweg mit dem eines Mitschülers an der Station. Hat dieser ein anderes Vorgehen gewählt? Welches bevorzugst du und warum? Notiere deine/ eure Beobachtungen stichwortartig.

Anhang: Kopiervorlagen Arbeitsblätter

Wahlstation 1: Zerlegungsprinzip

Problemlösen bedeutet auch, sich selbst die richtigen Fragen zu stellen, um einen Weg zum Ziel zu finden. Deshalb bekommt jede Strategie nicht nur einen Namen und eine kurze Beschreibung, sondern immer noch ein paar Fragen, die du dir dann beim Lösen einer Aufgabe selbst stellen kannst.

Zerlegen:

Das Zerlegungsprinzip verwendest du, wenn das Problem in seiner Gesamtheit zu gewaltig ist oder die Möglichkeit bietet, in kleine Teile zergliedert zu werden. Löse also das gesamte Problem, indem du dessen Teilprobleme löst. Beispielsweise kann dies bedeuten, dass du die Aufgabe in Sinneinheiten unterteilst oder das Objekt geschickt aufteilst.

Fragen:

Welche bekannten Elemente findest du in der Gesamtheit an Informationen?

Wie kannst du aus den einzelnen Teilen das Gesuchte ermitteln?

Beispiel

Folgendes Beispiel soll dir als Hilfe dienen und dir die Strategie und das Vorgehen verdeutlichen! Es soll dir zeigen, wie du deine Lösung strukturieren und kommentieren sollst!

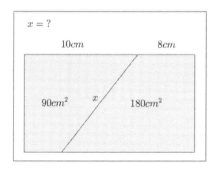

Beachte!

Unter sogenannten **informativen Figuren** versteht man Skizzen, die möglichst viele nützliche Informationen und Bezeichnungen enthalten. Sie dienen dem besseren Verständnis und der Veranschaulichung.
Die Aufgabenstellungen an sich bestehen hier schon aus einer Skizze. Du kannst jedoch versuchen, diese in deinen Lösungsprozess miteinzubeziehen und parallel mit Informationen anzureichern!

(Quellen: vgl. u.a. ABELS, L. (2002): Ich hab's – Tipps, Tricks und Übungen zum Problemlösen. In: mathematik lehren – Mathe-Welt, H.115, S.23-46.; BRUDER, R. & C. COLLET (2011[1]): Problemlösen lernen im Mathematikunterricht. Berlin.; Aufgaben angelehnt an: EIGENMANN, P. (1992): Geometrische Denkaufgaben. Stuttgart.)

Lösungsbeispiel:

Lösungsweg	„Was ich mir dabei gedacht habe …"
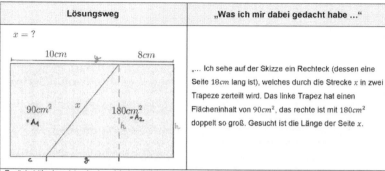	… Ich sehe auf der Skizze ein Rechteck (dessen eine Seite $18cm$ lang ist), welches durch die Strecke x in zwei Trapeze zerteilt wird. Das linke Trapez hat einen Flächeninhalt von $90cm^2$, das rechte ist mit $180cm^2$ doppelt so groß. Gesucht ist die Länge der Seite x.
Zunächst überlege ich mir, dass ich das Objekt geschickt aufteilen kann (**Zerlegungsprinzip**), indem ich eine Seite (h) ergänze, sodass in der Mitte ein rechtwinkliges Dreieck entsteht (s. Abb.). Jetzt weiß ich nämlich, dass ich in dem Dreieck den Satz des Pythagoras anwenden könnte, um x zu berechnen. Dazu müsste ich nur noch wissen, wie lang die beiden anderen Seiten des Dreiecks sind (h und g). Also ist mein Ziel, diese beiden Größen zu berechnen.	
$A = A_1 + A_2 = 90 + 180 = 270$ $A = h \cdot (10 + 8) = h \cdot 18$ $\Rightarrow h \cdot 18 = 270$ $\Leftrightarrow h = 15$	**So berechne ich die Seite h** (Höhe des Dreiecks): Zuerst berechne ich den Flächeninhalt A des großen Rechtecks als Summe der beiden gegebenen Flächeninhalte A_1 und A_2. Danach berechne ich den Flächeninhalt des gleichen Rechtecks mittels der Formel "$A = Höhe \cdot Breite$." Durch Gleichsetzten und Auflösen nach der Höhe h erhalte ich $h = 15cm$. Also weiß ich schon einmal, dass die eine Seite des Dreiecks $15cm$ ist. Jetzt brauch ich nur noch die andere!
$A_1 = \frac{10+c}{2} \cdot h \Rightarrow A_1 = \frac{10+c}{2} \cdot 15$ $\Rightarrow 90 = \frac{10+c}{2} \cdot 15 \Leftrightarrow 6 = \frac{10+c}{2}$ $\Leftrightarrow 12 = 10 + c \Leftrightarrow c = 2$	**So berechne ich die Seite c**: Ich stelle eine Formel zur Berechnung des Flächeninhalts A_1 des linken Trapez auf und setze die gegebenen Größen ein. Auflösen nach c ergibt die Länge der gesuchten Parallelen im Trapez.
$g = (10 + 8) - 8 - 2 = 8$	**So berechne ich die Seite g** (Grundseite des Dreiecks): Jetzt kann ich endlich die Grundseite berechnen, und dann den Satz des Pythagoras anwenden. Da die Seite y des Rechtecks insgesamt $18cm$ lang ist, erhalte ich durch Differenzbildung (s. Abb.) $g = 8cm$.
$x^2 = g^2 + h^2 = 8^2 + 15^2$ $\Leftrightarrow x^2 = 289$ $\Leftrightarrow (x = -17) \vee x = 17$	**So berechne ich die Seite x**: Das ist jetzt ganz leicht! Ich muss nur noch den Satz des Pythagoras anwenden, das geht wie immer. x ist dabei die Hypotenuse. Ich erhalte $x = 17cm$ (negative Seitenlänge macht keinen Sinn). …"

Anhang: Kopiervorlagen Arbeitsblätter

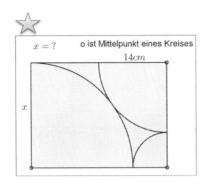
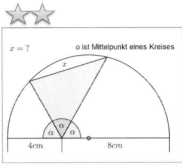

Aufgabenstellung:

Wähle zur Bearbeitung dieser Station eine der oben abgebildeten Aufgaben!

a) Bearbeite die Aufgabe mit Hilfe der Strategie **Zerlegen**. Dabei sollst du nicht nur deinen Lösungsweg protokollieren, sondern auch deine Ideen/ Gedanken/ Vorgehensweise/ Irrwege/ Vermutungen/ Strategien etc. formulieren (→„Was **ich** mir dabei gedacht habe ...").
Wichtig ist nämlich nicht nur die Lösung an sich, sondern dein Weg dorthin!!

Lösungsweg	„Was ich mir dabei gedacht habe ..."

b) **Reflektiere** dein Vorgehen, kontrolliere dabei jeden Teilschritt. Hast du einen **Fehler** gemacht? Wenn ja, welchen und warum? Hattest du Ideen/ Ansätze, die nicht zum Ziel führten? Wenn ja, beschreibe deinen **Irrweg** kurz. **Vergleiche** deinen Lösungsweg mit dem eines Mitschülers an der Station. Hat dieser ein anderes Vorgehen gewählt? Welches bevorzugst du und warum? Notiere deine/ eure Beobachtungen stichwortartig.

Wahlstation 2: Invarianzprinzip

Problemlösen bedeutet auch, sich selbst die richtigen **Fragen** zu stellen, um einen Weg zum Ziel zu finden. Deshalb bekommt jede Strategie nicht nur einen Namen und eine kurze Beschreibung, sondern immer noch ein paar Fragen, die du dir dann beim Lösen einer Aufgabe selbst stellen kannst.

Invarianzprinzip:

Invarianz heißt Unveränderlichkeit. Es geht also beim Invarianzprinzip darum, mindestens eine Sache zu erkennen oder zu konstruieren (→ Invariante), die sich nicht verändert, auch wenn sich insgesamt in der Situation schon Dinge ändern.

Fragen:

Was ändert sich nicht?

Was haben alle Objekte gemeinsam?

Beispiel

Folgendes Beispiel soll dir als Hilfe dienen und dir die Strategie und das Vorgehen verdeutlichen! Es soll dir zeigen, wie du deine Lösung strukturieren und kommentieren sollst!

Beachte!

Unter sogenannten **informativen Figuren** versteht man Skizzen, die möglichst viele nützliche Informationen und Bezeichnungen enthalten. Sie dienen dem besseren Verständnis und der Veranschaulichung.
Die Aufgabenstellungen an sich bestehen hier schon aus einer Skizze. Du kannst jedoch versuchen, diese in deinen Lösungsprozess miteinzubeziehen und parallel mit Informationen anzureichern!

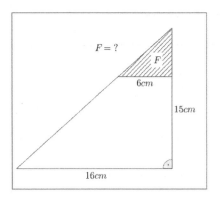

(Quellen: vgl. u.a. ABELS, L. (2002): Ich hab's – Tipps, Tricks und Übungen zum Problemlösen. In: mathematik lehren – Mathe-Welt, H.115, S.23-46.; BRUDER, R. & C. COLLET (2011[1]): Problemlösen lernen im Mathematikunterricht. Berlin.; Aufgaben angelehnt an: EIGENMANN, P. (1992): Geometrische Denkaufgaben. Stuttgart.)

Anhang: Kopiervorlagen Arbeitsblätter

Lösungsbeispiel:

Lösungsweg	„Was ich mir dabei gedacht habe ..."
	„... Ich sehe auf der Skizze ein großes rechtwinkliges Dreieck, in dessen Spitze sich wiederum ein kleines Dreieck befindet. Das große Dreieck hat eine Grundseite von $16 cm$, das kleine von $6 cm$. Auch sehe ich, dass der Abschnitt zwischen kleinem und großem Dreieck $15 cm$ lang ist (s. Abb.). Gesucht ist der Flächeninhalt F des kleinen schraffierten Dreiecks.
$F = \frac{1}{2} \cdot 6 \cdot x$ $x = ??$	Wie man den Flächeninhalt von einem Dreieck berechnet weiß ich ($Dreieck = \frac{1}{2} \cdot Grundseite \cdot Höhe$)! Die Grundseite kenne ich, nur die Höhe x muss ich noch herausfinden.
	Gemäß dem Invarianzprinzip suche ich in der Aufgabe eine Sache, die sich nicht verändert. **Proportionalität! Verhältnisse!** Das könnte die Invariante sein! Vielleicht kann ich das ausnutzen. Wenn ich mir die Aufgabenstellung eine Zeit lang etwas genauer betrachte, fällt mir ein, dass ich versuchen könnte, den zweiten **Strahlensatz** anzuwenden (Wenn zwei von einem Punkt ausgehende Strahlen von zwei Parallelen geschnitten werden, dann verhalten sich die Abschnitte auf den Parallelen wie die von dem Punkt ausgehenden Abschnitte auf jedem Strahl.)
$\frac{a}{c} = \frac{15+x}{x}$	Ich versuche, diesen allgemeinen Satz auf meine Aufgabe anzuwenden. Ich folgere also, dass sich die beiden parallelen Strecken a und c so zueinander verhalten, wie die beiden durch die parallelen Strecken definierten Abschnitte auf dem Strahl b, gemessen von S aus (s. Abb.).
$\Leftrightarrow \frac{16}{6} = \frac{15+x}{x}$ $\Leftrightarrow \frac{16}{6} = \frac{15}{x} + 1$ $\Leftrightarrow \frac{16}{6} - 1 = \frac{15}{x}$ $\Leftrightarrow \frac{5}{3} = \frac{15}{x}$ $\Leftrightarrow \frac{5}{3} \cdot x = 15$ $\Leftrightarrow x = 9$	Nun muss ich nur noch das Gegebene einsetzen, die Gleichung umstellen und nach x auflösen. Das geht wie immer: kürzen, zusammenfassen, x in den Nenner holen usw. Das war leicht! Geschafft! Jetzt habe ich die Höhe x des Dreiecks berechnet.
$F = \frac{1}{2} \cdot 6 \cdot x = \frac{1}{2} \cdot 6 \cdot 9 = 27$	Ich habe alle Größen, um den gesuchten Flächeninhalt wie oben bereits beschrieben auszurechnen. Einfach nur in die Formel einsetzen und fertig! Das Ergebnis ist $F = 27 cm^2$."

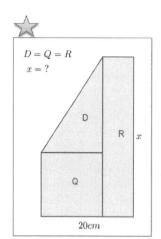

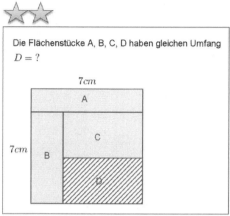

Aufgabenstellung:

Wähle zur Bearbeitung dieser Station **eine** der oben abgebildeten Aufgaben!

a) Bearbeite die Aufgabe mit Hilfe des **Invarianzprinzips**. Dabei sollst du nicht nur deinen Lösungsweg protokollieren, sondern auch deine Ideen/ Gedanken/ Vorgehensweise/ Irrwege/ Vermutungen/ Strategien etc. formulieren (→ „**Was ich mir dabei gedacht habe ...**").

Wichtig ist nämlich nicht nur die Lösung an sich, sondern <u>dein Weg</u> dorthin!!

Lösungsweg	„Was ich mir dabei gedacht habe ..."

b) **Reflektiere** dein Vorgehen, kontrolliere dabei jeden Teilschritt. Hast du einen **Fehler** gemacht? Wenn ja, welchen und warum? Hattest du Ideen/ Ansätze, die nicht zum Ziel führten? Wenn ja, beschreibe deinen **Irrweg** kurz. **Vergleiche** deinen Lösungsweg mit dem eines Mitschülers an der Station. Hat dieser ein anderes Vorgehen gewählt? Welches bevorzugst du und warum? Notiere deine/ eure Beobachtungen stichwortartig.

Autorenverzeichnis

Rolf Bänziger
(Kantonsschule Zug)
Johannisstr. 49
CH-6330 Cham
Schweiz
rolf.baenziger@ksz.ch

Heiko Etzold
Universität Potsdam
Institut für Mathematik
Karl-Liebknecht-Str. 24-25
14476 Potsdam
heiko.etzold@uni-potsdam.de

Drs. A. J. Goddijn
Freudenthal Institute
Utrecht University
Princeton plein 5
3584 CC Utrecht
Email: A.Goddijn@uu.nl

Prof. Dr. Günter Graumann
Fakultät für Mathematik
Universität Bielefeld
Universitätsstrasse 27
33615 Bielefeld
graumann@math.uni-bielefeld.de
og-graumann@web.de

Christoph Hammer
Institut für Mathematik
Universität Osnabrück
Albrechtstraße 28a
49076 Osnabrück
christoph.hammer@uni-osnabrueck.de

Dr. Edmond Jurczek
Kantonsschule Zug
Lüssiweg 24
Postfach 7363
CH-6302 Zug
edmond.jurczek@art-tech.ch
Schweiz

Dr. Swetlana Nordheimer
Institut für Erziehungswissenschaften
Abteilung Grundschulpädagogik
Humboldt-Universität zu Berlin
Unter den Linden 6
10099 Berlin
swetlana.nordheimer@hu-berlin.de

Tina Obermüller
Institut für Mathematik
Humboldt-Universität zu Berlin
Unter den Linden 6
10099 Berlin
tina.obermueller20@gmail.com

Dr. Manfred Schmelzer
Karl-Stieler Strasse 11
93051 Regensburg
manfred.schmelzer@web.de

Dr. Hans Walser
Gerlikonerstr. 29
CH-8500 Frauenfeld
hwalser@bluewin.ch
www.walser-h-m.ch/hans/

Katharina Wilhelm
Universität des Saarlandes
Fachrichtung Mathematik
Campus E24
66123 Saarbrücken
kathywil@gmx.de

Susanne Wöller
Grundschuldidaktik Mathematik
Pädagogik und Didaktik im Elementar-
und Primarbereich
Erziehungswissenschaftliche Fakultät
Universität Leipzig
Marschnerstr. 31
04109 Leipzig
susanne.woeller@uni-leipzig.de

Herausgeber

Prof. Dr. Andreas Filler
Institut für Mathematik
Humboldt-Universität zu Berlin
Unter den Linden 6
D-10099 Berlin
filler@math.hu-berlin.de

Prof. Dr. Anselm Lambert
Universität des Saarlandes
Fachrichtung 6.1 Mathematik
Lehrstuhl für Mathematik und ihre Didaktik
Postfach 151150
66041 Saarbrücken
lambert@math.uni-sb.de

AK Geometrie 2010

Andreas Filler,
Mathias Ludwig,
Reinhard Oldenburg (Hrsg.)

Werkzeuge im Geometrieunterricht

Vorträge auf der 29. Herbstagung des Arbeitskreises Geometrie in der Gesellschaft für Didaktik der Mathematik
vom 10. bis 12 September 2010 in Marktbreit

204 Seiten, DIN A5, br.
ISBN 978-3-88120-587-0
22,80 Euro

AK Geometrie 2011

Andreas Filler,
Matthias Ludwig (Hrsg.)

Vernetzungen und Anwendungen im Geometrieunterricht
Ziele und Visionen 2020

Vorträge auf der 28. Herbsttagung des Arbeitskreises Geometrie in der Gesellschaft für Didaktik der Mathematik
vom 09. bis 11. September 2011 in Marktbreit

2012, 196 Seiten, DIN A5, br.,
ISBN 978-3-88120-588-7,
22,80 Euro

AK Geometrie 2012

Andreas Filler,
Matthias Ludwig (Hrsg.)

Wege zur Begriffsbildung für den Geometrieunterricht
Ziele und Visionen 2020

Vorträge auf der 29. Herbsttagung des Arbeitskreises Geometrie in der Gesellschaft für Didaktik der Mathematik vom 14. bis 16. September 2012 in Saarbrücken

196 Seiten, DIN A5, br.,
ISBN 978-3-88120-589-4,
22,80 Euro

AK Geometrie 2014

Andreas Filler,
Anselm Lambert (Hrsg.):

Geometrie zwischen Grundbegriffen und Grundvorstellungen - Raumgeometrie

Vorträge auf der 31. Herbsttagung des Arbeitskreises Geometrie in der Gesellschaft für Didaktik der Mathematik vom 12. bis 14. September 2014 in Saarbrücken

128 Seiten, DIN A5, br.,
ISBN 978-3-88120-590-0,
22,80 Euro